听潮太湖湾

区域教育创新发展的十大策略

Echoes of Education Reform at Taihu Bay

张英 主编

主编 张英

编委（按姓氏笔画排序）

丁强 丁昌明 丁建红 王飞 王伟 王备 王超 王桂芹
王晓华 尤丽娜 毛蓉 卞丽娟 方晓明 过同俭 朱峰 朱春伟
朱春雷 朱晓晖 华丽芳 华美娜 刘学明 孙明坤 李燕 李志芳
李春伟 李霖卉 杨伟光 吴建亚 邹莉 邹萍 邹东艺 邹丽华
邹学军 张志钢 张绿枝 陆志洪 陆晓艳 陈罡 陈大伟 林晓
罗生根 周永强 郑太银 费玉峰 姚冬兰 耿峰 顾万春 顾丽英
顾春雨 钱雷 钱红明 钱科英 徐少伟 浦叙德 黄锦 曹玉兰
章晓东 彭雷 蒋升阳 谢烨 谢彬 谢卫忠 缪强强 薛依涵
鞠萍

江苏凤凰教育出版社
Phoenix Education Publishing, Ltd

图书在版编目(CIP)数据

听潮太湖湾:区域教育创新发展的十大策略/张英主编.
—南京:江苏凤凰教育出版社,2024.6
ISBN 978-7-5743-1028-5
Ⅰ.①听… Ⅱ.①张… Ⅲ.①地方教育—发展—研究
—无锡 Ⅳ.①G527.533
中国国家版本馆CIP数据核字(2024)第098714号

书 名	听潮太湖湾——区域教育创新发展的十大策略
主 编	张 英
责任编辑	王 岚
出版发行	江苏凤凰教育出版社(南京市湖南路1号A楼 邮编210009)
苏教网址	http://www.1088.com.cn
照 排	南京前锦排版服务有限公司
印 刷	江苏凤凰通达印刷有限公司(电话025-57572508)
厂 址	南京市六合区冶山镇(邮编211523)
开 本	787毫米×1092毫米 1/16
印 张	19.25
版 次	2024年6月第1版
	2024年6月第1次印刷
书 号	ISBN 978-7-5743-1028-5
定 价	52.00元
网店地址	http://jsfhjycbs.tmall.com
公 众 号	苏教服务(微信号:jsfhjyfw)
邮购电话	025-85406265,025-85400774
盗版举报	025-83658579

目 录

Contents

序

太湖位于长江三角洲南缘，湖泊面积2427.8平方公里，在我国五大淡水湖中位居第三。在393.2公里湖岸线北段有一个历史悠久、建区时间却不长的行政区——无锡高新区(新吴区)。无锡高新区(新吴区)位于长三角核心地带，是吴文化的发源地之一，得到千年吴文化的滋养。新吴区成立于2015年，是由1992年经国务院批准设立的无锡国家高新技术产业开发区演变而来的。改革开放后，无锡高新区(新吴区)教育改革发展的浪潮一浪高过一浪。近年来，无锡高新区(新吴区)从普及九年义务教育到推进教育现代化建设，从义务教育基本均衡发展到优质均衡发展，实现了区域教育高质量、跨越式发展。听新吴人讲教育创新发展的故事，犹如在太湖湾听太湖潮声，此起彼伏，心潮澎湃。

由张英同志编著的《听潮太湖湾——区域教育创新发展的十大策略》一书，聚焦自无锡高新区成立以来，尤其是新吴区建区以来新吴教育的改革与发展，记录了区域教育高质量发展的实践历程。通读这本书，可以让我们了解一个国家级高新技术产业开发区在教育领域的成长历程，领略高新区加快推进现代化的教育风景和执政为民的教育情怀，可以让我们了解区域推进教育高质量发展的重要举措和策略选择，感受到新吴教育人敢于担当、勇于创新的精神和攻坚克难的智慧，体会到区域教育发展过程中显露的旺盛生命力。

无锡高新区(新吴区)是我的家乡,也因为这个缘故,当张英同志希望我为该书写序时,我欣然答应了。通读此书,我对新吴教育有了更加深刻、全面的了解。我感到,区域教育创新发展的十大策略不仅具有新吴区的个性特点,而且具有普遍意义。新吴教育事业之所以能够在短短几年内实现跨越式发展,能够始终与区域经济社会发展同频共振,主要得益于新吴人的高站位谋划、高投入保障、高层次教改。

高站位谋划。新吴区委区政府坚持把教育事业纳入社会经济发展总体规划,下决心大力发展教育事业,坚持全区上下"一盘棋"谋教育,"一条心"抓教育,"一股劲"兴教育,提振义务教育优质均衡发展底气和信心。充分传承发扬"开放、创新、务实、争先"的高新区精神,把高标准率先创建全国义务教育优质均衡发展县(市、区)和全国学前教育普及普惠县(市、区)作为目标追求和行动方向,以创新发展为内生动力,树立正确的教育观、质量观和人才观,面对重难点问题变革思路、突破瓶颈,完善以县为主的管理体制。从 2016 年至今,研究制定实施《无锡市新吴区"十三五"教育事业发展规划》《无锡市高新区(新吴区)"十四五"教育事业发展规划》,召开 3 次全区教育大会,分别重点推动教育优先发展夯实根基、推动教育事业提质增效加速超车、推动教育事业高原之上再攀高峰。新吴区注重学习借鉴外地有益经验,一次又一次地"走出去",涉足浙江湖州南浔区、上海金山区、北京、浙江杭州、深圳南山区、山东青岛等地,把好的经验学回来,把好的做法用起来。一次次孜孜求索、一次次攻坚克难,汇聚了成功的力量。

高投入保障。在推进教育高质量发展过程中,新吴区加强政治建设,优化教育系统党建工作指导站,"构建'1+7+N'教育系统党群服务中心,打造'烛跃'党建品牌"项目,将党建工作与教育教学业务深度融合,促进组织建设与教育高质量发展同步共进。新吴区对照人民群众不断增长的对优质教育的需求,还清历史欠账、优化资源配置、解决突出矛盾。近年来,区委区政府共投入教育经费50余亿元,新建学校扩建校舍,改善办学条件。新吴区着重提高师资水平,坚持"引育并举",出台了"教育人才'3551计划'""飞凤人才计划""新教师'3+2'特培计划""骨干教师跟踪培养计划"等一系列人才培育政策,在教师培养、引进、招新等方面都走在全市、全省的前列。面对教育现代化发展的新要求,新吴区构建数智化融合的新吴样态,通过建立"新吴区智慧教育云平台"、实施"智慧课堂"、创建"智慧学习平台"等九大项目,以信息化手段推动五育并举和"双减"工作等,使新吴智慧教育实现了迭代升级、螺旋提升。

高层次教改。新吴区着力深化课程教学改革,积极探索以"三全两新·历学课堂"为主题的素养课堂建设。全区以江苏省基础教育前瞻性教学改革重大项目"区域课程教学变革的新吴实践"为引领,成立专家咨询委员会,强化课程的顶层设计,培养卓越校长和教师团队,指导学校开展个性化课堂教学研究。在此基础上,全区域全学段全学科开展课堂展评,确立了以素养为导向、以学习为中心、以育人为宗旨的新教学研究方向。在全区倡导推广大单元、主题式、任务群、项目化、发现式等典型新课堂教学方式。新吴区建立完善的高质量教研体系和教师校本化研训制度,形成了优质教育发展学校共同体、集群教师共同体、学科教学共同体三级协同的大教研格局,形成了以集群为单位、以学科为主导、以教师为主体、以课例为样本的新教研格局,使教学共研、课程共建、师资共育成为新教学常态。

《听潮太湖湾——区域教育创新发展的十大策略》包括党的建设、教育规划、资源配置、学校发展、人才培养、教学改革、教育科研、智慧教育、素质教育和教育现代化等区域教育创新发展策略。这是张英局长带领的新吴教育团队,以高度的教育责任感和炽热的教育情怀制订解决方案,细化措施办法,解决实际问题的经验总结;是他们以坚韧不拔、不断进取的意志品质,以实的作风、硬的举措、如虹的气势立说立行、紧抓快办的真实写照;是他们充满智慧、紧跟时代、创新发展、担当责任、探索新路的成功经验。它对其他地区具有相当的参考价值和借鉴作用。

教育关乎国家的未来和民族的复兴,也承载着人民群众对美好生活的期盼,衷心祝愿新吴区的教育事业继往开来,在中国式教育现代化发展征途上续写更亮丽的新篇章!

江苏省教育学会会长　　朱卫国

2024 年 5 月 30 日

策略一

擘画区域教育发展蓝图

我们要全面贯彻党的教育方针，坚持以人民为中心发展教育，主动超前布局、有力应对变局、奋力开拓新局，加快推进教育现代化，以教育之力厚植人民幸福之本，以教育之强夯实国家富强之基，为全面推进中华民族伟大复兴提供有力支撑。

——习近平2023年5月29日在二十届中央政治局第五次集体学习时的讲话

无锡高新区(新吴区)[1]教育事业发展的根本动力何在？纵观新吴教育从起步到加速，再到弯道超车的发展历程，不难发现，地方党委、政府高位统筹，强化顶层设计，推动改革创新，提供保障支持是办好教育的根本保证。多年来，无锡高新区(新吴区)在建设高质量教育体系、办好人民满意教育的道路上孜孜求索，通过深化改革创新，加大保障投入，优化办学机制，全面促进教育公平，提升教育质量，着力构建优质均衡的基本公共教育服务体系，更好地满足人民群众“上好学”的期盼[2]，在实践探索中构筑起教育发展的“魂”与“纲”。

[1] 无锡国家高新技术产业开发区是1992年11月经国务院批准的国家级高新技术产业开发区。2015年年底，经国务院、省政府批复，成立新吴区，实行高新区、新吴区“区政合一”管理体制。高新区主要承担经济建设的功能，新吴区作为行政区划具有政治与社会管理的职能。在某些特殊场合，高新区与新吴区同时出现。

[2] 张英.建设人民满意的高质量教育体系[J].群众，2023(22).

求问：高新之城，教育何为

无锡高新区（新吴区）的梅里曾是千年古都，这里传承悠久历史文脉，拥有开拓创新、崇德至善的精神血脉。3000多年前泰伯奔吴，在此点燃江南繁荣的火种，开挖了中国历史上第一条人工运河——伯渎河。在泰伯及其追随者吴地先民的共同开拓下，原本人烟稀少的梅里地区逐渐成为人丁兴旺、物产丰饶的富庶之地。泰伯被推举为部族首领，创建了"勾吴古国"，孕育出江南文化核心之一的吴文化。这里曾演绎出"泰伯三让""举案齐眉"等动人故事。勾吴古都，泰伯故里文脉绵延，风物繁华。

无锡高新区（新吴区）是魅力新城。1992年，经国务院批准，设立无锡国家高新技术产业开发区。18名干部带着2000万元启动资金和一张规划图踏上了这片土地。当时，这里只有一条没有完工的道路和一幢刚落地的标准厂房，放眼望去，除了农田和分散的自然村，就只有铁路边长满野草的零星地块，这就是无锡高新区最初的样子。经历了诸多考验，高新区的人们一方面集约用地，另一方面扩大项目招引，一直在改革的道路上迈进。1994年，无锡新加坡工业园启动建设，这在高新区的发展之路上具有里程碑式的意义。1995年，无锡市市区和无锡县行政区划进行部分调整，组建无锡新区。郊区旺庄乡，无锡县硕放镇和坊前、新安、梅村3镇的19个行政村，连同无锡国家高新技术产业开发区、无锡新加坡工业园，合为无锡新区。此后经过多次区划调整，无锡新区的总面积不断扩大，人口逐渐增加，规模越来越大，党政机构日臻完善，功能日益增强。2004 年，海力士—意法半导体项目签约，标志着无锡高新区成为外资企业的投资高地。2005 年，建设创新型国家的战略目标提出，无锡高新区成为全国第一个把物联网技术及应用作为战略性新兴产业的开发区。2009 年，中国物联网发展研究中心落户无锡高新区，这是无锡高新区产业蓬勃发展的重要一年。2015 年年底成立新吴区，实行高新区、新吴区“区政合一”管理体制。

正如泰伯带动梅里地区人们利用当时的先进技术和理念开拓江南文明一样，在时代潮流中，这片土地上的后人更是不断锐意创新：孕育近现代民族工商业，催生“苏南模式”，加速打造国际化产业高地，高质量推进产城融合。经过多年的开发建设，从基础开发到功能完善，从制造高地到科技新城，无锡高新区从无到有、从小到大、从弱到强，成长为一座新城。因此，“新吴区”中的“吴”是为纪念泰伯所建的“勾吴古国”，彰显吴文化基因，“新”则寓意站上新起点，实现新跨越。

高新区的发展史也是高新区教育事业的奋斗史。1995 年，在高新区基础上成立了无锡新区，并设立社会事业局，全面管理区域的教育事业。此时，全区中小学、幼儿园总计不超过 20 所。新区经济的高速发展使得外来人口大量涌入，其中有外籍人士、本国高端人才，也有为生计奔波的务工人员，为满足人民群众“有学上”的需求，高新区开始增点布局，以小规模村校为基础增加学校数量。

从 2001 年起，为优化农村教育资源配置，全面提高中小学教育投资效益和教育质量，促进基础教育事业健康可持续发展，全国由上至下进行了调整中小学布局的教育改革。新区积极落实国家政策，重新整合教育资源，摒弃“村村办校”的方式，开始了大规模的撤点并校工作。2006 年，成立“无锡市新区教育管理服务中心”，全区中小学、幼儿园数量约为 70 所，有学生 35130 人。同年，因外资企业众多，新区为发挥教育“反哺”社会经济发展功能，正式启用全省首家专门接收韩国学生的“无锡韩国人学校”，实行幼儿园至高中阶段 15 年一贯制办学，这标志着外籍学生接受本国教育模式的高新区实践探索成功推进。到 2014 年，无锡韩国人学校、无锡伊顿国际学校、无锡新区国际学校 3 所外籍人士子女学校成功运行。

2007 年 11 月，经无锡新区党工委、新区管委会研究，成立新区教育局，无锡市新区教育管理服务中心和新区教育局实行两块牌子一套班子，全面履行全区的教育行政管理职能。为满足区域内群众的上学需求，无锡新区加大教育设备、经费、人才等投入，学校教育设施逐步完善，教育经费逐年提高，教师队伍逐步壮大，新区教育人在这片热土上辛勤耕耘、默默奉献。

到 2015 年年底新吴区建区之时，新区先后获得“全国义务教育基本均衡发展示范区”“江苏省义务教育优质均衡发展示范区”“无锡市义务教育高位均衡发展示范区”“江苏省社区教育实验区”“全国社区教育实验区”等多项荣誉，为未来教育事业的发展打下了坚实的基础。

新吴区的成立，既标志着无锡高新区发展进入了一个新阶段，也意味着高新区教育民生事业上了一个新台阶。在新吴区正式挂牌成立之时，时任江苏省委常委、无锡市委书记李小敏曾指出：无锡高新区自 1992 年成立以来，在几代人的努力下，各项事业蓬勃发展，为全市大局作出重要贡献，较好地发挥了“排头兵”“领头雁”作用。但随着形势的发展变化，原有的管理模式已难以适应产城融合发展的需要，区域功能形态与经济社会发展不相适应，制约了新区整体发展水平的提升。通过这次区划调整设立新吴区，赋予高新区相应的行政主体地位，同时确保高新区原有的经济管理权限不变。

新吴区区划调整的根本目的就是更好地促进区域发展、改善民生。对无锡高新区来说，这是一次经济社会管理模式的深刻变革，有利于进一步提高管理调控能力，强化综合服务功能，提升产城融合水平。希望借助高新区、新吴区“区政合一”的管理体制优势，既继续保持高新区精简、统一、高效的运行模式和优质、便捷、全方位的营商理念，又切实履行区级政府所承担的社会管理、公共服务等职能，更好地提升城市的管理和服务水平，增进民生福祉。在新吴区成立的同时，还成立了新吴区教育文体局（2019 年改为新吴区教育局），就是为了重点解决教育事业与社会经济发展水平不匹配的问题。

在原有体制下，高新区的工作重点是开发建设，民生领域留下不少欠账，特别是教育事业还有一些短板亟须补齐，资源配置不够、人才引育不强、内涵建设不足等问题较为突出。新吴区深刻认识到，教育发展思路不新、举措不力导致教育发展还停留在开发区模式，依然有传统的路径依赖、思维定势，尤其是在解决入学入园难等现实问题时缺乏有力的举措，在编制管理、机构设置、人才招聘、职称评定、规划制定等方面仍存在不足。此外，高新区长期依托街道办教育，区统筹发展教育力度不够，无法满足当时教育事业发展的需要。

战胜困难才能赢得希望。高新之城，教育何为？作为吴文化的发源地，新吴区文化底蕴丰厚，名人大师辈出，钱穆、钱伟长备受敬仰，一门六院士名满天下，耕读传家、诗书继世的优良传统深深扎根，一所所百年名校历史悠久、桃李满天下，崇文尚学、尊师重教的人文基因久久传承，厚植了新吴教育事业发展的文化底蕴。新吴区委区政府深刻认识到教育关乎千家万户，是百姓心系、社会关注的民生事业。要提升人民群众的获得感、幸福感和满意度，就要下大力气解决好群众最关心的突出问题，补齐教育短板，为群众提供更多、更好、更公平的教育，让生活在这里的孩子们都能在校园里安心学习、健康成长、畅想未来。努力办好人民满意的教育，这既是建制区政府强化公共服务职能的重要体现，也是区委区政府义不容辞的责任与担当。多年来，新吴区把准发展方向，传承弘扬“开放、创新、务实、争先”的精神，重点解决新吴教育事业中的难点堵点问题，以改革求突破、以创新谋发展，努力让新吴教育面貌发生格局性变化。

立志：规划先行，高点定标

方向决定道路，道路决定命运。新吴区清醒地认识到，要增强教育事业的可持续发展能力，让改革创新有源源不断的动能，就要围绕一个目标绵绵发力、久久为功。所谓“山高有攀头，路远有奔头”，从2016年至今，新吴教育经历了“十三五”“十四五”两个重要阶段，动态调整了发展规划与目标，发展方向更加清晰，脚步更加坚定。

一、“十三五”规划，以综合改革为重心推进教育起步

2016年，在新吴区教育文体局成立之初，为尽快补齐教育发展短板，教育文体局结合国家、江苏省、无锡市的中长期教育改革和发展规划纲要(2010—2020年)，结合区域发展对教育事业的殷切期盼，结合人民群众对优质教育的需求，研究制定了《无锡市新吴区“十三五”教育事业发展规划》(以下简称“十三五”规划)。

“十三五”规划为新吴教育整体转型发展提供了行动指南。一方面，明确了地方党委政府办教育的主体地位，特别指出，全区必须在规划、资金、人力、资源等方面优先保证教育发展，必须坚持改革创新，转变人才培养模式，建立健全“以区为主”的教育管理体制，必须促进教育公平，坚持教育的公益性，进一步合理配置教育资源，以推进教育均

衡发展,必须重视教育质量,鼓励学校办出特色、办出水平,出名师、育英才,建立健全教育质量保障体系。另一方面,对标"建设'强富美高'新吴区"的区域定位对教育发展提出的要求,"十三五"规划指出,新吴区将加快建设"科技创新新高地、现代产业新高地、对外开放新高地",进入全面转型和城市化深度发展的关键时期。经济发展、城市功能、社会管理等方面的进一步提升,对城市文明水平、教育发展层次、教育教学质量都提出了新的更高的要求。新城面积不断扩大、产业持续调整,对学校布局提出了新的要求。同时,人民群众对优质教育的需求日益增长,区域需要提供更多高质量、均衡化、多样性的教育资源。

基于此,"十三五"规划提出新吴教育发展的目标是"高举教育现代化发展大旗,以'教育现代化示范区、教育国际化先导区、优质教育资源集聚区'为区域教育发展愿景,努力把新吴教育建设成为社会发展重要窗口,努力让教育成为全区人民的最大福祉"。"十三五"规划还特别提出"十三五"阶段教育事业发展的四个坚持:一是坚持夯实基础,针对全区教育起点相对较低的问题,必须把基础建设作为首要任务,着力生成先进教育理念,全面提升教师的专业素养,努力培养卓越的校长队伍,不断提高学校科学管理水平,为教育健康持续发展奠定坚实的基础。二是坚持科学布局,必须以常住人口为依据,科学研究学校建设规划,控制学校规模,实现学生就近入学。克服过于倚重区外优质资源的发展思路,实施本地学校与区外优质教育资源战略合作发展的新型模式。逐步缩小过大公办学校的办学规模,大力发展优质民办教育,科学发展国际教育。三是坚持提升高度,在全面实施教育均衡发展战略的同时,必须加大学校内涵建设力度,通过引进名校、委托管理、组建办学联合体、实行集团化办学等多种形式,大力提高教育质量,培养和打造更多的名教师、名校长、名学校,在更高层次上实现"有学上"到"上好学"的历史性转变。四是坚持创新发展,必须按照完善教育制度、积极推进教育现代化的宗旨,健全教育公共服务机制,破除制约学校教育健康发展的制度障碍，创新区域教育文化和办学实践模式，努力建设与经济社会发展相适应的教育体系。

可见“十三五”规划将教育发展中心放在扩容提优教育资源，重点放在补齐短板弱项、破除体制机制障碍、激发教育发展动力等方面，办与高新区（新吴区）相匹配的教育。“十三五”期间，新吴区制定出台了一系列教育改革文件，基本完善了基础教育制度体系，形成充满活力、更有效率、更加开放、更具科学性的教育体制机制。通过抓规范、打基础，建立起与区域经济社会发展相适应、特色鲜明的教育发展格局。但教育发展不可能一蹴而就，绝非一朝一夕之功。特别是随着产业发展和城市化进程的加快，以及二孩政策、安居房上市、租房落户等新政的影响，外来人口流入趋势持续，入园入学需求快速增长，学位供需紧张、学校布局不匹配等问题仍存在，教育“领跑”产业发展的能力尚不具备。教育品牌培塑力度不够，教育内涵质量仍有待提升，名校、名教师等仍然缺乏，标杆性教育品牌尚未形成，新吴教育发展仍然任重道远。

二、“十四五”规划，以质量提升为靶心实现教育蝶变

2020 年，党的十九届五中全会提出要“建设高质量的教育体系”，标志着教育发展进入新阶段。《中华人民共和国国民经济和社会发展第十四个五年规划和 2035 年远景目标纲要》中的教育部分以“建设高质量教育体系”开篇，肯定了体系建设在教育事业发展中的统领性和全局性地位，突出了体系建设作为当前和今后一段时期教育整体发展目标的显著意义。国家对高质量教育的要求和期待成为新吴教育发展的破题之策和指路明灯。在此背景下，高新区（新吴区）研究制定了《无锡高新区（新吴区）教育事业发展“十四五”规划（2021—2025 年）》（以下简称“十四五”规划）。

可以说“十四五”规划是为了紧跟教育现代化发展的新形势，满足人民群众对多样化、优质化、个性化教育的新期待，是为了以新科技革命促进教育变革，进一步深化科技革命和产业革命，因此，必须用好物联网、大数据、云计算、人工智能、工业4.0等新技术、新业态、新模式，加速科教深度融合，催生“智慧教育”，促使教与学方式的全面创新，是为了抓住长三角一体化带来的协调发展机遇，用好长三角教育协同发展的平台、载体，加速推进新吴区基础教育优质发展，加快职业教育协同平台建设以及各类教育人才交流合作，是为了瞄准建设“全能冠军”目标，促进教育事业全面优质发展，切实把优先发展教育事业作为推动各项事业发展的先手棋，加强教育链、人才链与产业链、创新链的有机衔接，为经济社会发展提供更加强大的支撑、服务和引领，使教育的基础性、先导性、全局性地位和作用更加凸显。

基于此，“十四五”规划明确了教育事业发展要紧紧围绕“办好人民满意的高质量教育”的目标，聚焦“促公平、抓建设、提质量、树品牌”，办出与新吴区发展地位相匹配、与人民群众要求相契合、与高质量发展要求相适应的一流教育，创建全国义务教育优质均衡发展区、学前教育普及普惠示范区，把新吴区打造成无锡的教育高地，走在全省城区教育现代化前列。“十四五”规划同时提出了四个方面的具体目标：一是要做高质量教育体系建设的标杆城区，主动回应人民群众对高质量教育的新期待，显著提高各级各类教育人才的培养质量，显著提高教育对区域经济社会发展的支撑力，在进一步提高教育质量上迈出新步伐；加快推进由“学有所教”转向“学有优教”，在全面提升教师队伍整体素质方面再上新台阶；注重全面多样，坚持促进教育公平，在健全学校家庭社会协同育人机制，建立适应全民终身学习需要的现代教育体系方面有新突破，在省、市教育高质量发展方面发挥引领作用。二是要做具有重要影响力的现代化教育名区，认真贯彻落实教育强国战略，更加关注区域教育结构优化，更加关注教育资源弹性供给，更加关注特色教育品牌的培育，更加关注学生的成长，更加关注人民的满意度，对标《江苏教育现代化监测指标》，在教育普及度、教育公平度、教育开放度等方面勇当排头兵，争做优等生。教育事业发展主要指标总体达到国家、省、市确定的教育现代化水平，打造长三角及全国高水平教育现代化建设的新样板，在高水平实现教育现代化征程中走在全省全国前列。三是要做富有首创精神的区域教育改革先锋，持续深化教育管理体制机制改革，在治理能力、课程建设、课堂改革、教育评价以及队伍建设等方面坚持先行先试，不断探索新思路、新举措、新机制，增强改革的系统性、整体性和协同性，提升教育发展的内在动力，形成政府宏观管理、学校自主办学、社会广泛参与的发展新格局，力争在转变发展方式、破解发展难题、提升质量效益等方面率先突破，成为教育改革创新的先导区。

与“十三五”规划相比，“十四五”规划愈发系统，将发展重心转向内涵建设、现代化发展与教育软实力提升，并结合国家、省、市教育发展方略，首次明确提出要建设“高质量教育体系”，这是教育事业“在全面建成小康社会基础上率先开启实现社会主义现代化新征程、建设‘强富美高’新吴区，推动高质量发展继续走在全市全省前列的关键阶段”，瞄准未来发展作出的精准判断。

有目标就有动力。自2020年以来，新吴教育瞄准“建设高质量教育体系”，把握重点，形成合力，筑牢教育体制基础，开创新发展格局。此外，为进一步加快教育高质量发展，2022年，在“十四五”中期，新吴区教育局研究制定《无锡高新区（新吴区）推进教育高质量发展五大行动》，重点推进教育资源扩面提标行动、学校品牌亮化提级行动、教师队伍铸魂提能行动、教育质量提质增效行动以及育人生态净化提优行动，进一步细化了未来3年的发展目标，教育高质量发展有了方向更有了路径。

新吴区“十三五”“十四五”教育规划的出台有三个方面的显著特

征:一是顶层设计把教育事业摆在了更加突出的位置。在新时代背景下,尤其是在高新产业快速发展、人口大量集聚的背景下,教育民生事关区域内广大学子和众多家庭,两轮教育发展规划不仅把教育优先发展战略落到了纸上更落到了实处。在发展过程中,新吴区真正做到了在经济社会发展规划上、财政资金投入上、公共资源配置上优先保障和满足教育。一所所崭新的现代化学校拔地而起,一位位教育名师脱颖而出,一批批新吴学子成长成才,新吴区用实际行动践行着保障幸福民生的责任与担当。二是顶层设计把教育改革创新引向深入。两轮教育发展规划不仅有具体的工作要求,更体现了创新发展的动能引领作用,为未来5—10年的教育工作提供了路径、指明了方向。纵览两轮发展规划,都具有非常突出的针对性。正如习近平总书记所指出的:“制度不在多,而在于精,在于务实管用,突出针对性和指导性。”[1]通过顶层设计,推动全区教育不断朝着更高质量、更有效率、更加公平、更可持续的方向前进。三是顶层设计积极回应群众关切的教育问题。教育是民生的头等大事,寄托着亿万家庭对美好生活的期盼。顶层设计切实做到了人民有所呼、改革有所应,使教育改革成果更好地惠及广大人民群众。例如,近年来学前教育始终困扰着广大人民群众,入园难、入园贵、监管弱等一系列问题牵动着全区群众的心。家长“望子成龙”的殷切期盼对优质教育资源供给提出了更迫切的需求。为了推动学前教育和义务教育深化改革、规范实施,教育事业发展规划进一步强调了学前教育坚持公益普惠、义务教育注重优质均衡的基本方向,积极有效地回应了老百姓对公平优质教育的热切期盼。

多年来,新吴教育在“十三五”“十四五”教育事业发展规划的引领下,坚持新的教育发展理念,统筹处理各种矛盾,科学谋划整体改革,

---

[1] 在党的群众路线教育实践活动总结大会上的讲话(2014年10月8日).十八大以来重要文献选编(中)[M].中央文献出版社2016(95).

为缓解区域教育发展不平衡、不协调的问题，无锡高新区（新吴区）着力深化教育供给侧结构性改革，提出覆盖教育全链条的系统改革方案，重点发展优质普惠的学前教育、优质均衡的义务教育、市区共建的高中教育、面向世界的国际教育、个性融合的特殊教育、合作共赢的职业教育，逐步形成全面、优质、协调的基本公共教育服务体系，满足人民群众多样化、个性化的教育需求。

觅策：高位谋划，改革破障

有目标，更要有行动。面对教育发展的新形势、新任务、新要求，面对人民群众对优质教育的期盼，面对“十三五”“十四五”规划对高质量教育发展的要求，新吴区委区政府下决心大力发展教育。新吴教育人拿出“开山虎”的闯劲，从思想上破冰，从行动上突围，积极寻找教育进一步发展的破题之道。改革创新是高新区人的“基因”和“制胜法宝”。起点低、底子薄、优质教育资源稀缺、学位供需矛盾突出等，这些都是新吴教育人面前的难题。新吴实践证明，唯有改革才有出路。建区以来，区委区政府先后召开 3 次全区性教育大会，每一次大会都掀起了新吴教育的深刻变革。

一、第一次教育大会，重点推动教育优先发展，夯实根基

2017 年，新吴区召开了第一次教育大会，彰显了区委区政府办好教育的决心与毅力。此次会议明确教育事业发展要遵循目标导向与问题导向、公平普惠与高端特色、政府主导与社会参与、整体布局与循序渐进相结合的原则，不断加大教育改革力度，完善教育发展和管理体制机制，增强教育发展活力动力。

时任无锡高新技术产业开发区党工委书记、管委会主任，新吴区

委书记魏多在会上指出:“未来教育要转观念重举措,着力贯彻教育发展新理念,切实把教育作为改善民生的重点摆上高位,做到经济社会发展规划优先考虑教育,财政投入优先安排教育,建设用地优先保障教育,人力资源配置优先满足教育。”要着力转变教育发展理念,牢固树立从外延增长向内涵发展的思想,从基础设施补短板、满足常规需求向促公平、优质量、强特色、创品牌转变。要打破传统思维定势,主动站在建制区的职能要求上全面思考教育改革、全局谋划教育改革、全力推进教育改革,紧盯一系列改革举措,抓细化、抓督导、抓落实,切实用改革创新成效推动全区教育达到一流水平。会上做出了一系列重点规划,要抓均衡促优质,着力提升教育发展新水平,要运用长远发展的眼光,坚持全域统筹与区域统筹相结合,科学规划教育事业发展“路线图”,适时调整和优化学校设点以及教育资源配置,使学校布局、编制、教师配备与人口分布相适应,与经济结构调整相匹配。坚持长远规划与解决现实需求相结合,以硬件建设带动软件建设,加大项目推进力度,努力实现“报批一批、在建一批、交付一批、提质一批”的有序衔接,从根本上解决入学难、入园难问题。坚持质量至上,突出抓好教师队伍建设,加强师资培养交流,促进教师流动和均衡配置,提高教师队伍整体素质;以教育观念、课程内容和教学方法改革为重点,着力引育更多优秀教师;建成更多优质学校,促成更多优质教学改革成果,切实走出区域质量兴校、内涵发展之路。要强体制活机制,着力激发教育发展新动能,建立健全政府主导、社会参与、主体多元、形式多样的办学体制。完善教育管理机制,强化经费保障,加强人事管理,严格教学监督,努力形成职责分明、上下联动、齐抓共管的工作局面。注重发挥政策的激励作用,重奖优秀教师、扶持高层次人才、改善教师的工作生活条件,不断激发教师的潜能。强化职称评定导向,创新评定方式,提高职称评定的科学性、针对性,切实用好职称评定这个激发动能、引领成长的指挥棒。

同年，为了推动教育大会精神的落实，也为了以改革更好地促进发展，新吴区成立了区委书记、区长为“双组长”的教育改革工作领导小组，系统谋划推进教育事业发展。全年累计出台了 11 份教育类改革文件，重点深化教育体制机制改革，包括《关于推进教育体制改革和运行机制创新的实施意见》《新吴区教育体制改革和运行机制创新系列配套文件》《关于改革和完善义务教育管理体制的实施办法（试行）》等文件，不仅设计了全面完善的教育链条，更明确了全区统筹的义务教育发展机制，为全区义务教育学校收归区管打下了基础。此外，将建设专业良师队伍摆在重要位置，出台《新吴区教育人才“3551 计划”实施办法（试行）》，根据全市高层次人才分类，结合教育实际，确定四类人才标准并配套重点支持政策，让无锡高新区（新吴区）成为教育人才近者悦、远者来的向往之地。

随后，新吴区研究制定了 10 份改革文件，包括《无锡高新区（新吴区）优质教育发展共同体建设实施意见》《无锡高新区（新吴区）优质教育发展共同体合作办学支持计划》等，按照“打好引进牌、擦亮本土牌、培植新品牌”的总体部署，组建 5 所基地校、11 所集团校、11 所联盟校，着力构建基础教育相互促进、共同发展的多样化现代教育体系，重点解决区域教育资源配置不均、发展不平衡不充分及小规模学校办学效益不高、发展动力不足等制约教育高质量发展的瓶颈问题。短短两年时间，全区教育事业紧紧围绕办好人民满意的教育目标，落实立德树人根本任务，着力抓党建强根基、抓投入补短板、抓公平促普惠、抓改革激活力，特别是在教育资源的优化布局、学校建设、教师引育方面，加大了投入，下了大力气，教育事业加速发展，取得了较大的突破与进步。

二、第二次教育大会，推动教育事业提质增效，加速超车

虽然第一次教育大会后，通过一系列改革措施基本破除了教育事

业发展体制机制梗阻,激发了教育事业发展活力,但教育品牌、教学质量、师资建设都是长期性、系统性工程,需要绵绵发力、久久为功。此时新吴区学校的办学质量、社会影响力和品牌效应,与市区的一流学校、优质学校相比还存在不小差距。在此背景下,2019 年,高新区(新吴区)召开了第二次教育大会,明确未来几年教育工作总目标:要下大力气促公平、抓建设、提质量、树品牌,全力把新吴区打造成全市教育高地,努力走在全市全省教育现代化前列。为此,要坚持教育三优发展,即优先发展、优质发展、优化发展。

时任江苏省无锡市人民政府副市长、无锡高新技术产业开发区党工委书记、新吴区委书记王进健指出:“我们必须把优先发展教育作为全区上下的思想共识、作为推动各项事业发展的先手棋。对学校要优先规划建设,兼顾当前和长远,进一步合理布点、优化布局,从源头上落实优先发展。”会上特别强调了要坚持把教育发展作为财政支出的重点领域予以优先保障,加大财政对教育事业的倾斜力度,切实保障教师权益,提高教师待遇,充分运用表彰、奖励等方式进一步增强教师的职业认同,让尊师重教蔚然成风,吸引更多优秀人才立志从教、终身执教,让全社会形成尊师重教的良好氛围。要主动响应群众对教育高质量的需求,着力提高教育服务质量,加快推动由“学有所教”向“学有优教”转变。新吴区要解决教育领域存在的难题和短板,关键就是要提升教育治理体系与治理能力的现代化水平,建立一个系统完备、科学规范、运行有效的制度体系,形成政府宏观管理、学校自主办学、社会广泛参与的格局,更好地调动各方的积极性,激发每所学校的活力,发挥社会力量的作用,把全社会的智力资源和财力资源源源不断地引入教育,让教育更有活力。习近平总书记强调:“要全面贯彻党的教育方针,坚持社会主义办学方向,坚持教育公益性原则,着力构建优质均衡的基本公共教育服务体系,建设高质量教育体系,办好人民满意的教育，培养德智体美劳全面发展的社会主义建设者和接班人。”[1] 因此，第二次教育大会强调要落实国家教育方针，立足于教育事业区情实际，遵循教育发展规律，深化教育改革，逐步从教育外延式发展转向教育内涵式发展。国务院 2021 年政府工作报告提出要“发展更加公平更高质量的教育”，2022 年再次强调“促进教育公平和质量提升”。新吴教育事业更加注重办学品质、教育口碑、教学质量等教育软实力。

新吴区将教育发展重心摆在提质量、强内涵、增效益等方面，力争办好更多家门口的好学校。2019 年，为整合教育资源，促进学校协调发展，新吴区将中小学全面收归区管，建立一体化管理机制，对规划建设、师资管理、财政保障等进行统筹优化，进一步理顺了教育管理体制。同年，新吴区研究出台了 9 份教育改革文件，重点放在抓好教师队伍建设方面，其中包括《关于全面深化新时代教师队伍建设改革的实施意见》《新吴区“区管校聘”工作实施办法的通知》等，强调以“人”为出发点，着力建设一支作风优良、专业过硬的高素质教师队伍。

2020 年，为进一步落实教育优先发展战略、促进教育全面优质发展，新吴区又研究出台了 15 份改革文件。成立区委教育工作领导小组，深化全区教育重大工作的整体谋划、统筹协调、推进落实，全区上下共同关心教育、支持教育的氛围愈发浓厚。制定《新吴区优质教育发展共同体集群化办学实施办法》，明确管理职能、工作机制和工作内容，促进集群化办学深化推进。完善《新吴区中小学绩效考核评价办法实施方案》，优化考核体系，激发办学活力。此外，还研究制定关于经费保障、综合督导、安全管理、骨干教师管理、学前教育招生管理等

[1] 习近平看望参加政协会议的医药卫生界教育界委员[EB/OL]. 央视网，https://baijiahao.baidu.com/s?id=1693500206105276138&wfr=spider&for=pc，2023.10.17

多份文件，教育改革更加全面深入。

时任江苏省无锡市人民政府副市长、党组成员，无锡高新技术产业开发区党工委书记，新吴区委书记蒋敏指出：“教书千秋业、育人万世功。当前我区正处在转型发展、创新发展的重要时期，正处在勇当全市经济社会高质量发展‘全能冠军’的关键阶段，必须要有过硬的教育质量作为保障。必须聚各方智慧，举全区之力，以超前的思维统筹谋划，以务实的作风促进改革，以优良的环境保障发展，以过硬的措施推进落实，切实深化教育改革，打造与经济社会发展相适应的高质量教育。”

2021年，新吴教育聚焦发展重心，以“质量提升”为支点助力学校、教师、学生的全面成长。围绕这一目标全面研究出台了12份改革文件，制定了新吴区深化教育改革推进教育高质量发展系列文件，聚焦打造优质教育发展共同体、提升教育内涵质量、强化高层次教育人才引育、实施“区管校聘”、开展课后服务等方面，筑牢教育发展根基、落实立德树人根本任务，构建更加公平、优质、多元、有特色的教育体系。此外，重点落实“双减”政策，更加注重提升教育质量，筑牢学校教育主阵地。研究推进《无锡市新吴区教育局关于加强中小学生“五项管理”的实施意见》《义务教育阶段学校作业管理指导意见》等，切实减轻学生的负担，促进学生全面发展。

2022年，立足于新发展阶段，新吴教育继续深化改革，研究出台了15份改革文件。针对近年来招引的新教师制定“3+2”特培计划，为促进产城融合，制定职业教育“双元制”试点方案，为守护青少年健康成长，出台《进一步减轻义务教育阶段作业负担和校外培训负担的实施方案》《新吴区切实加强青少年心理健康关爱暨开展“向阳守护”行动的实施意见》《关于加强与改进中小学幼儿园家庭教育指导工作的意见》等，构建更加科学系统的青少年健康成长保障体系。

三、第三次教育大会，推动教育事业高原之上再攀高峰

至2023年，在一代代新吴教育工作者的艰苦奋斗和无私奉献下，新吴教育事业面貌焕然一新，教育综合实力大幅攀升，教育综合考核连续四年位列全市第一，教育资源配置更趋完善，有效缓解了中小学学位紧张难题，教育品牌日益擦亮，通过合作办学、集群化办学带动了全区办学水平整体提升，部分本土学校崭露头角，群众在家门口"上好学"的热切期盼得到有效回应，教育内涵质量持续攀升，五育并举成效更加显著，已基本形成教育高质量发展的新吴样态。2022年，党的二十大召开，提出了教育发展的新要求、新方向。党的二十大报告首次以单独篇章阐述"实施科教兴国战略，强化现代化建设人才支撑"的必要性，将建设教育强国摆在一系列强国建设目标的首位，并第一次将教育、科技、人才统筹谋划、一体部署，吹响了加快建设教育强国的号角。2023年5月29日，习近平总书记在主持中共中央政治局第五次集体学习时强调，"建设教育强国，是全面建成社会主义现代化强国的战略先导，是实现高水平科技自立自强的重要支撑，是促进全体人民共同富裕的有效途径，是以中国式现代化全面推进中华民族伟大复兴的基础工程"。此时的高新区正奋力建设具有世界影响力的高科技园区，争当中国式现代化先行示范，将高标准建设人民满意的教育强区作为新的奋斗目标。

2023年，高新区（新吴区）召开第三次教育大会，明确未来发展的总体目标是坚持以习近平新时代中国特色社会主义思想为指导，认真落实党中央和省、市委关于教育事业发展各项决策部署，全面贯彻党的教育方针，坚持以人民为中心发展教育，以立德树人为根本任务，注重优先发展教育，促进教育优质均衡发展，深化教育领域综合改革，建设高质量教育体系，加快推进教育现代化，坚定不移走教育内涵式发

展道路，着力建设江苏省一流教育强区、无锡市教育高质量发展第一区，办好人民满意的高质量教育。

无锡高新技术产业开发区党工委书记、新吴区委书记崔荣国指出："新吴教育始终以'一盘棋'思想谋划教育改革发展，统筹教育与经济社会发展，统筹基础教育和其他各级各类教育协调发展，统筹学校、家庭、社会协同育人，统筹教育发展与安全保障，注重防范化解教育领域风险挑战。注重改革创新，围绕集群化办学、科学与工程教育、教育数字化转型、学前教育、特殊教育、尊师重道、特色学校建设、心理健康、课程改革9方面，全面对标找差距，精准发力补短板，推动改革总体构想落地开花结果。"会议着重强调要注重激发活力，坚持在国家教育顶层设计框架下创造性作为，完善学校管理和教育评价体系，用好绩效考核指挥棒，向实绩突出的一线教师和班主任倾斜，强化发挥学校主阵地、教师主体作用，营造更加宽松自主、充满活力的办学环境。注重发掘学生的天性和潜能，切实改变简单以考分排名评教师、以考试成绩评学生、以升学率评学校的做法，要看分数不唯分数、看成绩不唯成绩、看排名不唯排名，不能片面，努力破除教育"内卷"、化解教育焦虑，让广大学生健康快乐成长，让每个孩子都有人生出彩的机会。通过数字化服务教育、赋能教育，推进数字教育建设，打造数字化学习空间，全面推行"平台＋教育＋服务"模式，更好地服务于行政管理、教师发展、教学应用、家校共育、招生入学等工作，以教育数字化开辟教育发展新赛道、塑造教育发展新优势。

第三次教育大会更加突出"教育高质量"发展的目标任务，全面统筹教育发展的规模、结构、效益，注重提升育人质量和育人水平，更加关注新业态对教育的推动和影响，深入推进教育全领域创新改革。最重要的是，更加注重发挥教育的基础性、战略性重要支撑作用，将建设高质量教育体系与构建新发展格局相结合，与科技、人才、产业发展相结合，期冀通过好的教育优化营商环境，以教育"软实力"筑强营商环境“硬支撑”，为实现高水平科技自立自强打下坚实基础。

此后，新吴区将深化改革、激发动能摆在首位，进一步健全优化教育体系，研究出台了《关于推进学前教育普及普惠安全优质发展的实施意见》《关于完善特殊教育体系建设的实施意见》等，努力为区域内百姓提供更加多元、优质的教育服务；注重对学生的培养，遴选培育一批区级体育艺术特色学校，建立区青少年心理健康教育中心，深化工程教育、课程改革等，不断完善五育并举培养模式，力争培养德智体美劳全面发展的建设者和接班人；调整办学模式，组建20个教育集团，进一步优化集团内管理机制、师资队伍、教师培训、课程教学、学生培养和质量评价，充分发挥优质学校的辐射作用，切实抓好管理经验辐射、师资交流培训、课程资源共建、教育科研互通等核心办学环节，整体提升区域教育水平。

寻道：其路漫漫，上下求索

一分部署，九分落实。不抓落实，再好的目标也只是镜中花、水中月。“十三五”“十四五”教育发展规划及三次教育大会都擘画了教育事业发展的美好蓝图，也指出了面临的新难题。教育基础该怎么抓？教育改革该怎么干？内涵提升该怎么做？新吴区教育局长、各位校（园）长通过一次又一次的“走出去”，把好的经验学回来，把好的做法用起来，真正通过学习找到差距、找到方法、觅得良策。

一、调研学习全面育人的新时代党建模式

加强党对教育工作的全面领导是办好教育的根本保证。教育系统是培养接班人、传承新使命的重要阵地，加强党建对教育事业具有引领作用，对办好人民满意的教育至关重要。为学习借鉴先进地区党建工作的成功经验，探索区域基层党建的新途径，2018 年，新吴区教育考察团赴浙江湖州南浔区对教育系统党建工作进行考察。深刻领悟南浔区围绕立德树人根本任务，以强党建、创品牌、促发展为指导，通过党建工作指导站强化基层党组织的引领作用，将党建工作与师德师风建设、教学质量提高、校园文化建设等工作深度融合，凝聚党政合力所取得的多方面成绩。此次学习之后，新吴教育采他地之长，加强对

基层党支部的全面领导，在全市率先成立了全区教育系统党建指导站，设置了“党群服务中心”“基层党建工作指导站”“思政教育工作指导站”“区域优质教育发展共同体党建联盟基地”“青少年爱国主义教育基地”等功能部门。此外，还配备了6名专职党建指导员，全面指导各中小学、幼儿园党组织开展党支部标准化规范化建设。打造“烛跃”党建品牌，组建红色讲师团，开展“党建创优实践”“‘一校一品’党建品牌项目”“书记项目”等党建文化特色项目建设，组建优质教育共同体、党建联盟等，通过系列举措确保全区基层学校党建工作有序规范开展，打造“红色亮点”，彰显教育追求。

二、调研学习优化资源配置的新路子

要办好公平而有质量的教育，重点就是要解决教育资源不均衡引发的“择校热”“学区房贵”等难点问题。2017年，新吴区教育考察团带着问题到北京考察学习。北京通过扩大优质教育资源面促进教育均衡化发展的重要举措，让新吴教育人深刻认识到可以通过集团化办学等手段提升基础薄弱学校的办学水平，发挥优质学校的辐射、示范、引领作用，实现“强带弱”“老带新”。新吴区教育局着手组建多个教育集群，分为基地校、集团校、联盟校，加大基础教育资源的统筹规划，协调推动优质教育资源落户新吴，合理进行基础教育设点布局，全面提升区域教育品质。一是打好引进牌，采用合作办学手段，推动新吴实验中学与无锡市第三高级中学合作，泰山路小学与连元街实验小学合作，新吴实验小学与无锡师范附属小学（以下简称“锡师附小”）合作，梅里中学与梅村高级中学合作，太科城实验学校与大桥教育集团合作，金鸿实验学校与金桥教育集团合作，新安中学、新安实验小学与上海世外教育集团合作等，充分发挥各方优势，深化合作交流，创新合作模式，吸收名校“养分”，释放发展活力。二是打好教育本土牌，新吴实验中学、梅里中学、梅村实验小学、旺庄实验小学等区域名校借助国家教育行政学院、华东师范大学、江南大学、武汉大学等强大外援，通过专家“入校诊断”，助力本土学校全面统筹规划建设，在教育管理、队伍建设、课堂教学、办学质量等方面得到全面提升。同时，用好集团化办学这条“新路子”，强化集团内学校优势互补、合作共进。三是构筑教育新品牌。根据同质共进、异质互补的原则将区域内办学特色各异的兄弟学校结成联盟，在充分尊重联盟校主观能动性的基础上，以课程建设为核心，以特色课程项目研究为抓手，强化联盟学校互助联动，逐步构建以集群化办学助推教育优质均衡发展的新格局。

三、调研学习促进素养提升的新教学方式

自从“核心素养”理念提出以来，如何培育学生的核心素养成为深化基础教育改革，落实素质教育目标的关键要素。为学习先进的教学方式，2019 年，新吴区教育考察团赴上海考察学习，先进的海派教育理念、全球化的教育视野、传承与创新的中西文化、敬业与钻研的教师队伍等都给大家留下了深刻的印象，也给新吴教育如何创新教学思路、优化教学方法提供了启发。新吴区努力创新教学模式，创设高效课堂，坚持以江苏省基础教育前瞻性重大教学改革实验项目“区域课程教学变革的新吴实践”为抓手，全学校、全学科、全学段推进课堂变革；推进实施“新吴区基础教育内涵建设发展暨‘5＋N’高品质创享行动”，培育遴选一批优秀项目；组织开展学术月、中小学学科育人全域展评等，围绕课程、教学、教研、教师发展等方面进行全方位的展示与研讨，强化教学管理，提升教学质量；学前教育创新打造“1＋6＋N”区域共研项目，编制保育教育口袋书等，让教学更加有效、更有抓手。

四、调研学习架构整体发展的新课程

课程是育人的载体，是人才培养的核心要素，它引领着学校的内涵发展。一所卓越的学校必然拥有卓越的课程，课程影响力决定学校的影响力。如何结合本土特色挖掘课程资源，让综合实践课程有更多校本化实施的可能？2020 年，新吴区教育考察团赴杭州考察学习。在杭州，新吴教育人深刻体会到浙江名校的育人智慧，“学校顶层设计＋课程迭代＋持之以恒”造就了学校的内涵和底蕴，特别是通过构建有利于师生共同发展的“多元发展”课程，才能真正形成学校特色文化，提升学校办学层次。此次杭州考察为后来新吴区全域推进课程改革开拓了思路。此后，新吴区通过优化课程设置来做好基础教育的搭基工程，探索先进的课程文化，让课程设置符合教育规律，增加了学生多维成长的可能性，从而落实立德树人根本任务，实现课程育人的价值。同时，在集群化办学的基础上，注重构建共享课程，建立区域“至新”课程图谱。各学校开设特色课程，打造彰显办学品位的品牌特色课程、丰富学科实践的素养提升课程、唤醒学习内驱力的趣味探究课程和关注个性需求的主题拓展课程，新吴教育的内涵品质更加彰显。

五、调研学习推动智能转化的新技术

数字化浪潮席卷全球，以数字化赋能教育成为推进教育高质量发展的强力引擎。如何发挥数字化在个性化学、差异化教、科学化评等方面的优势，为每位学生提供个性化的教育方案？2019 年 11 月，新吴教育考察团赴苏州工业园区学习先进的教育数字化建设经验。苏州工业园区的教育大数据实验室、数字化学习实验室构建了“生活化学习”“自适应性学习”“自主探求学习”“O2O 混合式学习”“网络协同学习”“感知体会学习”等学习新模式，设置了不同的功用体验区；同时精准展现了各校师生比、高学历比、学生状况乃至食堂配送、预备学生饭菜的全过程。通过这些数据，教育局能够深度了解每所学校（幼儿园）的资源配置、经费保障、人才保证、工作开展水平等实际情况，做到“精准管理”，这为新吴教育加快推进数字赋能提供了有益的思路和方法。新吴区开始探索通过数字化促进教育公平、提升教育质量、完善教育治理的路径，以此引领教育理念创新和实践变革。2022 年，新吴区教育大数据中心成立，一体化推进基础教育数字化建设与应用。通过数字化技术促进课程改革提质增效，不仅推行物联网试点学校，践行全景智慧化育人新理念，搭建全景智慧化环境新场域，形成全景智慧化实践新机制，还打造智能课堂学习新空间，实现虚实融合、多维联通，开展课内课外“双线”融通的教学创新实践，创建数据驱动、纵横贯通的课堂评价模式。数字化技术的运用最终促进了优质教育数字资源的共建共享，确保了区域教育资源的均衡配置，形成了区域智慧化教育新样板，打造出智慧教育新生态。

六、调研学习高新区教育发展的新引擎

高新区一直以来都具有体制机制更活、营商环境更佳的特点，那么，该如何立足区域优势与特点，利用好、发展好教育事业呢？2023 年，为加快推进区域教育高质量发展，新吴区教育考察团赴深圳南山区考察学习。南山区以“打造世界级创新型教育”“争做基础教育先锋”为目标，通过大力促进教育公平，创新人才培养模式，强化区域教育现代化治理等方式促进教育高质量发展，为新吴教育事业的发展提供了启发与借鉴。新吴区与南山区同为高新区，都具有城市建设和发展速度快、高新产业集聚、科技创新能力突出等特点，两地的教育事业也同样有过由弱到强、从大到优的历史进程。此次考察学习让新吴区

更加明晰了发展方向、找准了发力点：充分用好高新区教育重视程度高、投入力度大、保障要素齐的优势，在提升教育内涵质量、强化师资队伍建设、深化落实五育并举等方面重点发力，走出一条别具一格的新吴教育发展之路，努力办好与高新区（新吴区）社会经济相匹配的教育。新吴区瞄准建设“全省一流教育强区”的奋斗目标，全面深化教育领域综合改革，想方设法提高各级各类教育的质量水平，坚定不移地走教育内涵式发展道路，全面落实立德树人根本任务，践行以人为本的育人理念，不断提升区域教育的竞争力、影响力和美誉度，着力打造具有新吴特色的教育品牌。

为解放思想、登高眺远，紧跟时代发展的潮流，将好的做法学回来，新吴区还通过与国家教育行政学院合作，借“卓越”“三提高”等培训班以及跟岗研修等机会，带领校（园）长赴浙江杭州、宁波，福建厦门，四川成都，山东青岛等地，走进当地最好的学校，学习最新的教育理念和方法，并在反复实践中形成自己的特色。通过一次次学习新吴区完善了区域教育创新发展的顶层设计。针对如何建设高质量教育体系，如何发展更加公平、更有质量的教育等问题，新吴区在孜孜探索中找到了出路，给出了答案。

笃行能致远，恒者方能胜。多年来，是一次次追问与求索给了新吴教育后发赶超的底气，是一次次攻坚克难汇聚了迈向成功的力量，两轮长期教育规划的制定、三次教育大会的召开以及多次“走出去”考察学习，新吴教育人“一步一个脚印”，逐渐架构起教育事业发展的“四梁八柱”，用心描绘出一幅学子精彩、教师出彩、学校多彩的“教育画卷”，新吴教育呈现出更开放多元、更优质多样、更充满活力的喜人态势。

策略二
高质量党建引领办学新发展

教育是国之大计、党之大计。培养什么人、怎样培养人、为谁培养人是教育的根本问题。育人的根本在于立德。全面贯彻党的教育方针，落实立德树人根本任务，培养德智体美劳全面发展的社会主义建设者和接班人。

——党的二十大报告

坚持党对教育工作的全面领导是办好教育的根本保证，也是确保“为党育人、为国育才”正确教育方向的先决条件。新吴区对标新时代教育事业新目标、新任务和新要求，坚定不移地加强党对教育工作的全面领导，夯实党建基础，增强基层党组织的战斗力和凝聚力，不断探索教育高质量发展新路径，扎实做好立德树人、培根铸魂大文章，实现以高质量党建促进教育高质量发展。

夯基筑垒:锻造坚强有力的党组织

新吴区紧紧围绕推进新时代党的建设新的伟大工程，坚持党政齐抓共管，推动教育高质量发展，区委区政府每年专题研究教育改革发展重大事项，落实教育领域综合改革、优质教育共同体建设等工作，全面谋划，优先发展教育事业。围绕“办人民满意的教育”工作目标，新吴区教育局积极投身教育实践，解决人民群众急难愁盼的教育问题，以“奋进之笔”书写教育民生“答卷”，在全力推动区域教育事业高质量发展方面交出了一份出色的成绩单。

轻拂时光的烟尘，历史画卷在砥砺前行中生动铺展，新吴教育在党建工作中留下了一串串闪光的足迹。

一、筑牢“组织链”，织好改革“一张网”

2016年6月，中央组织部与教育部党组联合印发了《关于加强中小学校党的建设工作的意见》(以下简称《意见》)，《意见》指出:“明确管理主体。按照与教育管理体制相适应、管党建管业务相结合的原则，中小学校党建工作一般由县级以上地方党委教育工作部门或教育行政部门党组织统一领导和指导。”

当时，新吴区教育文体局刚成立不久，在全区中小学中，新区第一实验学校和新城中学、新洲小学等9所是区直属学校，梅村实验小学（含4所分校）等13所归属街道管理，学校间发展存在较大差距，这在一定程度上影响了教育质量的总体提升。为深入贯彻《意见》精神，新吴区在同年11月明确，中小学校由区级统筹管理（13所小学的办学经费由街道承担，2019年全部收归区管），并对学校的规划建设、师资管理、教育管理、财务管理等进行了统筹优化，形成了上下一条线、整体一盘棋的教育发展新格局。这一改革契合了教育事业改革创新的发展目标，对新吴教育的长远发展起到了重要作用。

党的十九大报告指出："党支部要担负好直接教育党员、管理党员、监督党员和组织群众、宣传群众、凝聚群众、服务群众的职责。"2018年，中共中央印发的《中国共产党支部工作条例（试行）》对支部标准化规范化建设提出了明确要求，也为深入推进学校党支部标准化规范化建设提供了行动指南。2018年，根据《关于推进党支部标准化规范化建设工程的实施方案》要求，新吴区启动了"党支部标准化规范化建设"工程，全面推进"组织设置标准化、班子建设标准化、组织生活规范化、党员教育管理规范化、活动开展规范化、基础保障规范化"等建设。为确保实现"一年一个台阶、三年整体提升"的目标任务，新吴区将硕放中学党支部、新洲小学党支部、新区实验幼儿园党支部确定为党建标准化建设示范点，分别为全区中学、小学、幼儿园党组织建设树立蓝本，通过组织学习观摩、经验交流，为分批建设标准化规范化党支部、全面推进党建工作打下了良好的基础。2022年，全区中小学党支部标准化规范化建设全部通过区级验收，旺庄实验小学等5所学校党组织获评无锡市标准化规范化建设先进基层党组织。

二、建强“阵地群”，铺就改革“奠基石”

在推进教育系统党建工作的过程中，新吴区意识到，基层学校党组织如果没有阵地、没有依托，区域统筹、资源整合、堡垒作用就会缺乏发力点和支撑点。2019年，新吴区教育系统党群服务中心成立，并挂牌“无锡市基层党建工作指导站”，为基层学校党组织提供了活动学习阵地。作为无锡市首家教育系统党群服务中心和基层党建工作指导站，新吴区聘请了6名专职党建指导员，同时还进驻了6支学校党员志愿服务队和18名党员名师，至此，新吴区教育系统的党组织和党员有了全新的党群活动阵地。

随着党群服务中心的职能不断扩大，到2021年，已经发展为“三站两基地”：党群服务站（中心）、基层党建工作指导站、思政教育工作指导站、区域优质教育发展共同体党建联盟基地、青少年爱国主义教育基地，并获得了较为丰富的经验。一是强调顶层设计，出台统一性标准。研究制定《新吴区教育系统党建创新发展实施办法》，明确提出构建“1＋7＋N”教育系统党群服务中心的设想，即1个区级教育系统党群服务中心，7大功能区域，N种党建、教育、群团、社会组织等服务资源，通过系统建设和整体建设为党建资源有效整合搭建平台，加强党对教育工作的全面领导。指导各学校创新阵地载体，设置“锡新先锋”党建书屋、开放式书架，以及政治宣教、心理健康咨询等功能室，聚焦学校“党建＋责任”“党建＋质量”“党建＋融合”，完善新吴教育党建工作体系。二是注重系统平衡，形成整体性格局。构建“1＋N”运行模式，组织开展“五个一”工程，落实“158”工作机制，加强“党建书屋”建设，成立“党员名师工作室”，实施党员及教师“双培养制度”，持续夯实党建根基；打造信息化平台，开设“你点我讲”党务情境课堂、思政教育“云课堂”等，促进党建与教育教学深度融合，形成“党员名师讲思政、党员干部上思政、社会实践促思政”的生动局面。三是突出协调发展，打造成长性平台。抓好党建指导员队伍培训，每周有“集中学习日”，每月进行主题工作交流，每季度分层分类开展党员学习培训，每年组织入党积极分子培训和党务工作培训等。深化“168”爱生行动，统一印制“168”工作记录本，组织开展“让党旗在课堂上高高飘扬”岗位建功行动，鼓励教师用实干担当践行教书育人的初心使命，力促每一个学生都能享受公平而有质量的教育。

新吴区教育系统党群服务中心自成立以来，拓展了党员群众满意的服务阵地，筑牢了党员群众身边的战斗堡垒，优化了密切联系党群的共享平台，获得了学校和周边群众的一致好评。党群服务中心在加强实体建设的同时，运用数字化平台，通过智慧党建和远程会议系统将看似独立的区内各基层党组织联结起来，将需求与供给相匹配，实现资源共享、党群共建、联盟共通。

2022年，新吴区学校基层党支部全部通过基准型党支部标准验收。党支部建设做到标准化规范化，进一步提升了基层党建工作的质量和水平，基层党组织强起来了，党员队伍也强起来了。

三、完善“机制链”，解锁发展“新密码”

根据《关于建立中小学校党组织领导的校长负责制的意见（试行）》文件精神，围绕“政治引领、支部筑垒、品牌赋能、助力引领”四大行动，新吴区深入推动党组织领导的校长负责制落地、落实。这项制度的落实进一步规范了学校的议事决策制度，明确了学校领导班子召开党组织会议、行政办公会议的要求，通过对“三重一大”事项的集体讨论、调研论证作出科学决策，同时更好地发挥党组织的监督作用。这一举措有助于构建“横向到边，纵向到底”的一整套组织网络，将制度优势有效转化为学校的治理效能，切实推动新吴区各中小学校教育事业再上新台阶。例如，在不断深化人事制度改革的工作中，新吴区率先推行“区管校聘”改革，把教师从“学校人”变为“系统人”，全区公办中小学的3000多名教职工全员参与竞聘上岗。各基层党组织结合实际制定适合自身校情的实施方案，为教师们提供了一个流动的平台，帮助教师找到最适合自己的岗位，同时用好绩效考核指挥棒，构建体系完善的绩效考核评价制度，全面激发教师队伍的活力。新建的春阳实验学校党支部，从建校初期开始，利用人事制度改革契机，深入推进“区管校聘”改革，将中层、教师岗位释放出来，为广大教师提供区级竞岗的机会，很快配齐各学科骨干教师，新校建设初期就满足了群众就近上好学校的需求。

积厚成势:全方位打造特色品牌

如何将党建的“软实力”转化为推动教育高质量发展的“硬支撑”?如何发挥党群服务中心“党建+服务”效能,扩大区域内各学校、多部门的“辐射效应”? 新吴区需要建立一个自己的党建品牌,要以服务教育中心任务为目标,将品牌理念融入党建工作中,积极探索教育系统党建工作的新思路、新方法、新途径,激发党建活力,凝聚党建力量,以党建引领推动各项工作高质量发展。

2020 年 7 月,在新吴区教育系统庆祝中国共产党成立 99 周年的大会上,区域教育党建文化品牌“烛跃”正式亮相。烛,象征着教师们敬业奉献、担当作为,青春不负绽芳华,点亮新吴学子梦;跃,象征着教师们奋发向上、积极创新,薪火相传写华章,立德树人育英才。“烛跃”全面、形象地展现了新吴教育勇立潮头、敢为人先、追求卓越的党建文化内涵。自党建品牌创建后,它成为教育系统党建工作的一种符号、一个标志、一面旗帜,发挥了凝聚人心、动员力量、服务群众的作用,把新吴区教育系统的党组织建设工作推进到了一个新的高度。

一、有声有色,系统化提升党建品牌影响力

党建品牌的确立不仅是对新时代党建工作的进一步深化,而且是

对党建工作理念、形式、载体、机制的创新，更是对党建工作经验进行的集中总结提炼，是对党建工作组织设置、工作方式、活动内容等内在规律的提升，是加强党的先进性建设的重要载体和有力抓手。

新吴区教育局在提升党建品牌影响力方面有以下具体的举措。

一是打造"烛跃・领航"工程，点亮服务群众之"烛光"。依托党员名师工作室，开展"一对一"结对帮教，引领更多教师向名师和专家型教师发展，组织党员教师带头参加"课后延时有温度"服务，让党员徽章在平凡的岗位上熠熠生辉。组建"烛・先锋""烛・春雨"党史学习教育宣讲团，通过开设讲座、开展学术研究、进行课题调研等方式，宣讲党的教育方针、政策。成立"烛・青苗"志愿讲解服务队，录制党史学习视频。多元化开展"三亮一争""三联系五指导"活动，与社区、企业建立互联互动工作机制，以志愿公益行动等为载体，引导党员带头奉献、靠前服务。精心挑选纪念馆、博物馆、档案馆等场所，打造"行走的课堂"。发布"烛・星火"新吴红色地图，在"新吴教育"微信公众号上开设"行走课堂"报名入口，拓展青少年党史学习教育阵地。

二是实施"烛跃・竞秀"工程，拨亮师德师风之"烛芯"。组织教职工参加常态化政治理论学习，落实"书记学习日"制度。成立"红色讲师团"，定制"线上＋线下"学习教育实境党课，实行党员教师队伍"三培养机制"，加大在优秀青年教师、学科带头人和教学一线教师中发展党员的力度，实现党建与教学"双提升"。开展师德师风巡回演讲、学生心理健康教育活动，提升教师教书育人的能力素质。2021 年 4 月，"新吴教育"微信公众号推出"'烛'梦前行　'跃'语赏心"栏目，抒发全区教育系统广大教职员工和新吴学子的奋进心声，坚定广大新吴教育人推动新吴教育发展的强大信心。"烛跃・校长说"以校长们的视角，带领师生家长了解学校的教育理念、办学特色，实现与学校的"零距离"接触。"烛跃・先锋说"将新吴区默默耕耘、无私奉献的教职员工们展示出来，向大家讲述在平凡岗位上作出不平凡贡献的人们的故事,以榜样的力量展示新吴教育的良好风貌。“烛跃·春雨说”展现新吴教育人面对波澜壮阔的时代画卷焕发出的无限斗志豪情。“烛跃·桃李说”通过童言趣语表现新吴学子对学校、对新吴教育、对家乡、对祖国的热爱。

三是锻造“烛跃·炫彩”工程,点亮基层品牌之“烛焰”。以“一校一品”“一校多品”为着力点,围绕“抓起点、凸重点、展亮点、显特点、站高点”等主要内容,明确“建项目、创特色、树品牌”的项目化要求,着力打造校园党建特色品牌。各学校细致策划,结合党建“书记项目”,按照“党建＋文化”“党建＋德育”“党建＋教改”“党建＋集团化办学”等多种形式,量身定制“江南燕”“红色在‘新’中、传承自‘吾’辈”“运河之畔石榴红”“‘五共’矩阵心向党”等校园党建文化品牌。年终精心勾画,开展“一校一品”党建文化品牌项目成果评选和成果展示。系列化推进“烛跃·三百行动”,遴选100名优秀教师、100名优秀学生和100个红色基地,通过编制红色故事集、录制宣讲视频、撰写寻访日志、共享优质课堂,形成一批区级思想政治理论示范精品微课,并在“新吴教育”微信公众号上投放,让全区师生共享优质思政课程资源,提高思政课程的感染力。

四是聚力“烛跃·联锦”工程,建强党建联盟之“烛身”。在加快推进区域教育优质均衡发展的过程中,为打破区域壁垒和校际分割,推动各校(园)与区域党建的互联互动,形成共建、共融、共享、共治的格局,新吴区整合资源,组建多模式、全领域、跨层次的“优质教育发展共同体党建联盟”。启动党建联盟“三微＋”项目,与市内名校结对,通过“微联盟”“微清单”“微平台”合力构建区域化党建新格局,不断拓展教育系统党建工作的深度和广度,推动联盟高位发展,激发党组织活力,推动党建工作高质量发展。在这个过程中,涌现出一批批党建联盟工作先进典型,在联盟共建、资源共享、活动共办、品牌共育方面取得了突出的成绩。

“烛跃”党建品牌实践使得党的建设与全域中心工作、教育改革发展同频共振，有助于与时俱进地解决党建工作中面临的新形势、新问题，为品牌建设注入新的活力，党组织的领导力明显加强、凝聚力大幅增强、服务力持续深化、党建外溢力显著提升，极大推动了教育教学质量的提升。“烛跃”党建文化品牌的成果效应相继在无锡教育、“学习强国”平台、搜狐网等相关媒体上报道，受到基层干部群众的广泛好评。

二、有章有法，特色化聚合党建联盟向心力

2019年11月，新吴区首届“优质教育发展共同体·新吴论坛”在区少年宫举办。围绕坚持党建引领，发挥“烛跃”品牌的蝶变效应，新吴区牢牢把握教育改革发展的正确方向，始终坚持建强“教师、校长”两支队伍，深化“办学、教研、课程”三项合作，聚焦优质教育发展共同体对区域教育质量和核心竞争力的提升，促进校际高水平合作，提升区义务教育优质均衡发展水平，绘就了校校相连、美美与共的悦人画卷。

2019年9月，在“烛跃”党建品牌的引领下，新吴区围绕“资源共享、优势互补、共驻共建、凝聚力量”的目标，研究通过了《新吴区教育系统党建创新发展实施办法》和《新吴区优质教育发展共同体党建联盟章程》，通过“158工作机制”，即“一大联盟、五项联动、八个重点”，将区直属学校、市教育局直属部分共建学校、国际学校等有机统筹在一起，40余所中小幼学校群策群力，共同构筑起区教育系统党建联盟团体，以党建引领区域教育优质均衡发展。自联盟成立以来，联盟内成员通过“互派跟岗研修、教育办学研讨、师资培训研修、学生培育管理、活动互学互鉴”等方式，成功举办三届“优质教育发展共同体·新吴论坛”、三届“新吴区优质教育发展共同体学术月活动”，召

开区域党建联盟座谈会，进一步做实联盟工作，做优联盟品牌，扩大联盟影响。

2022 年，新吴区大力实施优质教育发展共同体党建联盟“烛跃·三微工程”。一是优化党建“微联盟”，激发党建工作活力。组建集团校联盟、幼小联盟、中小联盟，为跨学段衔接、公民办教学交流、普通学校与特殊教育学校融合教育提供了新渠道。倡导学校与周边街道社区党组织、“两新”党组织以及其他机关事业单位党组织组成联盟，开展以党员教师为主体的教学研讨、关爱学生等活动，丰富教学载体，提升教学质量。二是创新联盟“微清单”，提升解决问题的能力。各联盟成员单位结合实际，分别列出“资源清单”和“需求清单”，“微联盟”成员单位之间开展双向认领，制定“认领清单”，以一个个服务项目推动党建联盟各项工作深入开展，形成资源共享、优势互补、联动共赢的大党建工作格局。三是巧用联盟“微平台”，依托载体增强实力。以新吴区教育系统党群服务中心和联盟单位党员活动室等场所作为重要阵地，搭建校际、校社之间协调沟通和交流平台，推动党建工作相互促进。召开联盟党员代表大会，研究制订联盟年度工作计划，实行“轮值负责制”，组织开展主题党课、党建论坛、读书沙龙、志愿服务、党课共享等不同主题的共建活动。

随着资源被盘活，优质教育发展共同体党建联盟组织开展“踔厉奋发正当时·勇毅前行向未来”等党建联盟活动、“学党史、忆初心、开新局、践使命”微党课大赛、“新悦”读书沙龙、“辰风启新篇·师行践初心”迎新徒步活动等。同时，携手区团委、妇联、残联联合举办“携手同心奔赴·绽放文明之花”“巾帼绽芳华，教育因你而美”妇女节活动。党建联盟所开展活动的影响力逐年提升。

在党建联盟共建的过程中，“烛跃”品牌犹如前行道路上的一盏明灯，带领新吴区驰而不息地推进全面从严治党，围绕“教育抓党建，抓好党建促教育”的工作思路，把党建工作全方位地融入区域教育创新发展战略，以优质教育共同体的高度融合、相互促进，大力推动区域教育高质量发展，彰显“高新”特色，擦亮党建品牌。

三、有为有位，品质化燃擎“一校一品”内生力

革命先驱瞿秋白先生曾于1916年在新吴区江溪小学任教。悠悠江陂桥畔，拳拳赤子情怀。该校秉承先生遗风，学校党支部响应习近平总书记“把红色基因传承好”的号召，深化对“秋白精神”的校本理解，基于学校内涵发展、师生成长的需要，着力打造了“一校一品”党建文化品牌——“江南燕”红色基因传承行动。将党的建设与学校中心工作和文化传承相融合，凸显其引领性、先进性、创新性和实践性，充分发挥党支部的战斗堡垒作用，让党员的先锋模范作用更突出，让党建文化成为激励和引领学校发展的强大动力。江溪小学党支部每学年都会在新吴区党群服务中心开展党建活动，他们将党建工作、教育教学工作与教师队伍建设有机融合起来，建立“三联育”机制，实现三项工作同部署、共建设、齐推进，达到以党建引领发展的良好效果。

2017年，江苏省委教育工委制定出台《关于加强全省中小学校“一校一品”党建文化建设工作的意见》，在前期多方调研探索的基础上，新吴区全面启动了“一校一品”党建文化建设工作。“一校一品”为创新基层学校党建工作搭建了省级平台，将品牌理念引入党建，促进党建与教育教学中心工作深度融合，使全体党员和师生员工将社会主义核心价值观内化为精神追求，成为启动“一校一品”项目建设的努力目标。

新吴区在推进中小学校“一校一品”党建文化建设工作中尤其注重以下几个方面。

一是融入中心，培根铸魂。根据习近平总书记在全国教育工作

大会上的重要讲话精神以及省委教育工委、市委教育工委的工作要求，紧紧围绕立德树人这一根本任务，坚持“立足实际、争创特色、务求实效”的原则，全区各学校注重将品牌创建与学校办学理念相结合，与教育教学、学生德育、教师队伍建设有机融合，用品牌建设的理念、方法和机制，提升创建成效，增强学校党建品牌的影响力和生命力。

【案例】梅村实验小学：深挖红色资源　争做红色传人

1938 年 12 月，中共无锡县委在梅村小学礼堂召开无锡县各界抗日联合会成立大会，陈枕白校长任联合会主席。1939 年 5 月 16 日，抗日联合会召集各民众团体、学校师生、部队战士近 3000 人，在梅村小学操场上召开欢迎江抗军东进抗日大会，从而拉开了无锡抗战的新篇章。党史是一本厚重的书，校本党史更是一本严肃的教科书。梅村实验小学从丰富的校本党史资源中，以一块石碑（无锡各界抗日联合会成立地纪念碑）、一段话（无产阶级革命家、军事家谭震林将军赞扬实小人为抗战所作的贡献）、一群人（抗战时期校长陈枕白、傅一星等 9 名教师均为中共党员）、一段愿词（无锡县立第四高等小学生愿词）、一支陈枕白中队（2016 年被评为“无锡市英雄中队”）、一个红色宣讲团（党、团、队联合成立“梅 · 美”宣讲团）、一条红色线路为切入点，设计开发出一条红色打卡游线，设置“校史印记”“江抗纪念碑”“全国红旗大队”“怀天亭”等 10 个红色游线打卡点，师生化身红色讲解员，成为百年校史、党史的“主讲人”，用自己的亲身经历现身说法，增强党史教育的吸引力和感染力，引领广大师生在学习与实践中感知红色文化底蕴，接受精神洗礼。他们还手绘红色游线图，在一笔一画中增强文化认同感，厚植家国情怀，铭记历史，赓续初心。得益于党建引领，梅村实验小学在建区后更是焕发出新的活力，成为老百姓心目中的一所实实在在的优质名校。

二是文化涌泉，启智润心。新吴区以习近平总书记关于思想政治教育的重要论述为指导，紧紧围绕“培养担当民族复兴大任的时代新人”[1]这一目标，不断探索将社会主义核心价值观有机融入校园文化建设的新方案，指导区内开展“一校一品”项目的学校深入挖掘地方、校园文化资源，将项目建设与党建工作深度融合。各学校党支部因地制宜，精心打磨校园物质文化、精神文化、制度文化以及行为文化，在潜移默化中发挥育人功能。注重把社会主义核心价值观有机融入校园文化建设，充分发挥校园文化对广大师生的价值引领、文化熏陶、理论指导和精神滋养功能，这已经成为新吴区各学校创新思想政治工作方式、培育和践行社会主义核心价值观的一条基本经验。

【案例】新吴实验中学：感受史·书·联之魅

“‘万水千山只等闲，重开局面；西行北上终得胜，再造乾坤。’这对楹联我知道啊，是描述红军长征时的场景，革命英雄主义、理想主义和实事求是的长征精神令人印象深刻。”两个学生在学校举办的党建楹联展上驻足讨论着。无锡市新吴实验中学自2019年成为无锡市楹联教育基地建设单位以来，学校党支部深挖楹联教育内涵，将年度党建重点项目——推进“不忘初心、牢记使命”主题教育与学校特色课程创建深度融合，携手无锡市楹联学会共同推广中华优秀传统楹联文化，打造“史·书·联魅”党建文化品牌，探索出楹联文化与党史教育融合传承的新模式。在党建引领下，学校开发出校本课程“跟着楹联学党史”，以党史与楹联为主题，策划“翰墨书香”书画节活动，赢得社会的广泛关注；举行“史·书·联魅”书画展和“红色在‘新’中，传承自‘吾’辈”诗歌会，开展“红色经典诵读”活动，评选优秀学生党史讲解员。丰富多彩的党建特色活动培养了学生对家国文化的归属感和认同感，也

---

[1] 习近平总书记谈“培养担当民族复兴大任的时代新人”·人民网 http://politics.people.com.cn/n1/2023/0919/c1001-40080564.html, 2023.9.19

让学生在省、市各项比赛中崭露头角。

三是服务民生，巧破难题。党的基层组织是做好党建工作、形成战斗力的基础部门，是团结带领群众贯彻党的理论和路线方针政策、落实党的任务的战斗堡垒，长期以来在推动事业发展、服务群众、凝聚人心、促进和谐的过程中发挥了重要作用。在新形势下，基层党组织的工作任务更为繁重，这对基层党组织的服务能力提出了新的要求。建设基层服务型党组织，就是要服务改革、服务发展、服务民生、服务群众。服务民生就是要贯彻落实党的惠民利民政策，为谋民生之利、解民生之忧创造条件，为解决群众上学、看病、就业、养老、住房等实际困难提供帮助，推动基层社会治理创新，主动化解社会矛盾，促进社会和谐稳定发展。

【案例】新城校门口的“堵”局如何破？

“你知道吗？上周下雨天，短短数百米，我堵了半个小时！”“就是就是，这学校门口怎么管理的？”“我提前了半小时下班都没赶上接孩子，哎……”这是以前下雨天在新城中学门口百米长的路面上常听到的日常对话。为了改善校门口的交通拥堵状况，学校党总支以“五心工程，为党旗增辉”品牌活动为引领，积极开展“听民意、解难题、办实事”活动。其中的“暖心工程”便是围绕校园拥堵难题，建立信诚志愿服务队，设置党员先锋岗，组织70余名党员教师向家长发放调查问卷，开展实地勘察、调研座谈，全面摸清了学生家长和周边居民关于交通环境的真实诉求。在学校楼道口、校门口分别设置引导员、交通疏导员、交通安全讲解员，维护放学秩序。通过积极搭建服务师生家长的“快速路”“连心桥”，学校周边的交通拥挤情况大为改善，收获师生及家长的良好口碑。

自“一校一品”党建项目实施以来，新吴区各学校找准创建的切入点和实施路径，着力构建特色突出、富有内涵、百花齐放的全区中小学校党建品牌体系，形成了富有实践特色、时代特色、教育特色的“一校一品”党建格局。党建品牌建设由“数量积累”向“质量提升”、由“点上出彩”向“面上开花”提档升级，这也为新吴区教育系统党建引领教育高质量发展提供了强大动力。这一系列举措促进了区域内教师、学生综合素质的不断提升，在省、市获奖师生的数量年年创新高，区内学校的办学质量、办学水平、社会满意度逐年攀升。

谋远向新：构建融合发展新格局

党的二十大报告把“实施科教兴国战略，强化现代化建设人才支撑”单独成章进行布局，吹响了加快建设教育强国的号角。理念领先是最重要的领先。锚定到2035年建成教育强国的目标，新吴区跳出教育看教育，聚焦推进中国式现代化这个最大的政治，牢牢把握教育的政治属性，把高质量发展作为各级各类教育的生命线，把服务高质量发展作为建设教育强国的重要任务，勇做教育服务高质量发展的“第一行动者”，以党建引领让改革之路越走越宽，服务发展动能越来越强。

一、深度融合，打造无缝隙的教育体系

经过几年的深耕细作，新吴区教育系统党建工作逐步做到规范化标准化，但是在与教育教学深度融合和服务高质量发展方面还存在一些问题，融合得还不够深、作用转化得还不够实。为此，新吴区在深刻理解把握教育强国建设战略定位、主攻方向和重点任务的基础上，加强党对教育工作的全面领导，以党建“软实力”助推教育高质量“硬发展”。新吴区在党建工作与教育教学相融合方面主要做了以下几方面工作。

一是“党建＋业务”，赋能改革攻坚。全面落实党组织领导的校长负责制，厘清党组织书记和校长以及副书记的职责，完善议事规则，加强学校领导班子的思想政治建设和任期考核，为党建引领高质量办学提供强有力的保障。在此基础上积极开展“党建领航”提升行动，充分发挥党组织的领航定向作用，激励各学校聚焦加强党的领导、提升办学品质、开展课程教学改革、进行拔尖人才培养、促进教育数字化转型、确保教育减负增效以及安全稳定等教育改革重点、急难险重任务，主动请战、带头攻坚，着力破解本单位关乎民生、制约发展、阻碍创新、影响环境、事关长远发展等方面的突出问题、短板弱项和风险隐患，以“走在前、做示范、多作贡献”的使命担当，凝聚共识、提升信心、激发活力、推动工作，深入开展改革攻坚。各学校以年度攻坚项目为引领强化教育新担当，激活发展新动能，掀起项目攻坚热潮，确保教育高质量发展取得新进展、新突破，群众急难愁盼问题得到进一步解决，新吴教育的美誉度和影响力持续提高。

二是“党建＋集团”，实现资源共享。集群化办学实现了校际教育教学资源的共享，党建工作也不能“单打独斗”“各自为战”。2023 年年底，新吴区不断优化集群化办学模式，充分发挥集团党组织的引领作用，组建党建德育联合体，开创校际党建资源共享、功能互补、双向受益、共同提高的工作新格局，通过对集团校党建绩效的考核，推进党建与业务工作深度融合。

鸿山街道位于无锡与苏州的交界处，距离城区相对较远，新市民及外来人口较多，学生整体素质相对不高。如何增强孩子们的融入感？如何全方位开阔孩子们的眼界？这成了鸿山实验教育集团几位党组织书记时刻萦绕心头之事。2024 年，鸿山实验教育集团组织开展了“美美与共・生生不已”学生艺术作品展评，邀请江苏省美术家协会少儿美术艺委会专家、西班牙马德里华夏文化学院专家及集团党建德育工作相关负责人参加点评。细致专业的指导、国际融合的教育文化、各具特色的校本美育活动，开阔了与会教师的国际视野，拓宽了集团学校的美育思路，坚定了党员、德育教师培养更具家国情怀、更具世界眼光接班人的信心。

三是“党建＋品牌”，带动教育提质。深入开展“烛跃强基”行动，加强党建德育基本队伍、基本活动、基本阵地、基本制度、基本保障“五个基本”建设，推动中小学校党组织全面进步，切实构筑起新时代中小学校教书育人的坚强战斗堡垒。加强党务和思政力量配备，完善激励保障措施，深入开展“支部亮旗帜、党员亮身份”的“双亮”活动，充分发挥党组织的战斗堡垒作用和党员的先锋模范作用。鼓励中小学校党组织与街道社区等建立党建联盟，组织中小学校党员教师走进社区开展义务辅导宣讲、帮扶关爱、助老助残等活动，利用假期持续做好对学生的教育引导工作，加强对有特殊需要的学生的关心爱护，促进校家社协同联动，全方位落实德育目标。

【案例】“双亮”活动：让特殊学生成长为特优学生

“不对，不对……”语气紧张，态度极其认真。这个孩子有那么点“与众不同”，他就是小天，患有“阿斯伯格综合征”。为了帮助小天，鞠老师每天翻阅大量与阿斯伯格综合征相关的书籍资料，用爱心和耐心去教导他，用细心和关心去陪伴他，积极化解小天与同学间的矛盾，耐心安抚小天的波动情绪，在小天患口周皮炎时递上一支润唇膏，利用课余时间为小天辅导功课……鞠老师用心用爱把小天的世界填满了。不止如此，鞠老师几乎每周都会与小天的家长进行沟通，及时了解小天在家时的情况，及时纠正小天的一些错误行为。在她日复一日的帮扶下，2023 年 9 月，小天以优异的成绩升入了新吴实验中学。自“双亮”活动开展以来，各基层党组织充分发挥战斗堡垒作用和党员的先锋模范作用，加强对学生的关心关爱，不少“小天”正在逐渐被治愈。

二、深度牵手，开启党建德育直通车

在新时代新征程上，培养一代又一代德智体美劳全面发展的社会主义建设者和接班人，确保党的事业和社会主义现代化强国建设后继有人，是建设教育强国的根本目标。习近平总书记强调，德育工作“能否在立德树人中发挥应有作用，关键看重视不重视、适应不适应、做得好不好”。2023年11月，教育部组织召开全国中小学党建德育工作会议，对整体规划、统筹推进中小学党建德育工作作出部署。新吴区以“与时俱进，不断创新”为党建工作理念，以“立德树人”为党建工作落脚点，进一步更新理念和方法，让党建德育工作在继承中发展、在发展中创新，不断焕发出新的活力。新吴区在这方面有以下三个具体做法。

一是点燃“星”之火，让发展更有方向。实施党团队一体化育人的“星火行动”。延伸党建触角，健全党建带团建、队建工作模式，做好党组织领导下的党团衔接、团队衔接工作，全面提升党团队一体化育人水平。充分发挥青年团员教师、少先队辅导员的思想政治引领作用，使其自觉成为习近平新时代中国特色社会主义思想的坚定信仰者、积极传播者、忠实实践者。加强顶层设计和统筹谋划，针对各学段学生的年龄特点，建立贯穿青少年成长全过程的阶梯式培养体系，让青少年在政治身份变化的过程中，对党的认识逐步加深、理想信念不断升华。依托少先队大讲堂对学生进行早教育，通过儿童喜爱的方式广泛开展宣讲活动，引导小学生听党话、跟党走，自觉抵制不良文化，同时推动社会主义核心价值观在家庭落到实处。建设初中团校，深入开展理想信念、党史、国情等特色主题活动，引导初中生高举红色旗帜、传承红色基因、弘扬红色精神，切实增强政治认同、思想认同、情感认同，将他们培育成强国建设、民族复兴伟业的接班人和未来主力军。

【案例】新洲小学:多元文化助力幸福成长

在"新之洲"家园,新洲小学党支部聚力铸牢中华民族共同体意识,培育具有"家国情怀"的新洲学子,让每个学生心中都植入热爱家庭、热爱家乡、热爱祖国的情感与认知。在凌云壁上,中国地图上的一个个红点寓意全国各地的孩子汇聚新洲。在石榴园内,将民族团结的美好意蕴与石榴的耕种实践有机融合。新洲中华园是放大版的中国地图,来自不同民族、不同地域的新洲娃都能在那里找到自己的故土。方言小径、民族文化廊让同学们在边走边学,潜移默化中了解我国各地区、各民族的文化。民族美食坊则激发了师生对家乡故土的深情,加深了他们对祖国各地美食的了解,美食传递了自信、传递了文化。

二是汇聚"心"力量,让教育更具动能。"校·家·社"是一股绳,合力拧紧才能载人更远。着眼校家社协同育人,新吴区致力于联结更多有爱心、热情的社会力量,形成协同育人合力。发展壮大各层级家庭教育工作者队伍,开展"家庭教育指导师培训营"活动,全面建强"一中心三大站",发挥国家教育行政学院的资源优势,办好家长学校,提升家长的家庭教育水平和能力。健全常态化家校沟通机制,深化落实"家访暖心行动",实现对重点关注学生的入户家访全覆盖。实施家校共育"种子工程",以"家长指导家长"的形式传播正确的家庭教育理念和方法。开展"亲子嘉年华"等活动,全力打造"花开无忧"新吴家庭教育品牌。线上线下紧密融合,开通至德三源云学院,开辟专家讲座、家长听书、专家答疑等家庭教育阵地。加强对有特殊需求儿童家庭的教育支持,鼓励和引导专业社会组织等各方力量,提供常态化、专业化、个性化的家庭教育指导服务。在新力量的注入下,新吴区家庭教育指导中心、服务站点遍布全区,校家社联动体系逐渐完善,家长的育儿观、成才观越发科学。

【案例】特殊教育学校:校企联手·温暖助残

"我会买地铁票啦!"脸上洋溢着灿烂笑容的孩子们连连惊叹道。

现场的志愿者听到孩子们的欢声笑语，笑着说："这10000步太值了！"这是一次温暖的助残志愿服务活动，更是一场关于爱的盛大"旅行"。2024年3月，新吴区特殊教育学校党支部联合SK海力士半导体（中国）有限公司开展"特需学生自主购物社会实践活动"，以"党建+志愿服务"创新活动形式，传承志愿服务精神，提升实践育人成效。每位学生由学校党员教师和企业志愿者共同陪伴，组成10组爱的小分队，徒步前往地铁站体验购票、安检、乘车、出站等地铁出行全过程，走进大润发超市自主寻找出入口、自主挑选商品并排队结算。这次联合育人实践让特需孩子们更好地融入社会，也向社会传递了"奉献、友爱、互助、进步"的志愿服务精神。

三是突出"新"引领，让育人更显成效。新吴区教育局制订中小学校党建德育创新创优计划，重点抓好"创新型党支部""示范性党支部"创建，全区创新型、示范型党支部持续增加，培育了数十名党员德育工作名师、优秀党务工作者，录制了数十节优秀德育微党课，形成了一批可复制、可推广的中小学校党建德育经验，助力全区中小学校党建德育工作提档升级。选树年度"至德党建德育高质量发展"示范集团（校）、"至德良师""至德好少年"等先进典型。新吴区党建德育创优工作的开展有力促进了各学校强化党建引领、落实立德树人根本任务等各项工作，方向正确、内容完善、学段衔接、载体丰富、常态开展的党建德育工作体系得到进一步优化和完善。

三、深度引领，师生同上一堂铸魂课

面对百年未有之大变局，该如何及时适应社会变化，如何在党建引领下立德树人，实现教师与学生思想意识双向融合共同提升？这成了区域下好教育高质量发展一盘棋的关键一子。新吴区着重从以下两个方面开展工作。

一方面双向培养实现双向赋能。新吴区全面实行党员和德育骨干教师“双向培养机制”。一是从严锻造，把骨干教师培养成党性修养高的党员教师。重视对德育骨干教师的思想引领，积极选树“身边的榜样”，深入开展党建带群建活动等，注重增强德育教师的政治认同感，增强其入党的信心和决心，传递好声音，传播正能量，提升育人使命感。二是认真遴选，把党员教师培养成业务知识扎实的德育骨干教师。开展党员教师思政素养提升行动，引导其主动学思政、懂思政、讲思政。组建党员、德育骨干教师教研共同体，不断提升党员教师的思政课教学能力，把党员教师培养成业务知识扎实的德育骨干教师。组织“至德”课程思政节活动，组建“春风”“灿阳”“金穗”讲师团，选树“至德思政金课”，培养思政名师。“双向培养机制”使学校党组织在开展党建工作时能紧密围绕“立德树人”目标和“为党育人、为国育才”使命，增强党组织和党员工作的针对性、主动性和有效性，使党组织在教育管理党员、宣传引导群众、培养使用人才等方面有效地提高自身的影响力、战斗力和凝聚力。“‘双向培养机制’保证了支部后备力量充足和教育人才资源的充分利用，使支部的党建工作与教师成长目标深度融合，既建强了支部战斗堡垒，又促进了学校更快更好地发展。”高浪小学党支部书记王晓华说。

另一方面“至德教育”护航时代少年。教育的出发点和落脚点是促进人的全面发展，这一重要发展任务是新时期建设社会主义事业的必然要求，也是人们对教育事业所抱有的美好期望。在影响人的全面发展的教育因素中，德育是最基础和最根本的。新吴区正确认识时代责任和历史使命，紧紧围绕“培养什么样的人”的问题，在区域“泰伯让贤”古老典故的基础上，融入“尚德务实，和谐奋进”的无锡精神和“开放、创新、务实、争先”的新吴精神，提炼出“开放多元、优质多样、充满活力、人民满意”的“至德教育”精神，并以此护航新时代青少年全面健康发展，全力培养德智体美劳全面发展的社会主义建设者和接班人。

抢抓时代机遇，扛起使命担当。新吴区准确识变、科学应变、主动求变，以创新驱动引领高质量发展，推进党建与中心工作深度融合、同频共振。如今，新吴区正朝着“加快建设现代化教育强区，构建高质量教育体系，努力办好人民满意教育”的目标阔步前行。

策略三
科学配置教育经费资源

坚定不移把教育放在优先位置，妥善处理转变预算安排与优先发展教育的关系，改革完善教育经费投入使用管理体制机制，以调整优化结构为主线，突出抓重点、补短板、强弱项，着力解决教育发展不平衡不充分问题，切实提高教育资源配置效率和使用效益，促进公平而有质量的教育发展。

——《国务院办公厅关于进一步调整优化结构提高教育经费使用效益的意见》

进入 21 世纪以来，优先发展教育事业被放在保障和改善民生的首位，而作为满足公共需求的社会事业，教育亦被纳入国家的基本公共服务体系并成为一个相对完整的领域。在以人民为中心的中国式现代化进程中，建成教育强国、办好人民满意的教育等目标，对基本公共教育服务提出了体系化建设要求，而公共财政的切实有力保障是达成这些目标的关键。在这方面，新吴区始终坚持优先发展教育，明确教育的基础性、先导性、全局性地位，按照“两个只增不减要求”，持续保障财政投入，鼓励扩大社会投入，不断完善教育经费投入机制，推动全区教育向更加公平更高质量迈进。

均衡发展体现教育公平

教育均衡发展是我国义务教育法的方向性要求，是实现教育公平的内核，具有重大的现实意义和深远的历史意义，尤其是教育资源的均衡配置与教育公平密切相关，那么，如何才能更好地把握有中国特色的教育发展规律，公平合理地配置公共教育资源，进一步缩小城乡教育差距，不断提升教育质量，促进教育公平，真正实现教育事业均衡、持续、健康发展？在这方面新吴区进行了积极探索。

一、均衡发展的政策背景

中国基础教育管理体制改革，在改革开放以来的 40 余年中一直随着基层教育中遇到的现实问题不断地做出调整，采取了一种将地方财税制度作为基本前提，利用政府组织资源，逐步推进，并融合市场所释放的自由活动空间和自由流动资源的渐进式改革方式。

1985 年颁布的《中共中央关于教育体制改革的决定》提出，"实行基础教育由地方负责、分级管理的原则……基础教育管理权属于地方。除大政方针和宏观规划由中央决定外，具体政策、制度、计划的制定和实施，以及对学校的领导、管理和检查，责任和权力都交给地方"。这次教育管理体制改革的指导思想是放权，即中央政府向地方政府放权，地方政府向学校放权。这个总体思路为我国后续的基础教育管理体制改革确定了基调。1986 年，我国颁布了《中华人民共和国义务教育法》，该法明确规定“义务教育事业，在国务院领导下，实行地方负责，分级管理”。中央政府与地方政府在基础教育领域的责任与权力划分以法律的形式得以确定。1992 年颁布的《中华人民共和国义务教育法实施细则》和 1993 年颁布的《中国教育改革和发展纲要》都进一步明确和细化了“地方负责、分级管理”这一原则，加大县级对教育经费、教师管理和校长任免等方面的统筹权。针对我国自上而下管理体制的传统与惯性、基础教育涉及面广与影响因素多，以及分级管理体制在力度、责任、义务等方面仍存在脱节等问题，2001 年颁布的《国务院关于基础教育改革与发展的决定》要求“实行在国务院领导下，由地方政府负责、分级管理、以县为主的体制”。分级管理由原来的省、地、县、乡四级管理改为省、地、县三级管理，使得“县”这一级政府成为基础教育管理的责任主体、资源中心。2017 年，中共中央办公厅、国务院办公厅印发了《关于深化教育体制机制改革的意见》，指出当前我国教育改革发展已进入一个新的阶段，要全面深化教育综合改革，全面实施素质教育，全面落实立德树人根本任务，系统推进育人方式、办学模式、管理体制、保障机制改革，使各级各类教育更加符合教育规律、更加符合人才成长规律、更能促进人的全面发展，着力培养德智体美全面发展的社会主义建设者和接班人，为实现“两个一百年”奋斗目标、实现中华民族伟大复兴的中国梦奠定坚实基础。

二、建区前后的“新吴教育”

2015 年年底新吴区成立前，全区还是实行的高新区管理体制，绝大多数学校属于街道管理，全区的教育财政保障主要依靠街道投入，由于各街道经济实力、地理位置和教育发展水平等存在差异，区域间教育发展水平极不均衡。主要表现为“三个不足”：财政投入不足。充足的财政支持是教育发展的基石，一些财政收入不高的街道难以投入足够的资金来支持教育事业发展。师资力量不足。优秀的教师是教育事业发展的基础，部分由街道负责教育经费的学校教师工资待遇低，优秀教师大量流失，导致师资力量不足。教育设施不足。健全的教育设施是实现现代教育的保证，“十二五”期间，除区级层面完成1所中学异地新建、1所小学新建和江溪街道完成2所小学新建改扩建外，其余街道均未进行学校建设，基本安于现状，能挤一挤就挤一挤，大校额、大班额现象较为普遍。

新吴区成立后不久，便迎来新一轮大发展，随着城市发展、产业升级和房地产开发，外来人口大量流入，加上“二孩”“三孩”政策的实施，教育资源布局不合理不平衡、教育发展与经济社会发展不匹配、老百姓“有学上”“上好学”诉求难以满足等问题日益凸显，历史上的教育“赤字”引发了一系列负面效应，新吴区遭遇了前所未有的学位供给矛盾，甚至是教育信任危机。

对此，新吴区委区政府高度重视，主要领导亲自挂帅，时任区政府分管领导李伟敏牵头有针对性地制定教育发展规划，逐年深化教育领域综合改革，定期研究教育重点工作、重要事项，高位强势推进工作落实。新吴区先后出台《关于进一步加强新吴区义务教育阶段经费保障的实施意见》《无锡高新区（新吴区）优质教育发展共同体建设实施意见》《关于深化推进新吴区优质教育发展共同体教育集群化办学的实施意见》等50余份改革文件，健全保证财政教育投入持续稳定增长的长效机制，优化教育“以区为主”的管理体制，推行建立共同体、合作办学、集群化办学等模式，逐步形成保障教育优先发展的现代教育财政制度、分级管理的教育管理体制以及多元参与的现代学校制度。

2018年，为补齐民生短板，解决区域教育发展不均衡等系列问题，新吴区开始着手稳步推进小学管理体制调整工作，全面落实义务教育

“以区为主”的管理体制，实现“学校建设标准、经费保障力度、教育装备水平、师资力量配置、校级领导任免、教学业务管理”等“六个统一”，从根本上清除了制约教育优质均衡发展的体制机制障碍。

随着义务教育“以区为主”管理体制的不断深化，全区的教育资源得到了高效整合，教育投入持续增长，学校标准化建设速度进一步加快，优质教育资源利用效率大大提高，校长、教师定期交流制度有效落实，新吴教育发展踏上了快车道，区政府履行教育职责评价也从原来的年年倒数变成了年年第一。

以 2018—2020 年为例，2018 年全区一般性公共预算教育经费支出较上年增长 0.49％，而 2019 年、2020 年同一数据分别增长 12.69％和 28.52％，教育投入增幅可谓突飞猛进。

再来看学校建设情况，体制机制调整后，教育资源布局被列入区专项建设规划。区政府加速优化区域教育资源配置，累计投入资金 50 余亿元，推进基础教育学校建设项目 79 个，其中中小学 46 个、幼儿园 33 个，累计增加学位 7 万余个。截至 2023 年，全区共有各类学校 120 所，其中幼儿园 70 所、义务教育学校 38 所、高中 3 所、特殊教育学校 1 所、国际学校 2 所、中高等职业技术学校 5 所、普通高等院校 1 所。此外，区内还建有少年宫 1 所、成人教育社区学院 1 所、社区教育中心 6 个，各类教育全面协调发展，基本满足了辖区内生源多样化的发展需求，形成了全体系现代化的大教育生态格局。

在“十三五”“十四五”期间，新吴区加速推进教育资源建设，一所所新学校拔地而起(见图 1)，迅速缓解了当时的区域内学生的入学压力，并为后续消除“大校额”“大班额”和创建“全国学前教育普及普惠区”“全国义务教育优质均衡发展区”奠定了坚实的基础。现在看来，主要归因于以下几点。

一是坚持规划先行。新吴区一直秉承学校建设规划先行的原则，2016 年，编制了《无锡高新区(新吴区)基础教育“十三五”布局调整规

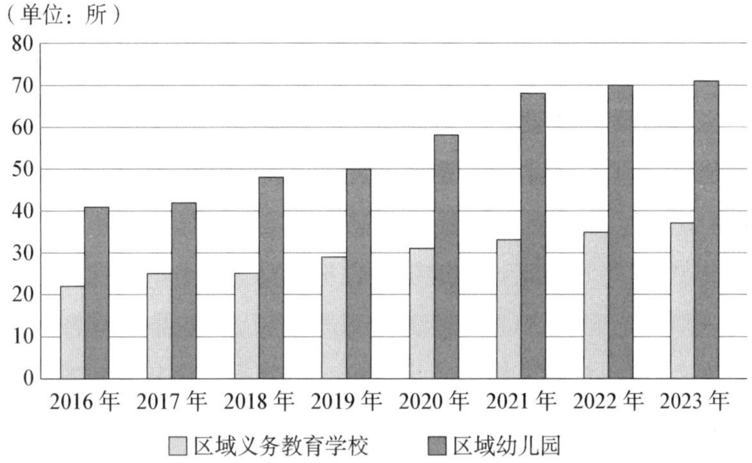

图 1　2016—2023 年新吴区学校数量变化

划》。为加快推动规划项目落地，切实化解学校增量缺口大、学位紧张的矛盾，2018 年实施了《新吴区基础教育设施提升三年行动计划（2018—2020）》，2020 年编制了《新吴区“十四五”教育资源布局规划》，2022 年又实施了新一轮《新吴区基础教育资源布局三年计划（2022—2024）》，力争通过高标准的新建改扩建，让所有学校达到省教育现代化建设监测、义务教育学校标准化监测和全国学前教育普及普惠区、全国义务教育优质均衡发展区创建标准。科学有序的规划让新吴区能够结合城市发展进程不断优化学校布局、改善办学条件，实现“规模、质量、效益”有机统一。

二是坚持政府主导。为切实做好教育资源扩容行动，保障学校建设项目高质量推进，新吴区专门成立学校建设工作领导小组和学校建设专业代建队伍。学校建设工作领导小组主要由教育行政部门领导和校（园）长代表组成，负责研究建设标准化、现代化学校的相关政策要求，谋划学校建设前期设计方案，并反复研究论证，确保新建学校精品定位、文化构建、优质打造，实现“建一所优一所”的目标。学校专业代建队伍由区属国控公司组成，学校建设项目列入区固定资产投资计划后，从项目立项到项目竣工验收全过程，统一由区建管中心实施项目管理，保障学校建设标准和进度。两支队伍通力合作，定期召开协调会，就项目推进过程中遇到的问题展开商讨，并形成解决方案，这样既能确保学校建设过程减少变更节约成本，又能保证学校建设的科学合理及实用性[1]。

三是坚持质量为上。在学校建设项目推进方面，新吴区始终紧抓三个关键节点，确保全过程参与、全过程监督、全过程保障学校建设项目。首先，在项目前期，综合考虑选址、用地、拆迁腾地等因素，反复进行可行性研究，确保项目计划能够落地实施。设计方案成熟后，及时报请区相关部门组织召开论证会，确保学校建设符合现代化标准。其次，在施工阶段，这个保障学校建设项目质量和效果的关键环节，由代建单位按照进度计划表有序推进，定期召开工地现场例会，保证工程质量和安全。最后，在竣工验收阶段，学校建设项目交付前，组织专业检测机构对校舍进行环保等各项检测并出具检测报告，检测合格方可投入使用，确保学校建设项目成为人民满意的合格工程、放心工程。

[1] 无锡新吴：聚焦民生热点　实现教育资源合理布局. 央广网，https:/www.163.com/dy/article/GMMGNDTV0514RNP.html，2021.10.19

精准投入促进优质发展

正所谓“兵马未动，粮草先行”，增加财政性教育经费投入是教育优质均衡发展的保证。新吴区想要在实现区域教育基本均衡发展的基础上，进一步推进教育优质均衡发展，让老百姓从“有学上”到“上好学”，就需要教育经费投入在原有基础上有所侧重，更加精准有效。新吴区从原先进行教育资源提质扩容，到校舍硬件设施配置、高层次人才队伍引进、合作办学推进，再到数字化建设、教育内涵发展等，通过财政性经费的精准投入，有效助力区域教育高质量发展。新吴区领导对教育的重视和敏锐洞察，体现了他们独到的眼光和智慧。

一、注重改善学生的学习环境

新吴区每年将教育资源扩容建设列为区级政府投资项目计划和全区为民办实事项目，作为民生补短板一块的重要投入。新吴区不断创新学校建设机制，从充分利用国控公司代建到后来政府集中建设管理，高标准设计、高起点办学，建设投入每平方米建设标准在原有基础上提高了 60%。不少新建学校在师生用房面积、图书阅读空间、体育活动场地、地下接送系统等方面做了全面提升，建立了科创教室、未来教室、创新实验室、3D 打印教室、无人机教室等创新功能教室。同时，加大对学生学习环境的改善力度，全区学校所有教室都安装了空调，为全区师生营造了“冬暖夏凉”的舒适教学环境。为保护学生的视力，“一校一策”，在每个教室安装了护眼灯，并依托江南大学附属医院视光中心，实施全区青少年视力监测和近视防控工程，为全区 65000 余名中小学生一年提供两次视力监测服务，逐步建立“筛查—监测—预防—干预”近视防控防治一体化的闭环管理机制。

二、注重建设和保障师资队伍

从 2018 年起，新吴区先后出台实施了教育人才“3551 计划”“飞凤人才计划”，年均投入超过 1500 万元，加大教育名家、名校长、高层次人才引育力度。提高教师待遇，完善绩效考核分配制度，鼓励教师扎根一线。建立健全区域内义务教育教师平均工资收入水平不低于当地公务员平均工资收入水平的长效联动机制；落实公办园教师工资待遇保障政策，公办园在编教师待遇按事业单位规定执行，非在编教师按照市委市政府文件执行，区域内公办园教师工资同工同酬、同岗同酬得到充分体现。大量优秀人才来到新吴区从教，全区教师队伍的活力不断被激发，特级教师、正高级教师等骨干教师的比例跃居全市前列。

三、注重发展学校内涵质量

为有效回应老百姓对优质教育的期盼，新吴区在组建优质教育发展共同体的基础上，进一步加大财政投入，与“名校”开展跨区域、跨学段的合作，打造优质教育“六大核心圈”。从 2021 年起，区政府将基础教育质量提升工程列入为民办实事重点项目，推进实施新吴区基础教育“5＋N”高品质创享行动，区政府每年投入专项资金，用于对“特色学校、内涵建设、教师发展和教育集群发展”四大类项目进行奖补支持。仅2021年，全区就有46个项目获评省、市教育科学“十四五”规划年度课题，广大教师教科研热情被迅速点燃，学校教育教学质量显著提升。

多元保障形成发展合力

新吴区坚持优先发展教育，不断巩固完善以政府投入为主、多渠道筹集教育经费的体制，注重通过加强政策设计、制度设计、标准设计带动多元多级投入，形成稳定增长、保障有力、动态调整的投入机制。在继续保证财政教育投入的同时，积极扩大社会投入，努力营造全社会关心支持教育发展的浓厚氛围。

一、健全“区街”协作的财政保障机制

新吴区坚持将义务教育经费全面纳入财政保障范围，加大财政投入力度，同时还满足学前教育普惠发展刚需，根据“以区为主、街道补充、社会支持”的保障原则，按照教职工编制标准、工资标准和学校建设标准、学生人均公用经费标准等，及时足额拨付教育经费，确保学校的正常运转和校舍安全，按照规定发放教职工工资。

（一）确保学校标准化建设达标

学校标准化建设是系统工程，并非简单的硬件条件标准化，还要保证师资队伍等“软件”条件标准化。因此，新吴区格外关注各标准化要素的达标情况，根据学校标准化建设要求，统筹安排各项经费，推动

教育从规模增长向质量提升发展，通过加强课程教学研究、师资队伍建设和学校管理等促进教育教学质量的提升，以内涵式发展引领持久长效发展。

（二）提高经费保障水平

新吴区建立健全生均经费动态增长机制，结合教育改革发展现状和地方财力实际，逐步提高区域内学校的生均公用经费标准，提高教育经费保障水平。从 2020 年春学期开始，各级学校生均公用经费基准定额标准调整为：幼儿园 810 元/年、小学 1210 元/年、初中 1510 元/年，特殊教育学校生均公用经费按同级学校生均公用经费的 8 倍拨付。完善中小学课后服务财政补助、收取服务性费用等经费统筹机制，确保课后服务工作顺利推进。同时，加大智慧技防、教学仪器装备、教育信息化设备等方面的投入。

（三）加大对重点改革发展项目的经费投入

新吴区加大对学前教育普及普惠发展、义务教育优质均衡发展、教育民生项目等重点改革发展项目的投入，每年将教育为民办实事项目、教育补短板所需经费纳入地方财政预算予以优先保障，确保教育为民办实事项目顺利实施，进一步增强人民群众的获得感。为保障普惠性民办园的健康发展，新吴区出台了一系列补助扶持政策，建立了办学条件改善、升等创优、质量提升奖补等机制。

（四）加强资金监管和绩效管理

新吴区成立了区教育系统会计结算中心，进一步优化学校支出申请、审批流程，减少资金拨付中间环节，畅通学校经费报销渠道。定期组织专业人员入校检查，加强对学校资金支出情况的动态监管，促进学校进一步规范资金使用管理。严格按照各级要求，加强对教育财政资金的管理，不断提高资金的使用效率。

二、基金助力教育高质量发展

2019年，新吴区设立了新吴教育发展专项基金会，这既是泰伯故里尊师重道的历史传承，也是新吴教育高质量发展逐梦前行的现实需要。教育专项基金会成立后不久，就筹集了数千万元资金，主要用于改善学校基础设施、购买教学设备、资助贫困师生、激励优秀师生、促进教育创新与改革、支持重点领域和特色教育等，教育专项基金作为政府投入保障的一种重要补充，在教育发展中发挥着不可或缺的作用。基金会通过奖励优秀学生和教师，激发了广大师生的积极性，各个学校形成了健康竞争的氛围。旺庄街道设置了“诚智”奖、梅村街道设置了“至德”奖，卓越的师生获得奖励，这进一步激发整个学校师生的教学热情。基金会注重校园文化品牌建设，培育具有学校特色的文化品牌，为学生提供更具个性的学习环境，进一步激发他们的创造力与独立思考能力。新苑小学的校园特色文化建设、后宅中心小学的连廊文化布置、泰伯实验中学泰伯书院的成立等，助力学校打造“文化名片”，促进学生全面发展。同时，基金会还参与了对老旧校舍的维修改造。硕放中学校园数字化升级、江溪小学教室照明工程、新浪大地幼儿园整体围栏改造等都得益于基金会的赞助，校园设施得到改善，学校整体面貌得到提升。

三、企业支持区域教育发展

无锡高新区(新吴区)这片热土上还聚集了一批热心教育事业的优秀企业家，他们积极支持并参与地方教育事业的发展，不仅在经济发展中发挥了重要作用，同时也为教育事业的发展贡献了力量。他们有的设立奖学金、捐赠资金和物资，用于改善学校基础设施、购买教学设备、资助贫困学生等，为教育事业发展创造了良好的条件；有的积极参与教育改革和创新，为教育部门提供智力支持，支持学校开展科技创新教育、艺术教育等；有的还充分发挥自身优势，开展公益活动，邀请知名人士来校开设讲座，为教师和学生提供实习和实践的机会等。

【案例】无锡威克集团有限公司是一家以压缩机生产为主要业务的企业，它与无锡市后宅中心小学的合作可谓一次成功的尝试。“伟长少科院”是后宅中心小学推行的一项研学计划，通过将学生们带到企业制造一线开展研学活动，为孩子们的成长提供更多可能性。威克集团是他们校外研学的第一站。学生们在假期前期积极准备，在网络上搜索到有关气体压缩机的知识，与家长一起探讨，甚至动手制作“竹炮筒”来体验气体压缩的原理。这一系列活动不仅激发了学生对气体压缩机的浓厚兴趣，更让他们亲身感受到工程科学的魅力。在威克集团的制造车间里，学生们看到螺杆压缩机的重要组成部分“转子”的机床自动化加工过程，以及活塞机机身的主要结构与加工过程。工作人员向学生们介绍了精密计算编程下对上吨重铸铁的精密雕铸，学生们对制造工业的先进与发达有了深刻的印象。更重要的是，学生们领略到了伟大的“工匠精神”——专注、科学、严谨，这些都是企业文化中不可或缺的部分，也为孩子们的成长种下科学的种子。

【案例】无锡宝通科技股份有限公司是一家以计算机软硬件技术开发与服务为主营业务的民营上市企业，它与无锡市新吴实验小学共建的“工程教育基地”，成为宝通“未来教室”公益计划的第一个项目。该基地旨在利用先进科技和数字化工具为学生提供更丰富的、具有互动性和个性化的学习体验。通过虚拟现实、增强现实和模拟器等，学生们可以身临其境地参与各种学习活动，从而提高理解和记忆能力。宝通“未来教室”公益计划的开启为新吴区更多青少年提供了多样化的学习环境，激发他们对科学的兴趣，有助于他们在未来的学习中汲取工程知识、养成工程师品质、探寻工程奥秘、苦练工程技能，努力成为真正优秀的创新人才。

策略四
打造学校新质发展品牌

教育公平是社会公平的起点，基础教育公平是教育公平的起点，基础教育的发展对中国整个经济社会的发展作出了重要贡献。中国基础教育已发生了格局性的变化，党的十八大以来，我们用短短10年左右时间，从“有学上”后又实现了义务教育县域基本均衡，让孩子们逐步享受公平而有质量的教育，享受到教育改革发展的成果。中国基础教育进入了一个新的发展阶段，期盼都能够上好学校，要注重对人民需求的回应，努力满足人民群众不断增长的对优质教育的新需求。

——郑富芝(教育部原党组成员、副部长、总督学)

新吴区在成立初期曾被视为“教育洼地”，面临着种种挑战和困难，通过在学校品牌建设方面的大胆创新和改革实践，成功实现了向“教育高地”的华丽转身。

在无锡市委市政府的大力支持下，新吴区始终坚持以“办人民满意的教育”为目标，教育品牌建设经历了三个发展阶段，每一个阶段都紧扣时代脉搏和教育发展需求，为新吴教育事业的蓬勃发展奠定了坚实的基础。第一阶段，在全市范围内率先探索跨学段、跨区域合作办学模式（2017 年），提出了“优质教育发展共同体建设”的理念；第二阶段，在合作办学的基础上，提出了“名校带弱校，老校带新校”的集群化办学模式（2020 年）；第三阶段，提出了以“全域覆盖、多模共存、优质共生”为目标的教育改革新方向，通过引进优质教育“八大系列品牌”，扩大优质教育资源覆盖面，成功打造了优质教育发展“六大核心圈”（2023 年），形成各校“和而不同、美美与共”的局面，有力托起了城乡学子从“有学上”到“上好学”的共同梦想，让人民满意教育成色更足、更亮、更鲜明。

奏响“优质教育发展共同体”协奏曲

2018 年 9 月 10 日，人民网上的一则报道《无锡新吴成立优质教育发展共同体　扩大资源共享面》引起了社会的广泛关注。新闻报道了高新区（新吴区）优质教育发展共同体成立，锡师附小、江苏省无锡连元街小学（以下简称“连元街小学”）、无锡市大桥实验学校等一批市、区品牌优质学校现场签约加入新吴优质教育发展共同体。人民网对此予以高度评价：“这是一种机制的创新，更是一个大胆的探索，体现了新吴区多元开放、共融发展的区域特色。”区教育局长张英表示优质教育发展共同体是“通过构建跨区域、跨类别学校的广域合作平台，全区各级各类学校将与加盟进入共同体内的市、区品牌优质学校通过一对一紧密合作、点对面组团发展的形式，在办学理念、育人文化、课程师资、质量特色等方面协同提高”。

谁能想到，才成立两年多的新吴区会如此大胆尝试，走出了一条突破封闭单一模式、凝聚优质教育的区域教育发展道路。

一、困境——教育体制机制不顺畅、教育质量不高

新吴区成立以前，该区域共有义务教育学校 18 所，在校学生 37000 余名，分别由 6 个街道负责义务教育阶段的中小学教育教学管

理。20年来街道各自为政的教育管理模式导致全区各校教育教学质量参差不齐，对教师队伍建设工作重视不够，特别是教学能手、学科带头人的数量占比还处于低位，更是缺少响当当的品牌学校，教育成为当时新吴区的短板。新吴教育想要与无锡市其他有“老牌教育资源”的区域比肩，压力不言而喻。

二、破局——进行体制机制改革，完善管理体系

在“区政合一”的管理体制下，新吴区注定不会甘于平庸。面对困境，要想在短期内快速发展，唯有创新。只有充分认识到实施创新驱动发展战略的重大意义，积极地从过去的发展中汲取经验，才能在工作中发现新思路、打开新局面。新吴区继续发扬“开放、创新、务实、争先”的高新区精神，用源源不断的活力，不仅下定决心把产业做好，更是下定决心把民生事业短板补齐，力图实现超越，在新起点上创造新的更大的辉煌。

新吴区通过机制体制改革，完善了教育管理体系，明晰了街道的管理权限，确立义务教育“以区为主”、学前教育“区街共管”的管理体制，优化资源配置和内部管理，大幅提升了管理效能。

三、创新——成立教育共同体，与名校合作办学

2016年正值“十三五”开局之年，站在新的历史出发点，新吴教育可谓责任重大、压力巨大。挑战与机遇并存，若能在这一轮创新发展中做好顶层设计和价值引领，便能在新时代新探索中取胜。当时处于“教育洼地”的新吴区清楚地意识到，教育想要逆袭，必须进行系统性、突破性变革。

“喊破嗓子不如甩开膀子。”2017年，在无锡市教育局的大力支持

下，新吴教育迈出了教育改革的第一步——扩大朋友圈，解放思想，大胆尝试，突破学段限制、封闭单一的区域教育发展模式，探索与无锡市其他区名校合作办学：无锡市新吴实验中学与无锡市第三高级中学进行跨学段合作办学，新吴区、梁溪区共同成立优质教育发展共同体，无锡市新吴区泰山路实验小学（以下简称“泰山路实小”）与梁溪区连元街小学进行跨区域合作办学。

【案例】探索“初高中”跨学段合作办学

2017 年 4 月，新吴区规划新建一所区属公办中学——无锡市新吴实验中学。5 个月后，第一批初中新生入学，这些学生先是在新吴区辖区内的无锡市第三高级中学过渡，借用无锡市第三高级中学的教学楼。新吴实验中学从设计、规划到建成、开办，刷新了新吴区学校建设的最快纪录。

新吴实验中学刚兴办时由无锡市第三高级中学原校长王晓刚负责全面谋划管理，王晓刚校长有着多年多校的领导岗位管理经验，他管理的学校美名远播，得到群众的高度认可。他说：“我们把精力、资源倾注到新吴区的基础教育中去，最终目的就是要给孩子们建起一所‘家门口的好学校’。”他被评为新吴区“教育突出贡献人物”，同时也见证了新吴教育发展从起跑时落后到渐渐弯道超车，直至后来居上占据前沿高地的过程。在这个老教育人眼里，新吴区对优质教育的探索具有前瞻性，新吴实验中学的品牌建设就是这种前瞻性的缩影。

2017 年，新吴实验中学与无锡市第三高级中学合作办学，探索合作办学的机制，构建了跨学段的办学共同体，致力于打造新吴区优质教育品牌。先期，新吴实验中学在无锡市第三高级中学校园内孵化，两个教育主体之间优质教育资源、理念、师资互相流动，互为补充。

2022 年 9 月，新吴实验中学新校区启用，校址位于江溪街道核心商务区，规划投入约 3.1 亿元。在校园中有一组名为“弘毅”的雕塑群像，呈现的是高阳、唐文治两位先生与学生亲切交谈的场景。虽然新吴实验中学离开了孵化5年的无锡市第三高级中学校园,但是两位先生的高风亮节和教育思想将继续激励一代代“新吾”人。新吴实验中学继承了唐文治先生的“五好”育人思想,进一步将其发展为符合德智体美劳五育并举培养目标的新“五好”,即“品行好、学业好、体育好、艺术好、劳动好”。

在6年的办学历程中,新吴实验中学迅速成长,已经形成具有一定社会影响力的“新吾”教育品牌。“新吾”出自《庄子·田子方》中的“虽忘乎故吾,吾有不忘者存”,以及《己亥杂诗》之八五:“何方化得身千百?日换新吾对我谭。”“吾”取“新吴”中“吴”字的谐音,意为新的我、更新的我,表现了新吴实验中学师生自我超越、终身成长的价值追求。同时充分挖掘吴地文化内涵,融合泰伯奔吴的开拓精神,继承百年无锡市第三高级中学文脉中唐文治先生“五好”育人思想和“致良知”精神,结合学校自身创办过程中体现的创业、创新精神,进一步完善校园文化体系(见图2)。

图2 新吾文化建设体系图

在无锡市第三高级中学孵化期间，新吴实验中学将百年名校与新生学校的发展相融合，以市级“十三五”规划课题“唐文治教育思想引领新校发展的行动研究”为切入口，探寻文化内生和新校发展的动力。

学校依托办学共同体，与无锡市第三高级中学构建了党建联盟、教研联盟、行政联盟。共同体建设以“共融、共研、共育、共进”为原则，以期解决新校发展中的困难与困惑。学校着力打造党、团、队融合发展的“火聚”工程党建联盟，形成两校“思想理论引领，志愿服务同行，特色活动共融”的联动模式。两校构建教研联盟，以联合教研组活动、课堂教学研讨会、名师工作室活动等形式提升教师的业务素养。初高中教师互相深入课堂，共同探索初高中衔接的课堂教学模式。两校管理团队构建行政联盟，结成行政师徒，优化内部管理机制，全面提升行政管理能力，助力干部成长成才。

随着教育变革的推进，跨学段融合成为教育领域的关键词之一。新吴实验中学充分利用合作办学的优势，加快实践课程的整合性构建，与无锡市第三高级中学、江南大学等学校合作，构建纵向贯通体系，探索跨学段学习共同体建设之路。学校建立课程基地，打造大中小学一体化的教研共同体，实践“大中小”一体化融通。构建横向融合体系，开展跨学科课程探索。如在每年的“文化素养月”，联合区民盟、无锡市第三高级中学举办“翰墨书香”书画节，从办学第一年至今，已经成功举办了五届，形成了具有一定社会影响力的学校品牌活动。

初高中衔接实践可以帮助初中学生更快、更好地适应高中学习生活。初中小学教师更多关注学生的感性认识，而到了高中要着重培养学生的理性、抽象思维能力。这也意味着学生从初中到高中会有一个巨大的思想上的跨越，刚开始学生们会不习惯。开展初高中衔接实践之后，学校从 8 年级开始就进行课程衔接，引导学生运用不同的思考模式，学生上高中后适应性就更强了。

新吾实验中学还积极开拓资源的多元化供给渠道。将德育课程、综合实践课程与国家课程、地方课程相结合，构建“五好十色”融合课程体系。“五好课程”包括品行涵养、学业培养、体育健康、艺术审美、劳动实践五个课程群。“十色主题月”用十种颜色代表，构建了贯穿全年的十个主题月活动，每个主题月包含一个主题节日，如一月为“科学精神月”，该月举办“创客”、科技竞赛等与科技相关的主题活动。学校积极开展具有主题特色的学科活动及德育活动，为学生个性化发展提供了多样化的舞台。

新吾实验中学还重视加强师资队伍建设，积极探索青年教师培养模式，建立业务骨干培养制度。持续推进“三团建设”，即管理团队、骨干团队、青年团队建设。启动“新吾学院”“青橙成长营”“桔灯工作坊”“PBL项目”“雏鹰班”等教师发展项目，制订“3＋2”特培计划，实行新教师双导师制。学校还以“学习＋双培养”和“实践＋双培养”为主题，致力于将更多的青年党团员教师培养成学校教育骨干，同时将学校教育骨干培养成党员先锋。多措并举，大力促进“新吾”教师团队的提升与发展。

新吴实验中学和无锡市第三高级中学两所学校一起申报课题，双方教师围绕一个问题展开研究，然后形成适合各学段学生的教学方案。2023年4月，两校共同申报的无锡市首批“四有”好教师团队——“育良知”好教师团队的研究项目顺利结项。

新吴实验中学和无锡市第三高级中学合作办学的实践成果获得无锡市教学成果一等奖，打造了跨学段合作办学新样本。从2017年创办至今，新吴实验中学已有四届毕业生，成绩十分抢眼：自开办以来，教学质量稳居全市第一方阵，学校的办学声誉不断提高，已经成长为无锡市的名校。新吴实验中学的成功发展给新吴区初中发展带来了鲇鱼效应，全区各初中校不断竞争，形成了良好的态势。在不知不觉中，新吴区逆袭了。

【案例】实施“名校＋新校”跨区域合作办学

2017年5月，在时任无锡市教育局局长唐加俊和梁溪区主要领导的大力支持下，泰山路实小与名校合作办学项目启动。作为无锡市首个“名校＋新校跨区域合作办学”项目，梁溪区连元街小学与泰山路实小的合作意义深远。

连元街小学创办于1898年，是一所有着深厚办学底蕴的名校。从1898年到2017年，119年的教育之舟在大时代的变革中跌宕起伏、激流勇进。泰山路实小与连元街小学两校携手，采用“输出管理、合作办学”的模式，探索跨区域学校共同体建设之路。

两校合作办学高度体现了教育公平、优质均衡发展的理念，是名副其实的政府惠民工程。这种“跨区域输出管理”形式的合作办学在2017年的无锡尚属首例，是名副其实的教育改革创新项目。泰山路实小建校之初，坚持以学校文化建设为起点，坚持两校文化共融、师资共培、课程共建、教学共研、评价共享、家校共育、项目共通。两校肩并肩站在新时代的前列，朝着美好教育的方向，“向下生根，全神贯注内涵发展；向上生长，聚精会神合作办学”，坚守教育初心，为每一个“泰山娃”的终身可持续发展奠定内在精神根基，专注于办一所老百姓家门口的好学校。其具体做法如下：

1. 共谋发展，共赴美好

在《合作办学协议》指导下，泰山路实小学习连元街小学先进的办学理念和学校文化，每学期初，两校举行专题研讨会，共同确定学期合作活动安排。双方绘就“一个办学方向，两个成就，三个目标，四个建设，五年规划，六年行动”的整体合作蓝图。两校创立的“6＋1合作路径”（管理之合、师资之合、课程之合、教研之合、评价之合、家校之合、项目之合）一路迭代升级。1.0版，两校合作模型搭建，从管理之合、师资之合、课程之合、教研之合、评价之合、家校之合六个方面进行深度融合，创新发展连元街小学的评价体系，制作成长手册《童年·泰山路实小·我》，“泰山娃”人手一本，移植连元街小学的“好习惯小超市”兑换奖品活动。2.0版，扩展合作外延，新增“项目之合”：引入连元街小学首批省前瞻性项目"'慧玩'主题学习"，每年，泰山路实小组织教师前往连元街小学深度参与"慧学周"学习，丰富本校"致远"校本课程的内涵。3.0 版，泰山路实小被确定为"新吴区基地校"和"新吴区语文学科基地"，泰山路实小与连元街小学签订"致远 · 慧学"课程共建项目协议。2022 年 6 月，泰山路实小进行慧学周"泥"主题课程展示。2023 年 6 月，泰山路实小"致远"校本课程"泰山娃玩泥人"原创定格动画《泰伯奔吴那些事儿》荣登央视少儿频道《看我 72 变》节目。4.0 版，拓展"泰连学科共同体"建设，泰山路实小教师分批分层次参与连元街小学组织的"学科组一日跟岗""骨干一周跟岗""优秀教师两年交流"等全学科系列培训。泰山路实小主动搭建"桥梁"，把合作办学和集群化办学两项机制融合贯通，在教师队伍建设、课程孵化、学生培养等方面实现资源共享，积极构建区域教育"共建、共享、共赢"的新样态，巧借外力激发学校发展内驱力，参与修筑新吴教育高质量发展创优领跑快车道。

2. 师生家长合力，向美而行

泰山路实小确立了"三成长三建设三发展"的目标，致力于把学校打造成为"致远 · 学生成长学园""思源 · 教师成长学院""砺行 · 家长成长学院"，注重学校的品质建设、品牌建设、品格建设，推动学校全面发展、特色发展、深度发展。一是致远 · 学生成长学园："创"出学生发展新模式。学校关爱每个学生，关注每个学生的成长，探索立德树人的育人途径，依托学校成功申报的无锡市品格提升工程精品项目"泰山娃寻'路'生长行动"，积极开展各项活动，让每一个孩子全面发展、个性发展、健康发展，形成全员、全方位、全过程参与的育人模式。二是思源 · 教师成长学院："创"出教师发展新模式。设置菜单式校本研修课程，在涵育导师的引领下，采取自主建构与团队互助相结合的方式实现优质发展，努力建成一支思想有品位、教育有品格、教学有品质的"三品"教师队伍。三是砺行 · 家长成长学院："创"出家校合作新模式。学校开发家长成长课程，架构了三大课程体系——“知享互动课程”“稚享亲子课程”“智享平台课程”，家校合力，全面推进家长学校的发展。

3. 美美与共，砺行致远

合作办学为泰山路实小打开了快速发展的通道，学校发扬“敢为、敢闯、敢干、敢首创”的精神，在创建品牌学校的道路上取得了累累硕果。截至2023年年底，学校相继获得江苏省智慧校园、无锡市教学成果一等奖、无锡市中小学生品格提升工程精品项目、无锡市“课题进课堂”研究共同体项目学校、无锡市未来学习创新基地等91项荣誉。各级各类教师获奖608项，教师论文发表、获奖462篇，学生获奖699项。《中国教育报》《中小学班主任》《现代快报》《无锡日报》等先后专题报道了“泰连合作办学”成果和经验。

学校以文化赋魂，以课程赋形，以课题赋能，课题“‘思源砺行文化——致远校本课程’相生共长行动研究”应运而生。2018年7月，该课题被认定为江苏省教育科学“十三五”规划课题，这也成了这所新校品质发展的助推器。课题研究期间，学校创办了亮点课程手册《泰山娃玩泥人》、校刊《望岳》、校报《泰山娃》，编撰了《致远课程案例汇编》《课题论文汇编》等，还出版了课题研究专著《课程在学校文化中激荡——一所新校品质发展的实践探索》，取得了丰硕成果，也助力了泰山路实小打造“新吴区基地校”“新吴区语文学科基地”品牌。

“泰山路实小面向未来，积极开启新一轮的课题研究与探索，继续扎根‘思源砺行’文化的沃野，立足于‘致远好少年’的培养，以前瞻的眼光、务实的作风行进，历练美好教育品质。”校长尤丽娜这样说道，“面向学校高质量发展，泰山路实小将朝着‘两根新目标支柱’——‘合作办学’新目标支柱、‘高质量发展’新目标支柱持续发力，攀登‘五个新行动台阶’——合作办学再上新台阶、管理品质再上新台阶、教师队伍再上新台阶、品格提升再上新台阶、学校品牌再上新台阶，从而实现学校‘望岳—登岳—飞岳’的高质量发展蓝图！”[1]

事实证明，新吴区“跨学段、跨区域”合作办学模式是行之有效的，极具先锋性、创新性。

[1] 王敏.泰山路实验小学以省课题赋能，让课程在“思源砺行”文化中激荡[N].现代快报.2022-7-7.

教育集群化办学，打好“三张牌”

从2018年起，新吴区通过与区域内外高校、公民办品牌名校（园）等优质资源合作建构起“委托管理、辐射带动、联合办学”三种合作办学模式，推进新学校高起点建设。全区中小学与锡师附小等6所中小学建立了紧密型、松散型两种优质教育发展共同体。明确了新开办的学校采用跨区域、跨学段合作的方式建设，各共同体学校实施文化相容、管理互容、课程兼容的“三容”策略和教改共研、资源共享、发展共进的“三共”策略，打造“教育共同体”，实现共同体内各校办学理念、育人文化、课程师资、质量特色协同发展。2019年，为进一步推动共同体内学校紧密交流，又提出实施“党建协同发展”“教师优质发展”“学校高质发展”三大工程，通过建立“学校治理共同体”“课程建设共同体”“教研合作共同体”“教师发展共同体”“数字化资源互联共同体”的方式，共享办学理念、共创优质课程、共研教学改革、共育师资队伍、共建数字资源，打造优质学校群。

这些新学校现在已变成家长高度赞誉、学生高度热爱、社会高度认可的充满活力的新优质学校。

优质教育发展共同体合作办学让新吴教育尝到了教育改革的甜头。该如何进一步推进区域内学校优质均衡发展，如何进一步全面推进优质学校的建设呢？

2020年，在深化优质教育发展共同体建设的基础上，全区结合地域文化和区域实际，提出采取集群化办学模式[1]，以“至德教育”为理念，按照“打好引进牌，擦亮本土牌，培植新品牌”的集团化办学思路，成立了整个基础教育阶段共计27(5+11+11)个优质教育发展共同体——“至新”教育集群，其中义务教育阶段共有12(4+3+5)个优质教育发展集群，创建了“基地校、集团校、联盟校”三种模式，实现了集团化办学全覆盖。三类集群分别从教师、课堂、课程三个维度，以“五新教师”“两新课堂”“至新课程”为抓手，深化共同体建设。基地校以新教师培训为载体，开展教师培训，促进全区新教师素养的提升；集团校充分发挥自身优势，围绕学校管理、教学研究等固强补弱，整体提高办学质量；联盟校聚焦学科组建设，通过课程共建、学科共研等方式，凸显学校办学特色。

新吴教育构建了“名校带弱校，老校带新校”的集群化办学模式，在市与区、区与区、高中与初中小学之间融汇资源，加大品牌建设力度，通过“三类集群”拓宽集团化办学的新吴路径。

一、基地校引领示范，辐射推广，打好“引进牌”

跨区联合办学的新学校作为基地校，充分借力合作共建学校的优质资源，在发展与提升品质内涵、做特做强自身的同时，以新教师培训为载体，依托学科基地开展包括教师培训、课堂教学改革和课程建设在内的教科研训活动，促进全区学校在教研、课程、师资、教学质量等方面协同提高，打造学校品牌，扩大新吴教育影响力。

基地校充分借力合作共建学校的优质教育资源，架设连心桥。通

[1] 牛！无锡这个区教育资源大爆发！网易新闻，https://www.163.com/dy/article/FCAA6QQ0051488GS.html，2020.5.11

过营造融合共通的团队文化、构建融创共培的组织体系和设计融会共育的实践路径，让教师在团队文化中找到共同的价值取向，让组织体系成为团队建设的有力依托，让实践路径成为团队发展的有效抓手，从而促进区域内学校办学水平的整体提升。

围绕打造“一流教育高地”的区域战略目标，基地校把握集群化办学契机，靶向定位，精准施策。如新吴实小由高新区（新吴区）教育局和锡师附小依托合作办学模式联合举办。作为基地校，新吴实小聚焦内涵发展，以文化建设触发高起点办学，承继锡师附小“诚勇”文脉，以“诚・新”为校训。“诚・新”教师以追求自我进步为成长目标，在学校的文化浸润下，逐步养成“因诚其意而常自新”的文化内蕴和气质品格，努力成为有理想信念、有道德情操、有扎实学识、有仁爱之心的“四有”好教师。学校坚持快乐童年教育理念，把儿童放在视野中央，努力提升学校的办学内涵和发展水平，整体打造校园文化，教师团队转变教育教学观念，潜心聚焦“儿童文化”研究，在乐学教育、儿童立场、人文情怀的引领下，专注儿童教育探索，进一步擦亮优质教育品牌。在办学的过程中，新吴实小以高起点指导、规划、实施学校内涵发展目标，创建成高新区（新吴区）一流的现代化学校。2023 年 6 月，在无锡市委市政府和市教育局的大力支持下，锡师附小在新吴区再落一子，与新吴区空港实验小学签订合作办学协议。

作为区域外优质教育资源与新吴教育之间的一座连心桥，在融创共培的组织体系下，基地校工作小组统筹规划各项工作，注重对新教师的培训，教科研训部门搭建各类教研和科研活动平台，组织开展区级教科研训活动，为青年教师成长助力，提高了教师队伍的整体素质，促进全区各校在教研、课程、师资质量等方面协同提高。

二、集团校合作办学，整体提升，打好“本土牌”

新吴教育对本土教育资源进行深入挖掘和整合，在全区公办中小学中优选出无锡市梅里中学、无锡市新吴区旺庄实验小学、无锡市梅村实验小学和无锡市新吴区第一实验学校，并牵头组建了以这 4 所学校为首的教育集团。

这 4 所学校办学历史悠久、底蕴深厚，自“九五”规划开始，它们就始终秉持着“科研兴校”的理念，以课题项目为引领，不断丰富教育理念，精进科研能力，抓住每一次教育改革的机遇，积累了大量的科研经验和优质的研究资源，为学校的科研发展打下了坚实的基础。发展至今，无论是师资力量、科研动力，还是学科建设、教育质量，这 4 所学校在各个方面都具有明显的优势。然而，在审视其他学校的教科研现状时，可以发现许多学校虽然也开展了一些常规的教研活动，如“集中听课、说课、评课”等，但是他们的教研工作往往偏重于教学本身，缺乏对教学背后教育理论的深入研究，研究局限于“知其然”，而未能深入追问“其所以然”。这些现象导致这些学校教学改进流于形式，难以取得实质性突破。

基于这样的现状，集团校充分发挥龙头校的示范、辐射和引领作用，通过共研共享优质项目资源、构建和完善集团教研体系、开展集团大教研活动、创新集团学科组教研方式、组建各级各类教师专业学习社群、实施推陈出新的教学视导模式等一系列举措，打破集团校间的发展壁垒，使集团内教育资源合理流动，以龙头校带动集团内成员校，助力集团成员校在办学理念、学校治理、队伍建设、教育质量等方面快速提升，整体提高办学质量，促进集团内各校合作共生，打造新吴优质学校品牌群，扩大优质学校办学品牌的影响力。

集团校积极组建形态各异、各具特色的专业学习社群，为成员校深度参与教科研研修、迅速提升综合实力搭建平台。以学习社群为组织基础，以集团校共同的发展愿景为精神引领，以教科研项目为任务驱动和抓手，集团校通过成立学习工坊、打造知识涵养培育平台、组织读书沙龙、开展科研写作培训、申报校级课题、创建名师工作室、撰写每月教育笔记、实施阶梯式教师培训、进行集团联合教研、推行集团集体备课、加强集团学科教研组建设等策略，将龙头校先进的教师研训体系和丰富的教科研经验辐射到集团各校，敦促成员校查漏补缺，引领其深耕科研领域，以前瞻性的科研理念影响成员校，做到"立足项目培育、依托场域习养、开展学科诊断、提升高位赋能"。同时，通过集团内各校优质资源共享和师资共建，聚力启智、各展所长，实现全方位、深层次的"共研、共享、共进"，促进集团校的全面持续健康发展。

【案例】集团化办学背景下教育高质量发展的旺庄样本

旺庄实验小学是新吴区四所龙头校之一，创办于1934年，是一所有着90年左右历史的学校。学校前身是无锡县私立崇诚小学，2003年，该校成为新区第一所新创建的省实验小学，学校更名为旺庄实验小学。旺庄实验教育集团是新吴区成立最早、规模最大的教育集团，2019年成立之初，由旺庄实验小学、高浪小学和新华实验学校3所学校组成。2023年，新吴区优质教育共同体第二轮活动启动，春星小学、新洲小学、景云实验小学加入该集团，集团成员校增至6所，成为新吴区成员校最多的小学教育集团。

集团秉承"诚智"文化，以"追求高品质教育、为幸福人生奠基"为办学理念，确立了幸福教育的理念和培养目标，致力于"让幸福的阳光照亮每个童年梦想"。集团在办学过程中发挥了示范、引领、辐射作用，根据历史文脉与办学特色，在"德育共润、课程共建、教学共研、师资共育、党建共联、服务共生"六个领域全面合作、共同发展。

1. 集团文化共融，教育理念相通

旺庄实验教育集团悠久的办学历史积淀形成了独特的"诚智"文

化。“诚”是一种品质，“智”是一种能力，“诚”为“智”之本，“智”为“诚”之源。集团秉承“诚智”文化，通过丰富的活动促进诚智少年的培养，搭建高效平台培育诚智教师。集团以“诚智”文化为核心，立足于学生的终身发展和生命幸福，确立了“追求高品质教育，为幸福人生奠基”的教育目标，并提炼出“幸福教育”的价值追求与“崇理、求真、向善、唯美”的集团文化品格。

2. 集团教学共研，办学质量同进

教育高质量发展是衡量学校办学水平的重要标准。旺庄实验教育集团始终坚持强化基础课程，发展学生素养，提升教学质量。集团启动“大学科组”和“学科共同体”建设，以推进新课程标准实施为立足点，结合工作室、基地校平台，有序开展各科主题教研、竞赛，全面推进“两新历学课堂”教学改革，打造“学为中心、互动生成、深度发现、情智共融”的“幸福课堂”。集团认真落实“双减”政策，每月开展常规考核，期末进行常规大检查和质量调研，每学期进行集团教育视导，召开学科质量评价分析会、六年级质量提升会，加强监控监测，缩小校内、班级和学科间差距，扎实、有效、创造性地做好教学工作。

3. 集团课程共建，构建“幸福”体系

旺庄实验教育集团践行“幸福教育”理念，立足实际、着眼发展、面向未来，各校自主设计了各具特色的校本课程：旺庄实验小学设计“诚智·幸福”课程，以生本基础课程、生成拓展课程、生活实践课程为基础，让学生快乐而有意义地成长；高浪小学设计“弘智”课程，以国学启蒙课程、运河文化课程、民族团结课程为切入点，让学生在课程里浸润生长；春星小学设计“正诚”课程，以春艺书法课程、“星”系列社团课程为纽带，满足学生多元化发展需求；新洲小学设计“诚毅”课程，开设更贴合学校、学情的新时代课程，促进学生学习力全面提升；新华实验学校设计“日新”课程，以美育为突破口，以美启智、以美润德、以美成才。集团构建和而不同的“幸福”课程体系，让学生在良好的校园人文、自然环境中陶冶情操，促进学生全面发展、健康成长。

癸卯腊月冬意浓，运河课程暖融融。一场以“感受运河智慧，弘扬创造精神”为主题的课程建设在集团内各校展开。旺庄实验小学二年级师生聚焦“运河传家宝”主题，找寻身边老物件、绘制宣传海报、探秘运河古街、录制讲解视频、进行课程展示，全校师生与集团高浪小学的运河娃们一起沉浸式参与该活动，参与者无不跷起大拇指：“灵个！”与此同时，高浪小学运河文化馆开馆，旺庄实验小学红蕾文学社的同学们与高浪小学的运河娃作为首批研习者，亲身体验古运河的原声、原景、原貌，太有创意了！

无锡市中小学内涵建设项目“传承运河文化，弘扬运河精神”是旺庄实验教育集团首个以课程共建为宗旨的内涵建设项目。集团内各校深度合作、资源共享，将运河文化融入校本课程，打造运河文化“课程链”。在旺庄实验小学，“真实性情境体验”成为运河文化课程的专有名词，课程设计者从诗话运河、运河之桥、运河之城、运河非遗、运河美食等角度出发，制定课程纲要、确立课程内容、设计课程流程、完善课程评价。跨学科课程“江南蚕桑”，提出像农人一样养蚕、像行者一样寻访、像匠人一样制扇、像文人一样吟诗的课程设想，带领学生养蚕缫丝，云寻访中国丝绸博物馆（杭州），实地寻访无锡丝业博物馆，开展团扇纹样设计，吟唱运河边的蚕桑诗词，科学、美术、信息、语文多学科融合学习，提高学生综合运用知识的能力。在高浪小学，“走读运河”成为运河文化课程的名片，学校组建“小脚丫丈量大运河”的假日小队，利用节假日、社会实践活动日，积极开展寻访运河活动，“只捡运河趣处行”“最美的姿态，最美的你”“童眼看运河，笑颜迎国庆”“赏湖滨风光，品运河古韵”等活动，发挥传统文化的育人作用，展现传统文化的亲和力，促进运河精神的传承与弘扬。

4. 集团师资共育，培育诚智团队

旺庄实验集团以教育家精神为指引，在“四有”好教师团队建设的基础上，提出“诚智大先生·为学立行”培养计划，打造集团幸福教师共同体。坚持以课题为引领，围绕课程共建，确立教研主题，落实集团、学校、学科三级教研，实现人人有研究、科科有课题、校校有成果。进一步创新“3＋2”特培模式，做实集团“名师送培”活动，组织名师上门指导，引领青年教师快速成长。加速推进区域“三全两新·历学课堂”项目，扩大优质品牌学科的影响力，助推学生核心素养的全面提升，打造双向育人范式。持续开展“学术节”活动，促进教师的专业化发展。

三、联盟校课程共建，共同发展，创建“新品牌”

在无锡高新区（新吴区）220 平方千米的土地上，义务教育学校共组成了 5 个联盟校，着重围绕“1＋X”集群课程架构，制订集群特色课程建设方案，培育区域“至新”集群特色课程群，形成新吴“至新”课程体系，丰富内涵，合力提升联盟校的办学品质，提高教育质量，打造具有新吴特色的“至新”教育品牌。

传统的学校间壁垒制约了教育资源的流动，阻碍了学生和教师的成长。联盟校课程共建共享以合作共赢为出发点，通过高度认同的集群文化这一纽带，打破学校之间的隔阂，实现课程资源的互补与共享，促进各校教育质量的提升。联盟校以跨学校共建引领区域课程整体规划、以跨学科学习观促进联盟校精品课程开发、以跨学段融合助推区域课程面向未来教育，不断培育联盟课程特色文化，彰显联盟校办学特色，提升联盟校内涵品质，促进教育优质均衡发展，进一步擦亮新吴教育品牌。

在联盟校的发展过程中，联盟文化的顶层设计起着至关重要的作用，也是塑造卓越教育体系的关键，它为联盟校的发展提供了明确的目标和方向，并激发了联盟校师生的认同感。联盟校各成员校通过合作，整合资源、加强师资培养、形成共同的教育理念和价值观、提炼有高度认同感的联盟校文化。

“新坊春”联盟校由坊前实验小学、春阳实验学校、新城中学组成，这 3 所学校可谓渊源深厚、特色相近、和合与共。在新吴区义务教育阶段 5 个联盟校中，“新坊春”联盟校是唯一一个由中小学组成的联盟，正是由于这一特殊性，“新坊春”联盟校才形成了自己的特色。“新坊春”联盟校秉承“学段贯通、融合育人”的教育理念，以小学初中衔接为契机，确立了“资源共享、课程共建、项目共振”的联合育人机制，开展中小学跨学段教学同课异构、项目化学习、多学科小初衔接、中小学大单元整体教学探索等实践，形成了“分类分层”的学生综合发展评价体系，实现了从“应试育分”教育模式向“全面育人”教育方式的转变，以一脉相承的课程育人理念，促进学生学习能力、实践能力、创新能力的提升，为学生的全面发展奠定了基础。

2021 年，新吴区又以省前瞻性重大改革实验项目“区域课程教学变革的新吴实践”为载体，以集群化办学为路径，通过“学术月”“全域课堂教学展评”等方式，以集群为单位进行研究、展示，整体推进区域学校内涵品质的提升。

为更好地满足人民群众对“学有优教”的关切，切实增强老百姓在孩子教育问题上的幸福感，2023 年，新吴区又以“全域覆盖、多模共存、优质共生”为目标，进一步扩大优质教育资源的覆盖面，迭代升级集群化办学，在保留原基地校和幼儿园联盟校的基础上，调整组建了 20 个教育集团[1]，出台了《关于进一步优化新吴区优质教育发展共同体教育集群化办学的实施意见》，通过对管理机制、师资配备、教师培训、课

---

[1] 孙权. 无锡高新区召开全区教育高质量发展大会. 中国新闻网，https://baijiahao.baidu.com/s?id=1784419731370060274&wfr=spider&for=pc，2023.12.5

堂教学、学生培养、绩效考核六个方面的进一步优化，深入推进集团化办学，实现区内所有公办中小学、幼儿园100%全覆盖，进一步助力区域教育高质量发展。

构建优质教育“六大核心圈”

“我们新吴区教育发展的总目标就是要花大力气，促公平、抓建设、提质量、树品牌，建设与新吴区经济社会发展相匹配，与人民群众要求相契合，与高新区要求相适应的一流教育高地。”2019 年 4 月 10 日，时任无锡市高新技术产业开发区党工委副书记、管委会主任，新吴区委副书记、区长封晓春在全区教育大会上这样要求。

新吴区的“教育理想”——真正的“教育高地”，是站在高原之上再攀高峰。

虽然新吴实验中学、梅里中学、梅村实验小学、旺庄实验小学、新吴实验幼儿园等学校已在无锡打响了品牌，但新吴教育不满足于此，改革奋进的脚步从未停止。新吴教育抢抓战略机遇，借助长三角优质教育资源，扩面提质，打造以 6 个街道为片区，覆盖全区的名校群，构建区优质教育发展“六大核心圈”，加速融入长三角一体化发展。于是，新吴区继续选择扩大自己的朋友圈。

最有代表性的当属 2021 年 7 月新吴区与上海“明星”学校上海世外教育集团的合作。以“高标准要求、多方位保障、全流程托管、名品牌示范”为托管原则，聚焦办学理念、培养目标、课程改革、教师培育、“双减”背景下学校生态的涵育等方面，新吴区政府致力于通过合作，将无锡市新安实验小学和无锡市新安中学这两所学校建设成为现代学校治理体系“出彩”、学生综合素质“出众”、教师业务水平“出色”、学校教育质量“出名”的一流学校，成为“师生赞同、家长赞扬、社会赞誉”的精品学校。上海世外教育集团输出办学理念，委派管理团队，开展教师培训，按需给予学校管理、课程设置、队伍建设和教科研等方面的指导，帮助学校进一步提高办学水平。

作为上海的“明星”学校，上海世外教育集团由均瑶集团董事长王均金于 2015 年亲手创建，由 1993 年成立的上海市世界外国语小学和 1996 年成立的上海市世界外国语中学发展而来。经过多年的实践与发展，上海世外教育集团在六大地区成立了世外系幼儿园、中小学，在全国八个区域受托并管理了当地的小学和初中，旗下一大批社会声誉好、可持续发展的中小学、幼儿园蓬勃发展起来，呈现出盎然生机。

2022 年 2 月 11 日，无锡高新区太科城大桥实验学校揭牌仪式举行。这是一所公办九年一贯制学校，由无锡市大桥教育科技集团有限公司受托管理。对于无锡人来说，“大桥”一直自带无锡教育名校、老牌优质资源的标签，学校依托“大桥”30 年丰硕的办学经验和成果，实现文化共融、课程共建、资源共享，着力打造理念先进、课程丰富、师资优秀、质量上乘的高品质学校，以更好地提升区域的教育实力，太科城大桥实验学校的落地，唱响了教育强区的“合唱曲”。

2023 年 9 月，无锡市新吴区金鸿实验学校举行揭牌仪式，这是高新区（新吴区）教育局与无锡金桥教育集团合作创办的创新型实验学校。学校秉承金桥教育“教育是服务”的理念，坚持“高品、高能、高质”育人目标，致力于“精心、精致、精品”教育。学校充分发挥委托管理的体制优势，其课程体系、管理规范、质量标准均与金桥教育集团相统一。坚持高起点、高品质、高水平办学，积极稳健地推进教育教学改革，提供优质管理服务，提高办学质量，打造整体布局合理、育人环境优美、文化氛围浓厚、硬件设施一流、办学理念先进、师资队伍优秀、服务水平优质的创新型学校。

新吴区相继引进优质教育“八大系列品牌”，按照“和而不同、美美与共”的治校理念，着力构建“集群联片组团、公办民办联盟、名校高效合作”的发展模式，发挥本土优质学校的辐射作用，整体提升全区的教育发展水平，以区内6个街道片区为单位成功构建新吴区优质教育发展“六大核心圈”，拥有新吴实验教育集团、无锡市梅里教育集团、上海世外无锡高新区教育集团、无锡高新区太科城教育集团、无锡高新区空港锡师教育集团[1]、新吴区旺庄实验教育集团、无锡市梅村实验教育集团、新吴区实验幼儿园教育集团等20个教育集团品牌，成功打造了中小幼学段“叫得响”“社会认可度高”的学校，在教育高质量发展的赛道上跑出新吴速度[2]。

教育即生长。每所学校都有自己的土壤，适合培育各自的种子。这里的土壤就是指一所学校的育人环境，是一所学校内部形成的为其成员共同遵循的价值观体系和行为准则。在优质教育发展共同体教育集群化办学过程中，新吴区的学校相互促进，展现个性，在立体饱满的学校生态细微处，自然显现出学校的品牌特色，呈现出新吴教育蓬勃发展的新样态。

新吴教育突破了以往“单一”“机械”“传统”的零维思维模式，通过“引进优质资源—提升本土教育—推动创新发展”的品牌建设新举措，深化内涵建设，打造特色品牌，破解了义务教育优质均衡发展的密码，形成了一股扎根新吴的教育力量，提升了新吴教育的整体水平和核心竞争力。这种品牌建设路径让学校与学校的关系不再对立，不再是

[1] 杨维琼，耿志超. 强化优质教育品牌辐射效应　锡师附小在无锡新吴区再落一子. 人民网，https://js.people.com.cn/n2/2023/0629/c360303-40475911.html，2023.6.29

[2] 孙权. 无锡高新区召开全区教育高质量发展大会. 中国新闻网，https://baijiahao.baidu.com/s?id=1784419731370060274&wfr=spider&for=pc，2023.12.5

“攀比”“独立”，而是成为同伴，互相协作，共同进步，且能保有各自不同的特色，真正实现新吴教育从高原到高峰的攀升。

采取这种发展模式后，全区的教育质量如何？家长又是如何评价的？

自2020年以来，新吴区教育教学质量一直位列全市第一方阵，且屡创历史新高。

家长对新吴区学校品牌建设的评价最有说服力。据调查问卷统计，全区家长对教育的满意度达到99.43%。各个学校的校园文化、办学理念、办学质量、品牌特色得到社会各界的广泛认可。

脚踏千年吴地，仰望浩瀚星空。学校品牌建设是促进新吴教育高质量发展的重要途径，围绕“江苏省一流教育强区、无锡教育高质量发展第一区”的目标，新吴教育在优质教育培育之路上奋力探索、坚持创新，举理念之旗，筑品质之塔，寻教育之根，为建设具有先导性、创新性、示范性的品牌学校聚力而行。特色育人，向美而生，每个学校都展示了不同的办学特色，形成了特有的学校品牌，呈现出独有的“高”“新”特质。在长三角一体化发展不断迈向更高质量的今天，新吴教育优质多元、充满活力、人民满意！

策略五

创新人才科学培育模式

我们正进入一个新时代，只有教育现代化了，我们国家才能真正进入现代化。所以要建设高质量的教育，我们就要有高质量的教师。

教师是提高教育质量的关键，是我们贯彻教育方针立德树人的一个关键。

——《希望更多优秀青年加入教师队伍》，《中国青年报》2021 年 6 月 28 日第 5 版新吴教育始终坚持“人才是第一资源”的理念，为打造一支高素质、专业化、创新型的新吴教师队伍，从“教师培养、人才引育、名师培养、区管校聘”四个方面入手，多管齐下出实效，为办好人民满意的高质量教育、实现教育现代化提供有力的人才保障。

多元培训，激发动能

新吴区聚焦高素质专业化教师队伍建设，持续创新培训形式、丰富培训载体、强化培训实效，为全区教育高质量发展赋能添力。

随着新吴教育事业的不断发展，新吴教育持续创新路径，扩大“朋友圈”，织密织牢培训网络，从教师专业成长出发，以教育科研为先导，以教学实践为导向，分层培养，提质强能，构建全方位教师培养体系。

一、深化合作，多措并举，构建培训体系网络

2018 年 9 月，新吴区率先与国家教育行政学院开展战略合作，以区域人才培养为目标，签订 3 年一轮的合作协议，经过系统、深入的思考，全面、透彻的论证，形成新吴教师专业发展蓝图：分层培养，综合提升。

新吴教育体量不断扩大，新建校（园）逐年增加。如何建好优秀教师蓄水池，加强校（园）长后备人才的梯队建设？新吴区制订了“卓越”“三提高”“双培带”“雏鹰”等培养计划，重点抓好校长队伍、学校中层、骨干教师、青年干部四支队伍的建设，旨在让一批批优秀教师经过系统培训，具备先进的教育管理经验、现代课程改革意识、敏锐的洞察力，从而成为新时代新吴教育高质量发展可信赖、可依靠的中坚力量。

建区后不久，新吴区便在时任国家教育行政学院远程培训中心主任樊平军和高叶群老师的大力支持和具体组织下，有序落实各项培训计划，广大学员收获良多。

在2022年新吴区“三提高”培训班结业仪式上，学员代表章晓东说道：“在局党委的关怀和期盼下，105位学员相伴着经历了一场值得终身回味的教育之旅，经过6天的浸润式学习，大家一起交流分享，我们对教育，对学校，对管理有了更加深刻的认识，同时也在不断思索：我们从何而来？来干什么？到哪里去？此次培训让我们坚信，要成就一番教育事业，校长必须做到海纳百川，必须有执着的信念、开阔的视野、草根精神和教育情怀，才能让我们的教育更加开放大气和多元包容。”

一年一度的“三提高”培训有助于校(园)长们再次拓展大学科、大教育、大生活视野，全体学员的教育思想进一步转变，教育水平得到进一步提升。未来，新时代的新吴教育管理者们，将以更开阔的眼界和格局，更积极的思考与探索，更深入的研修与实践，把经验和智慧用在新吴教育事业上，努力成为内心有温度、思想有深度、专业有高度的教育者！

二、借力名校，跟岗研修，壮大后备干部队伍

教育从来不是一个结果，而是一个生命展开的过程，它永远面向未来，不会结束。因此，教师要和学生一起，展开生命，不断成长。[1]

借助国家教育行政学院强大的优质培训资源，新吴区选拔优秀干部赴先进省市优质学校挂职锻炼，这种“影子学习”或称“跟岗研修”的方式是实效性高、获得感强的沉浸式学习模式。参训者亲临现场，可

[1] 于漪.用精神的成长创造使命的精彩[J].人民教育，2014(8).

以全身心地沉浸在实践活动和研修活动之中，学习名校的管理模式，融情境化学习（身临其境）、差异性学习（经验借鉴）、共同体学习（合作伙伴）、自主性学习（听、看、问、议、思、写）于一体，聚焦问题解决和教育实践，凝聚教育智慧，提升行政领导力和学术领导力。

2018年，新吴区教育局选派30余名学校行政干部赴北京名校跟岗研修，这些干部目前大都在校长岗位上开拓创新，引领学校高质量发展。区教育局2019年选派学校行政干部赴上海名校跟岗研修，2020—2023年选派学校干部赴杭州、珠海、深圳、青岛各地名校跟岗研修。

2019年，在结束上海名校跟岗研修之后，一位中层干部道出了学习心声："此次跟岗的4所上海名校以其多元协同、民主包容的智慧，敢于揭短、自我革新的魄力，开放融合、达人成己的包容，走在教育前行的大道上。教育者要善于吐故纳新、自我超越，方能以新作为顺应新时代。"

聚是一团火，散是满天星。通过多日的集中培训，来自全区各所中小学的行政干部们把在省外名校学到的经验用于指导教育教学实践，多名学员成长为学校的核心骨干，他们用新理念新经验推动学校可持续发展，为新吴教育注入新的活力。

三、面向岗位，专项研训，强化专业技能提升

新吴区以专项培训为抓手，组织开展覆盖全员、全岗位的全区教师网络培训、人事干部培训、后勤财务管理人员培训、学校卫生和食品安全培训、宣传工作培训等，多角度、全方位地关注教育教学工作，不断提升全区教师的教育教学水平，不断强化相关岗位人员的专业技能。

号角催征，新吴大地激荡着奋进的乐章。新吴区与上级教育行政

部门、高校和教师发展机构组成的联动团队为新吴教师成长提供了更大平台、更优资源和更多机会。海阔凭鱼跃，天高任鸟飞。经过多年的实践，全区的教师发展呈现出主动参与的蓬勃生机和丰富多彩的实践样态。目前，全区中小学骨干教师比例达到30%左右，其中省特级教师20人，正高级教师20人，乡村优秀青年教师、苏教名家、锡教名家等20人，新吴区正成为教师快速成长的热土。

新吴区搭建多元新载体，让培训体系更趋科学化。集中培训与个人自学相结合，线上线下相结合，理论与实践相结合，全方位帮助各级各类教师强思想、拓眼界、补短板、提能力。

创新引育，广聚人才

一个人遇到好老师是人生的幸运，为了拥有更多"好老师"，新吴区不断改革人才培养模式，坚持"优势引才、机制育才、保障留才、岗位用才"的做法，切实把人才"第一资源"转化为教育高质量发展的"第一动力"。新吴区在高层次人才引育力度上持续加码，分层分类培养体系不断升级，亮点频现，筑巢引凤，聚才育智，构筑教育人才高地，确保教育持续高水平发展。

一、依托"3551计划"，创新对教育人才的引育

教师是立教之本、兴教之源。教育人才的数量和质量对于提高教育质量、推动教育创新、缓解教育人才供需矛盾以及促进人才流动、建设具有优质教育资源的城市或区域具有重要意义。根据"加大引进、重在培养"的总体思路，新吴区积极谋划、主动作为，围绕人才培养目标，秉持"高"和"新"的要义，初步构建出一套完整、有效的教育人才引育培养体系。整个培养体系以实施"3551 计划""三名工程""飞凤人才计划"为牵引，旨在盘活教师资源，吸引、集聚、培育大批高层次优秀人才，促进全区教师队伍建设。

(一)筑巢引凤,聚才引智,构筑教育人才新高地

2018年,新吴区发布《新吴区教育人才"3551计划"实施办法》,即3年内五类高层次教育人才达到500名,年均增加100名。这颗"巨石"的投下,打破了湖面原本的沉寂,新吴教育这片水域开始焕发出新的生机。

加盟新吴教育的五类教育人才的安家补贴最高80万元,最低20万元;逢年过节,外地人才若回家探亲,按照里程数不同最高发放2万元的探亲补贴,连续发放5年;根据年度业绩考核,引进的人才还能拿到薪酬补贴、岗位贡献奖等。此外,引进人才的学龄子女可以优先安排至新吴区相应学段的优质学校就读,引进人才的配偶可优先推荐就业岗位或协调落实工作单位。"3551计划"犹如一颗定心丸,让教育人才感受到新吴区对他们的高度重视,以及凭借高激励激发高活力、把握先机构建"新吴教育新生态"的坚定决心。

(二)立足岗位,优劳优酬,激发教师队伍新活力

"3551计划"的激励作用不仅在区外的专家名师中产生"飞凤"效应,也在一线教师们心中激起阵阵涟漪。

为进一步激励教育一线的教师,新吴区每年开展优秀教育工作者、"最美教师"评选,对当选的优秀教师给予奖励,对班主任、学科组长、年级组长等给予岗位贡献奖励,对在岗履职的省级以上教育教学成果一等奖及以上项目的主持人、参加省级以上学生体育竞赛冠军队的教练、省级以上学生艺术展演获得一等奖(个人或团队)的指导教师,同样给予奖励。

"奖励力度可大了,对于我们来说刺激可大了!"一名中学教师提到"3551计划"的发布现场,仍然记忆犹新,"'3551计划'出台之后,对很多一线教师有极大的触动。班主任、年级组长、学科组长都被重视

了，我们流过的汗被认可了，这并不只是钱的问题，这是一份沉甸甸的尊重与肯定。对我们而言，触动真的很大！”

“3551计划”实施后不久，新吴区又升级出台了“飞凤人才计划”，几年时间里，教育人才效应明显。5年来，围绕“引”和“育”，新吴教育种下招才纳贤的政策“梧桐”，厚培人才生长的沃土，聚树成林，走出了一条以政策和服务吸引人才集聚，以人才带动教育高质量发展，又以教育高质量发展吸引更多教育人才“飞凤归巢”的新吴教育招才引智之路。

二、依托“飞凤人才计划”，加大高层次人才引育力度

党的二十大报告指出：“深入实施人才强国战略，坚持尊重劳动、尊重知识、尊重人才、尊重创造，完善人才战略布局，加快建设世界重要人才中心和创新高地，着力形成人才国际竞争的比较优势，把各方面优秀人才集聚到党和人民事业中来。”为加大高层次教育人才引育力度，激励更多敢干敢为敢闯敢创新的人才，新吴区健全完善了人才引进机制和使用机制，出台了《“飞凤人才计划”教育高层次人才引育实施办法》等多份改革文件，依托强大的区域竞争力、蓬勃的教育事业发展态势以及丰厚的人才政策待遇，持续引进高层次教育人才，做到不拘一格，大胆创新。

（一）公开公正：引进优秀卓越青年人才

“不拒众流，方为江海。”太湖之滨，运河之畔，八方英才，踏浪而来。从2019年起，新吴教育全面启动教师校园招聘，创新实施“引才”工程。全区初中、小学、幼儿园、特殊教育学校组团出动，在国内“双一流”建设高校等重点高校设立考点，公开选拔、引进高层次青年人才，把政治立场坚定、热爱教育事业、有奉献精神、综合素质和发展潜力好

的优秀毕业生引进来，为新吴教育源源不断地输送新鲜血液。

此后，新吴教育高层次、优秀人才招聘数量和质量不断刷新纪录。以 2021 年为例，新吴区赴京、沪两地揽才，在招聘的 190 名高校优秀应届毕业生中，有 55 名来自中国人民大学、南京大学等全国知名高校，还有 8 名考生毕业于境外知名高校，其中 5 人毕业于世界排名前 50 的境外高校。“双一流”及境外知名院校应届毕业生占比约为 33%。有硕士学历的 103 人，有高层次学历的占比为 54.21%。

毕业于南开大学的崔力允在得知自己竞聘成功后，激动地说：“很感谢新吴教育，让我在第一次校招中就收获了令人心动的 offer。这里不仅是工作的起点，也是梦想的舞台。未来我会努力做一名新时代的‘四有’好老师，一步一个脚印，寻梦而行，一路追光，力争为飞速发展的新吴教育添上新的荣光！”

毕业于诺丁汉大学的张洁滢说：“感谢新吴教育给了我这次历练提升的宝贵机会，让我有幸成为新吴教育的一名新兵、一名光荣的人民教师。我将坚定信念，珍惜这份工作，严格要求自己，不断完善自己，真正担负起幼儿健康成长指导者和引路人的责任。”

“济济多士，乃成大业。”一批又一批青年人才通过公开招聘来到新吴，他们正意气风发地站在新吴校园之中，扎根讲台，扎根新吴。他们充满朝气与激情，将自己的才华与汗水投入到新吴教育快速发展的洪流之中，书写属于自己的青春诗篇。他们中间，有的教育教学理论知识扎实，能积极投入到教育教学改革的研究中去，成为教改的先行者和排头兵，有的有知识结构优势或者一技之长，可以得心应手地指导学生开展课题研究和学生社团工作，有的具有跨学科思维，在课程整合与校本课程开发方面，优势明显，潜能巨大……起点高，潜能大，这群校招的年轻人是当之无愧的“宝藏青年”。

新吴区持续优化完善人才引育政策，严管厚爱相结合，为引进的优秀人才制订职业生涯全周期发展培养方案，更重要的是采用一系列竞争激励的办法，全面激发这支教师队伍的内生动力，让这些优秀人才留得住、用得好。

梅村实验小学的赵思怡老师便是其中的佼佼者，毕业于苏州大学的她，工作仅仅三年半就在校级、区级、市级基本功大赛、赛课等活动中锻炼自己，得到了专家、导师的充分肯定。2023 年 8 月，她代表无锡市参加江苏省教育厅主办的英语教师基本功大赛，成功摘得一等奖的桂冠。她常常说自己是个“幸运儿”，有机会扎根在新吴教育的沃土之中，茁壮成长。

新吴教育不乏这样的“幸运儿”。新吴教育给予教师坚定的支持、深厚的滋养，新吴的教师们也用自己的学养和情怀筑牢育人之基，用默默耕耘守望教育初心，以饱满的热情，在教育的道路上筑梦前行。

（二）不拘一格：选聘高层次骨干人才

新吴区高层次人才引进力度持续加码，不断完善人才引进机制，加大高素质人才储备和引进力度，着力构筑教育人才新高地，引领教育持续高水平发展。

新吴区大力落实人才发展提升计划，做好“三个一”：以“一揽子”人才补贴奖励激励人，区财政为新吴优秀教育人才安心从教提供了有力的支持，从 2018 年到 2023 年上半年，共发放人才专项奖励 7500 余万元，同时还发放探亲补贴、薪酬补贴、岗位贡献奖励等；以“一盘棋”人才提升措施激励人，新吴区不断加大高层次教育人才的选拔力度，制定并实施《关于进一步加强新吴区教育系统年轻干部选拔培养工作的意见》《新吴区教育“卓越人才”培养方案》《新吴区优质教育共同体教师队伍能力建设行动计划（2019—2022）》等多份政策性文件，彻底打通了高层次人才晋升的“最后一公里”，为优秀人才的发展铺平了道路；以“一体化”的人才培养体系激励人，新吴区与国家教育行政学院深度合作，不断提升教育系统高素质人才队伍的整体水平，为顶尖教育人才筑牢发展之基。

“栽好梧桐树，引来金凤凰。”新吴区吸引更多致力于教育事业的优秀人才在无锡这片热土上筑梦、圆梦。

无锡市南星小学原党支部书记、校长王桂芹就是2018年通过“3551计划”，从山东引进的特级教师。履职才短短几年，她潜心教研，组建名师工作室，提出“至简语文”教育主张，亲自带队赴青海送教，参与广西国培计划“一对一”精准帮扶活动，工作开展得有声有色。同时，她还在校内组建“青年教师学术发展委员会”等，大力培养青年教师。她创新学校管理方式，确立“在诗中长大”核心文化理念，全方位建设校园主题文化场域；创新“跟着诗词去行走”德育诗教一体化发展思路；建构“日新”课程体系，就童诗教学普及化、课程化、科学化以及童诗教育内涵化、特色化、品牌化进行深度研究。在她和团队的共同努力下，2021年，南星小学作为江苏省唯一入选学校，获评“中国首届诗教校园”。

“水积而鱼聚，木茂而鸟集。”高层次人才的引入为新吴教育的发展注入了新的活力，为培养拔尖创新人才、办好人民满意的教育，提供了强有力的人才保障和智力支撑。

三、依托“三名工程”，壮大教育人才干部队伍

打造一支高质量的师资队伍是高质量教育发展的关键发力点。为了大力实施人才强教战略，让人人优秀、个个出彩，新吴区牢牢把握提升教师能力素质这个关键，出台《新吴区“名教师、名校长、名校（园）”培养工程实施方案》《关于全面深化新时代教师队伍建设改革的实施意见》等多个文件，着力打造一支高素质的人才干部队伍。

（一）制订人才培养计划，目标引领行动

哈佛大学曾经做过一个非常著名的关于目标对人生影响的研究，研究发现：有清晰且长期目标的人几乎都成了行业精英。由此可见，目标对人生有巨大的导向作用，教育的使命和任务也必须转化为目标。

实施“三名工程”建设，制订高质量人才标准，不断打造和壮大名校长、名教师、名学科组、名班主任等“三名＋”队伍，是新吴区的重要改革目标之一。它可以成为激发教师奋发向上的内在动力，调动教师的主动性和积极性，达到引领和激励教师的目的。

从教师角度看，“三名工程”要求是广大教师发展道路上可追求的实实在在的目标，属于“最近发展区”，这种“可实现，需努力”的目标引导教师将注意力集中到影响自身专业发展的相关要素上。只要持之以恒、不断努力，他们很快就可以脱颖而出。

（二）给予真诚的认可与赞美，荣誉助力价值实现

人都有实现自我价值的需要，每个人都希望自己的努力可以得到认可。当教师们找到心甘情愿为之付出的目标时，便会迸发出工作热情，有的研读教育管理理论，孜孜以求学校管理规律和“秘诀”，有的扎根课堂，研究教材、文本、学生、课堂策略、作业布置，追求扎实高效的教学质量，有的投身教育科研，专注于课题、实践、专著、论文，寻找并解决教育实践中的问题……在新吴教育的沃土上，播种希望的种子。

2021 年教师节，新吴区教育系统“烛梦”教育系列活动之一——首批“三名工程”获奖者受到区委区政府的表彰，13 名新吴名师、9 名新吴名校（园）长、10 个新吴示范名师工作室成绩卓著、脱颖而出。当站上领奖台，捧着荣誉证书时，有教师这样说道：“是新吴教育给了我方向和力量，这个荣誉告诉我该怎样在新吴做老师，怎样做一名新吴的

好老师！这份荣誉会属于更多的人！”

（三）树立育人榜样，身教胜于言传

美国演说家、教育家博恩·崔西说：“持续的培训与教育可以直接让人感受到个人的成长与自尊的提升。”在有了学习榜样的基础上，再通过“名师浸润培养项目”“卓越培训计划”“三提高培训计划”等配套措施，教师们可以不断更新知识结构，释放出更多潜能。

榜样的力量是无穷的，具有强大的感染力和影响力，是最好的示范、无声的命令。首批“三名”教育先锋深深影响了更多教育工作者，激发了他们的工作热情和积极性，起到了激励作用。更多学校行动起来，制定本校的教师发展规划；更多教师行动起来，进行个人职业规划，从工作目标到学习计划、研究策略，再到阶段性成果汇报，不断完善自我。在日益提升个人教育教学素养的过程中，教师更加自信，对工作更有热情，教育人才队伍日益壮大！

无锡市春城实验小学党总支书记、校长钱科英就是榜样之一。她瞄准目标，不断前行，成为江苏省特级教师。她潜心研究学校管理策略，形成了鲜明的有特色的办学理念：坚持全面发展的育人观，倡导“幸福童年·结伴成长”理念，主张教育回归生活，回归儿童的天性和自然，让每一个孩子都拥有幸福而有为的人生。她以“幸福”为愿景，带领全体教职员工一起为孩子们打造了一座充满生命活力的“春之城”，经过短短几年的努力，春城实验小学蓬勃的发展势头、卓越的办学品质得到了家长、社会的一致好评。

梅里中学的教师吴慧是新吴首批“名教师”之一，她致力于德育工作的研究与实践，视学生品格的提升、良好价值观的树立、健康心理的养成为天职。为此，她勤于阅读，深入钻研，笔耕不辍。她与团队成员齐心协力，守正出奇，在他们的努力下，“‘梅香花悦’初中生品格涵养空间的创享行动”、“同心育蕾”好教师团队、“‘深航者’在行动”等一系

列省级项目纷纷诞生，为梅里学子的全面发展助力，为新吴教育的高质量发展添彩。

车辆行驶靠的是引擎，飞机飞翔靠的也是引擎，目标、赞美、榜样、培训等则是教师发展的“引擎”，新吴教育用高激励启动了区域教育高质量发展的“引擎”，教师的发展有了动力源泉，全区教师进入了专业发展的快车道。

培养名师，示范引领

新吴区高度重视对教育人才的培育，运用科学发展观对培训项目进行顶层设计，注重激发教师的内在成长动力，培训覆盖全学段、全体教师、全部岗位，从区域层面推进教师分层发展，探索高质量培训新路径，推动区域教师整体素质的提升，实现教师发展与学校内涵提升、教师队伍建设与区域教育质量提升的高度统一。对于加强教师队伍建设而言，培养名师是促进教师成长的动力源，可以起到以点带面，以优秀个体的成长引领教师群体发展的作用；对于学校而言，名师辈出、名师荟萃有利于打造一流的名校，实现一流的教育；对于区域而言，名师名家可以带动区域的教育改革和发展，一支庞大的名师队伍可以有效地促进区域教育均衡发展、优质发展。

一、“3+2”特培计划：立体培育，激活人才发展潜力

随着新吴教育事业的快速发展，新聘教师的数量创历史新高。5年内，通过社会招聘、校园招聘等形式，全区累计新聘教师近2000名，占全区中小学在编教师的50%。对这些青年教师的培养程度决定着新吴教育未来十年、二十年的发展高度。为了达成让新教师“一年入门、两年达标、三年争先”的培养目标，让他们快速进入教育发展的快

车道，早日成长为骨干教师，新吴区制订了新教师“3＋2”特培计划，旨在激活人才的发展潜力，助力新教师成长成才，构筑教育人才新高地。

新教师“3＋2”特培计划，围绕青年教师“引进招聘、培训培养、使用管理、考核评价、奖励激励”五个方面，通过通识培训与专题研究相结合、区本研修与校本培训相结合、岗位实践与跟岗锻炼相结合、全面发展与特长发挥相结合、培训成效与评优晋升相结合的研训方式，制订了操作性极强的培训路径图和时间表，不断提高青年教师的综合素质、专业化水平和创新能力。“育人至新，新益求新”，新吴区结合地域文化特色，提出以人为本的“至德”育人主张，构建“至新”教育课程体系，希望新教师通过理念革新、课程更新、课堂创新，不断开创新吴教育发展新局面。

（一）3年业务达标——组建“至新”青橙成长团、“至新”课堂种子营、“至新”课题研究所

学校为每一位新教师建立3年专业成长档案信息库，根据考核内容记录新教师所获学分，每学年由学校全面考核，促进新教师业务能力达标，并根据培训情况对导师进行奖励。

各校组建“至新”青橙成长团，为每一位新教师配备教学、管理双导师。导师从“常规入门”“上课过关”“能力达标”三个方面对入职3年内的新教师进行阶梯式培养。此项培训针对全体入职3年内的青年教师，涵盖全学校、全学科、全学段。

为了让青年教师中有发展潜力的优秀分子快速提升，区里聘请省特级教师、大市学科教研员等专家，分学科领衔组建“至新”课堂种子营，从修满常规学分的新教师中优选50％，组建“至新”课堂种子营（获得硕士及以上学位的新教师可以直升课堂种子营）。“至新”课堂种子营立足课堂教学，以一年为周期，每月一次，围绕“课标解读”“教材研究”“教学实践”“教学评价”等内容开展现场式、专题式培训，提高新教

师的专业技能，为他们晋升为教育教学骨干积蓄专业力量。

为了帮助青年教师更好地将理论与实践相结合，每个学校遴选3—5名优秀青年教师加入学校课题研究团队，研究的内容涵盖各类课题、“5＋N”内涵建设项目、品格提升工程、课程文化和学科基地建设等。由课题或者项目主持人担任导师，充分挖掘青年教师的学术研究潜能，鼓励他们积极参与学校课题研究，通过课题进课堂、未来学习方式创新研究等培养青年教师，并根据其在课题、项目研究中的贡献给予评优评先等奖励。

（二）2年能力进阶——组建“至新”桔灯工作坊、“至新”教学领雁队、“至新”项目研究院

对于3年业务达标的青年教师，如何进一步激发其内生成长动力，提升其专业发展水平？新吴教育从区域层面对毕业4—5年的教师实施2年能力进阶项目，组建“至新”桔灯工作坊、“至新”教学领雁队、“至新”项目研究院，持续促进青年教师专业能力进阶。该项目成为促进青年教师专业发展的新动力。

1. 点亮专业发展的“小桔灯”

有扎实的学科专业知识是教师安身立命之本，是教师自身发展的根基。新吴区利用集群联盟的骨干教师优质资源，将相同学科的青年教师吸收进“桔灯工作坊”，由集群中的市学科带头人、市教学能手、区学科带头人等担任导师，通过现场诊断和教学沙龙等形式对青年教师进行培训。教学现场观察与诊断涵盖课前准备、现场观察（教学或专题活动）、反思讨论、现场指导（重点过程）、反馈改进等环节。现场诊断特别注重为青年教师开出诊断“处方”，采取专家点评、个别交流、小组讨论的方式，让青年教师真正有收获。在组织教学沙龙研讨时，通常以谈话的方式进行，有针对性地提高青年教师表达、分析、思考、批判等综合素质。

2. 孵化担当有为的“领头雁”

头雁带好方向，群雁才能振翅飞翔。新吴区成立“至新”教学领雁队，带领更多青年教师展翅高飞。该团队由工作满3年、课堂教学能力强的青年教师组建而成。“至新”教学领雁队由省乡村培育站或市、区名师工作室统一管理，导师亲自带队，在课堂教学、质量提升、课题研究、论文写作等方面对青年教师加强培养，帮助他们逐渐形成自己的教学特色与风格。除了本地资源之外，还邀请苏派教育名家工作站进驻，定期组织开展学科教研活动，为培育市级以上高层次人才储蓄力量。

3. 走进潜心躬耕的项目研究院

教育科研在教育事业中的先导地位日益明显，依靠教育科研振兴教育事业正在成为广大教育工作者的共识。新吴区教师发展中心根据覆盖全学科的要求，发布招募令，把有兴趣、有能力的青年教师招募进研究共同体，共同参与江苏省基础教育前瞻性教学改革重大实验项目“区域课程教学变革的新吴实践”研究，并分成“指向核心素养的教学目标”“支持高阶思维的内容设计”“促进深度学习的教学过程”“检测思维能力的学习评价”4个研究组，鼓励青年教师参与实践研究与成果提炼转化。“至新”项目研究院还经常邀请“教育高质量发展”专家咨询委员会专家，省、市课程教学知名专家等对青年教师展开专项培训，加速他们教科研能力的提升。

“3＋2”特培计划着眼当下，功在未来，如今已经成为新吴教育青年教师培养的一个品牌项目，新吴教育“未来名师”号列车从这里启航。多维度、多层次的培训机制激活了青年教师的内在发展意愿，为他们指明了正确的发展方向，为其专业发展赋能。很多青年教师在“3＋2”特培计划的卷入式培训中脱颖而出，迅速站稳讲台，在各项比赛中争金夺银，成长为各学科的教学骨干，并继续攀升职业生涯新高度。

二、名师浸润:循序渐进,构筑人才培养体系

“教师优,则学优。”教育要强内涵、树品牌,离不开一支名师队伍、一支有学术涵养的专业良师队伍。为此,新吴区与上海师范大学、江南大学合作开展“名师培养工程”,制订“区培计划”,从项目建设、教育科研、师资培训等方面开展深度合作,并以“校培计划”为补充,织密培训网络,鼓励骨干教师从“高原”走向“高峰”。如果说与国家教育行政学院的合作是行政导向的卓越计划,那么,与上海师范大学合作的“名师浸润培养项目”就是以学术为导向的名师计划。“双一流”高校的加持、专家教授的指导,激发了教师投身教育事业的热情与激情,从新秀到能手,到学科带头人,再到名师,他们在不断提升的过程中,逐渐成为新吴教育发展之路上步伐铿锵的生力军。

名师浸润培养项目就是根据《新吴区“名教师、名校长、名校(园)”培养工程实施方案》,大力实施人才强教战略,努力构建适应新吴教育改革与发展要求、充分满足学校和教师专业发展需求的队伍建设机制,进一步丰富和提升全区学校及教育人才内涵和品质的培训项目。

2022 年 11 月,无锡高新区(新吴区)与上海师范大学在线举行了合作签约仪式,上海师范大学教育学院院长夏惠贤和无锡高新区(新吴区)教育工委书记,区教育局党委书记、局长张英代表双方签订了基础教育改革合作框架协议。此次合作旨在依托上海师范大学的优质教育资源,全面推动新吴区基础教育改革,进一步加强区教师队伍建设,提升教师的专业素养。

上海师范大学副校长张峥嵘表示:学校将充分发挥师范院校的特色和优势,持续加大对新吴教育事业的支持力度,继续巩固和深化合作关系。

新吴区希望通过此次签约充分发挥上海师范大学基础教育的特

色和优势，推动全区基础教育改革，提高教育教学质量，在高质量的课堂教学、科研指导、师资培训等方面开展深度合作。

校地合作，优势互补；资源整合，共谋发展。新吴区依托上海师范大学的优质教育资源，先行启动了青年教师素养提升项目、骨干教师素养提升项目、名师浸润培养项目，针对教师个体所处的专业发展阶段，分层设计培训目标、课程体系和教学模式，组织专家从综合素质培养、分科浸润式研修、教科研提升等方面进行点对点的指导，培养了一批名教师、名校长、名班主任，提升了教师的专业素养，提升了全区教师队伍的整体素质。

2023 年 4 月，新吴区举办名师浸润培养项目研修班，让一批优秀教师成为“梦之队”的“筑梦人”。此次培训在坚持正确专业发展导向的前提下，以激发教师活力、提高教师素质为重点，紧紧围绕全区教育系统“高质量发展、队伍优先”的决策部署，遵循教育规律和教师成长发展规律，致力于科学构建“尽展其才、竞争有序、充满活力”的教育人才培养机制，真正提高了全区名教师、名校长的专业水平。

在新吴区教育局的大力支持下，学员们集中前往上海参加了为期 12 天的浸润式培训。上海师范大学教育学院魏峰教授为学员们上了开班第一课《经典阅读与教师的专业成长》，魏教授从“为什么不读书”“为什么要读书”“需要读什么书”三个方面与大家进行了分享交流，学员们心灵得到了触动，也对自身的阅读情况进行了反思。随后，学员们开展了工作坊活动，通过单元整体教学、跨学科学习、协同教研设计等实践，对微课题的设计有了更为清晰、更为全面、更为深刻的认识。

在上海师范大学教育学院精心配备的理论和实践领域“双导师”的带领下，学员们分成 6 个微型学习小组，分别深入 6 所基地校学习观摩。在基地学校，学员们通过“听、看、问、议、思、写”等多种方式，开展了浸润式培训、自主研修与实践操作相结合的学习活动。各基地学校有针对性地提供教科研方法支持，将理论与实践相结合、学习与研讨相结合、反思与交流相结合，学员们学习热情高涨。全方位浸润式的培训模式：专题报告、案例解析、现场观摩、区域交流，多元方式对接多元需求，极大地激发了学员们专业提升的积极性和主动性。

新吴区与上海师范大学全面合作关系的建立，有力推进了新吴基础教育与高校更高水平的合作交流，形成相互促进、多方共赢的良好局面，让不断擦亮的新吴教育"金字招牌"成为人民群众的"幸福口碑"。

三、名师工作室、培育站：培养出区域教育领军人才

进入新时代，"培育强国之师"的命题对教育事业提出了新的更高的要求。新吴区教育领军人才培养便是新吴教育的响亮回应。教育领军人才培养是一个系统工程，主要是借助教育和培训，对具备一定领导能力、创新能力、自我驱动能力、学习能力、适应能力的教师，采取有针对性的培养方法和策略，培养造就一批有创造力、有影响力的教育家型名校长、名教师、名学科组、名班主任等，加强教育队伍建设，提升全区教师队伍的整体素质，服务于新吴教育高质量发展大计。

（一）高位引领明方向　启思践行打基础

新吴区立足新时代，紧扣时代脉搏，扎实开展教师培训，借助学科专家组、培育站、名师工作室和学科基地等载体，始终把教师队伍建设作为一项重要任务来抓。通过与本市不同区域教师队伍的建设状况进行比较，找寻自身存在的问题；通过对国内外教育发展现状和趋势的研判，明确教师队伍建设的前瞻性要求和发展趋势。在此基础上，建构起"特级教师、正高级教师、学科带头人、教学能手、教学新秀"等多个教师专业发展平台，并着力构筑起"面广点亮"的区域教师专业人才队伍新格局。硕放实验小学的曹秋涛便是这些领军人才中非常有

代表性的一位。他是江苏省正高级教师、无锡市数学学科带头人。从教 34 年来，他一直在三尺讲台上默默耕耘，孜孜求索，用真情和爱心浇灌着一棵棵幼苗。他求真务实，挥洒汗水，用满腔的热情诠释着教师的责任与担当。他热爱教学科研，热爱数学教学，数十年如一日地钻研课堂，用扎实的专业知识和生动的教学形式，引导学生感受数学的美妙和思考的乐趣。他还远赴青海互助县支教，把先进的教学理念播撒到青海大地上，被评为“青海省脱贫攻坚先进个人”。他的师德、师能与师爱影响着无数青年教师，教会他们要脚踏实地，志存高远。

这样的良师还有很多，他们在为人师表、学术研究、课程建设、课堂教学和教学评价等方面取得了突出的成绩，发挥了巨大的辐射和引领作用。他们组建工作室，使更多教师有机会崭露头角。

2020 年和 2023 年，新吴区先后完成第三批、第四批名师工作室培育和考核任务。现在，全区名师工作室达到 40 个，其中区名师工作室 32 个，市名师工作室 8 个。仅 2023 年，各名师工作室开展专题培训和研究近 300 场，参与人次约为 6000 人，多达 18000 余学时。

江苏省无锡市新吴区顾万春小学数学名师工作室是其中杰出的代表。该工作室成立于 2010 年，先后开展了 4 轮培养，区内外共有 100 多名成员参与了研修。

在工作室领衔人顾万春的带领下，工作室围绕江苏省教育科学“十四五”规划课题“基于‘发现数学’的小学数学跨领域学习变革行动研究”、无锡市教育科学“十四五”规划重点课题“基于‘发现数学’的主题单元教学实践研究”开展了深入持续的研究，他们关注数学学科的内部结构、数学与其他学科的联结，研究成果两次获得江苏省教学成果奖、两次获得无锡市教学成果一等奖。《小学数学教学中的发现学习》等多篇文章被人大复印资料《小学数学教与学》全文转载，30 多篇文章在《人民教育》《中国教育报》等核心期刊发表。名师工作室成员先后赴常州、南京、青海等地开展送培送教活动，“发现数学”成为原创性的学科标识，得到专家同行的一致认可。

潜心开展数学研究，收获一路芬芳。工作室成员钱慧老师被评为江苏省333高层次人才培养对象、无锡市小学数学学科带头人，在江苏省第二届“百师万课”小学数学精品课堂教学比赛中获一等奖，多篇论文在《小学数学教与学》等杂志上发表；黄静老师被评为新吴区小学数学学科带头人，获无锡市小学数学优质课评比一等奖、全国白板课评比一等奖；林晓老师被评为新吴区小学数学学科带头人，获无锡市培育站赛课一等奖，多篇论文在《江苏教育研究》等杂志上发表。目前，工作室全体成员均已成长为市、区数学学科骨干教师并在省、市、区教学竞赛中屡次斩获一等奖。介绍工作室建设经验的文章《让教育家精神照亮每个教师心灵》登上“学习强国”平台，工作室建设成果在《中小学课堂教学研究》杂志上有彩页介绍。

（二）强化历练蓄后劲　精益管理显特色

“实践出真知，实干长能力”，从实践中得来的知识是最珍贵的。新吴教育高质量发展任重道远，迫切需要一支忠诚贯彻落实习近平新时代中国特色社会主义思想、业务能力精湛、充满活力的高素质专业化干部队伍。新吴区选拔了一批在教学一线久经历练、在探索实践中展露智慧才干的优秀人才，通过完善机制、聘任专家团队等路径，“一人一策”，将他们培育成在省、市有影响力的教育领军人才，这一举措壮大了名校长、名教师、名学科组、名班主任等“三名＋”队伍。

2011年，因工作需要，执教了18年小学语文的曹玉兰来到梅村中心幼儿园担任园长。新吴区格外重视她的专业发展，多次安排她去南京师范大学参加培训，系统学习学前教育理论和经验，并推荐她参加特级教师后备班培训。她在学前教育导师的带领下快速转型。她带领梅村中心幼儿园团队申报了多项省级规划课题，在实践、反思、再实践的过程中，取得了丰硕的教育科研成果，并形成了自己的教育主张和办园理念。新吴区充分肯定了她取得的成绩，并进一步创造机会，鼓励曹玉兰把自己的办园特质“亮出来”：在全省教学成果展示活动中分享经验，承办省“师陶杯”颁奖活动，接待新加坡教育司参观团……高平台展示进一步促进梅村幼儿园展开深度思考和探索，该园在一定范围内提高了影响力和辐射力。2022年，曹玉兰成功申报江苏省名校(园)长工作室、无锡市名师工作室，从“文化与课程的互动与共生”视角展开专题研究、学理剖析，不断提升工作室参与人员的课程领导力和文化建构力，在更大范围内推动学前教育高质量发展。同时，她很好地发挥了骨干教师的孵化器作用，指导多名青年教师茁壮成长，走上了园长岗位。

无锡市梅村实验小学校长邹莉是百年名校的掌舵人，她深知高质量办学的重要性，于是结合学校的实际情况，带领团队在践行“为每一个儿童设计课程”办学理念的基础上，创新性地提出“为每一个儿童画像”的培养方法。通过个性化的课程设计，积极大胆地走课程改革发展之路。构建“舒展课程”，探索“生长课堂”，研究“基于真实情境的深度学习”，多项成果获得省、市级奖项。梅村实验小学的教师结对共建，携手共进，学校通过构建“五阶”研训体系，为每一名教师规划职业蓝图，实施梯队化培养策略。该校的学生仰贤砺品，蓬勃生长，学校以品格提升工程为抓手，全方位、全过程为“梅·好”少年的品格养成赋能。短短几年，学校的口碑不断提升，“百年实小”的品牌进一步被擦亮，学校的办学成果受到了教育行政部门、社会各界的高度认可和学生家长的交口称赞。她也用实绩获得了江苏省特级教师、正高级教师、江苏省“巾帼教育之星”、无锡市教育名家、新吴区名校长等荣誉称号。

人才是创业之本，新吴区正确立“高定位”，聚焦“高标准”，瞄准“高水平”，凸显“高品质”，加大对高层次教育人才的引育力度，建设一支高素质的专业化创新型教师队伍。这些举措无不彰显新吴教育改革的“硬核”行动力。在“十四五”的征途上，新吴区将继续争先创优、攀高比强，抓实抓牢教师培训工作，为建设“高质量教育体系建设的城区标杆”“具有重要影响力的现代化教育名区”，成为“富有首创精神的区域教育改革先锋”而不懈奋斗，行稳致远，以优异的成绩书写时代华章。

“区管校聘”，均衡发展

“区管校聘”是新吴区合理配置教育资源、优化教师队伍结构、促进教育优质均衡发展的重要举措之一。通过“区管校聘”，全区上下不断完善交流制度，让教师资源在全区范围内合理流动；同时，在岗位设置、绩效考核方面也加大全区统筹的力度。人事管理制度的综合改革，盘活了教师资源，激发了教师的工作热情，人尽其才，百事俱兴。

随着时代的发展，靠校际的激烈竞争以维持基础教育高速发展的模式已经不能适应国家对教育的整体发展要求。教师交流轮岗是促进教育公平、激发教师活力的重要举措，有利于教育资源的公平配置，有利于缓解社会对教育的焦虑，有利于教师队伍的可持续发展，有利于建设高质量的教育体系。好的办学经验要共享，优质教学资源要共享，优秀教师要像火种一样撒播到四方，动态地在区域内流动，以促进区域内教育优质均衡发展。在新的发展模式下，教育行政部门要对区域内学校的发展进行整体布局，为每位教师的成长提供更广阔的背景与平台。

一、下活教师资源“一盘棋”：交流制度落地见效

经过长期的实践，新吴教育实施“区管校聘”水到渠成。新吴区通

过"区管"依法履行中小学教师公开招聘、职务评聘、培养培训、调配交流和考核等管理职能，学校通过"校聘"依法与教师签订聘用合同，负责教师的安排和日常管理，教师由原先的"学校人"变成了如今的"系统人"。2017年，新吴区确立义务教育学校教师"区管校聘"管理体制改革联席会议制度，从区域实际出发，广泛调研，深入研究，反复论证，加快研制方案。2019年，新吴区委教育工委、区教育局出台《新吴区"区管校聘"工作实施办法》，确定"三步骤、三阶段"的"3＋3"改革模式，即根据区内中小学实际情况，一年一轮，三年三步，有计划、有步骤地推进"区管校聘"工作。2019年、2020年拿出各中小学中层管理岗位和年级组长、学科组长岗位，供广大教师竞聘上岗，2021年竞聘上岗范围扩至中小学所有教师岗位，在全区32所义务教育中小学、九年一贯制学校及特殊教育学校全面推行，并重点向相对偏远学校和新建学校、薄弱学校倾斜。

随着"区管校聘"工作的落地，广大教师的积极性被极大地调动起来，教师队伍更有活力，有效促进了新吴教育质量的全面提升。

以2023年为例，两轮"区管校聘"共提供384个岗位。其中，中层岗位98个，占26％左右，学科组长和年级组长岗位87个，约占23％。经双向选择，有65名普通教师走上学科组长、年级组长的管理岗位，52名优秀教师成功竞聘上中层干部岗位。其中有15名普通教师进入中层干部队伍，这15人中35周岁以下的有10人，占66.67％。干部队伍年轻化，激励了青年教师的成长。同时，有51名教师从中层或学科组长、年级组长岗位退任，新老交替，能上能下，不断优化干部队伍的年龄结构。

"区管校聘"给区内广大教师的成长提供了"直通车"，不用受原岗位的限制。只要有想法，任何一名教师都可以自主报名，每一位有理想有抱负的教师都有均等的机会；民主测评保证了竞聘的公开、公正、公平；双向选择，教师靠实力说话，充分体现了"能者上、劣者汰"的生存法则。只要足够优秀,任何一名教师都能够在竞聘中崭露头角。

典型人物一:梅里中学青年教师华荟就是通过“区管校聘”这一途径走上人事秘书岗位的。在岗期间,他的人事工作细致入微,文件起草严谨规范,受到一致好评。2020 年,梅里教育集团成立,他被选任为集团校办公室副主任。一年多的锻炼让他迅速成长,2021 年 8 月,他被提拔为后宅中学副校长。“区管校聘”破除了唯资历、等空位的老一套选拔干部流程,中层岗位能者居之,为学校积蓄了可持续发展的力量。

典型人物二:梅村实验小学原年级组长盛晓敏也是通过“区管校聘”走上更高平台的。梅村实验小学是一所百年名校,非常注重对青年教师的培养,一直鼓励青年教师志存高远。2019 年,在学校的支持下,盛晓敏参照区内其他学校的聘用条件,积极参加竞聘,最终被泰山路实小聘为德育处主任。几年来,她不仅把泰山路实小的德育工作做得风生水起,自身也得到了进一步提升,获评新吴区德育带头人,还获得了“无锡市优秀教育工作者”“新吴区优秀共产党员”等荣誉称号。“区管校聘”打破了校际的围墙,让优秀教师在更大的空间内流动起来,涌现出一大批有激情、有干劲、想干事、能干事的教师。

典型人物三:青年教师鲁晓丹也享受到了新吴区“区管校聘”政策的红利。2019 年 8 月,她通过“区管校聘”,从一名普通班主任走上了南星小学德育处副主任的岗位。在工作中,她干劲足、创意丰,将相关工作开展得有声有色,并于 2021 年 8 月,升任无锡市新安实验小学副校长,成为新吴区第一位“90 后”副校长。“区管校聘”聘的是“贤”与“能”,更是“德”与“才”,它成功地激发了全区青年教师的活力,新提拔任用的校级领导干部的平均年龄不断下降,逐步实现干部年轻化。

通过“区管校聘”,新吴区进一步优化了教师的区域布局、年龄结构,精准发力,成效明显。改变了一所学校一个团体闭塞发展的局面,下好全区教育优质均衡发展一盘棋,形成良性竞争机制。随着优质师资的流动，校园也焕发出更加蓬勃的生机。

二、激发干事创业“一股劲”：岗位设置统筹协调

不仅教师的聘任、交流做到了区级统筹，新吴区教师的职称评定和岗位设置等工作也实现了全区统一管理。

长期以来，职称评定备受中小学教师的关注。职称的高低不仅关乎教师的个人收入，更是对教师专业能力的认定。但是，受到职级岗位比例规定的影响，学校的岗位设置往往跟不上教师队伍的发展，在一些综合实力比较强的学校，由于岗位限制，更容易出现优秀教师参评难的现象。实施“区管校聘”制度之后，教师的流动性增加；随着“飞凤人才计划”的发布，外来优秀教育人才纷纷加盟新吴教育——这些情况都对学校的岗位设置提出了更高的要求，需要岗位设置更加开放灵活，不断适应师资结构的变化。因此，要充分激发教师的创业热情，就必须进一步改革职称评聘制度，让“有为者”真正“有位”。

新吴区敢为人先，先后研究出台了《关于推行新吴区中小学职称制度改革实施办法》《新吴区教育人才“3551 计划”实施办法》等。改革职称评定导向，突出以师德为先，实行“一票否决制”；突出能力业绩，建立教学业绩积分制评价机制；改革评价机制标准，建立以同行专家评审为基础的业内评价机制，同时引入社会评价机制。这份《职称制度改革实施办法》中最有亮点的一项改革是：实行统筹申报，鼓励特别优秀的教师在不突破岗位设置 10％数量的基础上破格申报，充分彰显师德为先、注重能绩、多元评价和向一线教师、乡村教师倾斜的评审导向，建立健全有利于优秀青年教师脱颖而出的职称评定机制，不拘一格选拔人才。

人物故事一：茆康是 2022 年从外市引进的骨干教师，有较为丰富的数学教学经验，任教学科成绩优秀，多篇论文在省、市级发表或获

奖，曾获当地“教学能手、教学名师”等称号。在经过多轮考核之后，茆康成功被无锡市新吴实验小学聘任为数学教师。该校是新建学校，岗位数量有限，专技七级已无空岗。当学校将这一情况反馈至区教育局后，人事处立即启动统筹协调机制，从区内学校岗位设置总额中调剂指标。茆康在落实了岗位聘任的大事之后深深感慨：“真的没想到，我的岗位问题能够在这么短的时间内解决，新吴教育工作高效、手段灵活，不仅有方法，而且有情怀。我虽然是刚入岗的外地教师，却能够迅速找到归属感与安全感。”到新吴任教后，他热爱教育事业，勇挑重担，担任六年级两个班的数学教学任务，同时担任年级组长、班主任，勤恳敬业，努力让每一个学生都有所收获。作为骨干教师，他不断学习、研究教育教学方法，引领青年教师，以高尚的师德去影响感染身边每一位同仁。

人物故事二：春城实验小学的优秀青年教师周玲妹获得过无锡市语文教师基本功大赛一等奖，在《江苏教育研究》《小学语文教师》等刊物上发表了10余篇教育教学论文，业务水平在校内外都有很高的知名度。然而，2020年，她的职称评定却遭遇阻碍。春城实验小学建校时间不长，在岗位设置中高级教师比例低，且已满员，她即便非常优秀也难以向更高一级职称进阶。在经过严格考核后，由于表现出色，她获得区级统筹名额，轻松将高级职称拿下，为自己的职业发展树起了又一块闪亮的里程碑，她的工作积极性得到进一步激发。

这样的故事数不胜数。6年来，全区多位教师在这种灵活推进、区域统筹的职称评定工作机制的助攻下，成功解决了职称评聘难题。有了区域统筹作为保障，新吴区的教师职称评聘标准和过程变得更加科学与公平，有效根除了论资排辈的顽疾，教师们不再因为指标和名额的限制而沮丧，优秀的、努力的教师可以凭实力晋级，在更高的岗位上尽情展现自己的风采。新吴教育也因为有这样“一股劲”而更加充满活力！

三、用好绩效考核“一把尺”：合理定标统筹分配

科学合理的绩效考评标准能够为学校争先创优指明正确方向，也能够赋予教师创业的巨大动力。2016 年 7 月，新吴区实现了全部初中校的区级直属管理，事业经费由区财政统一拨付。从 2019 年 1 月起，全区 13 所街管小学也全面纳入区级统一管理。自此，新吴区全面落实义务教育地方政府“以区为主”的管理体制，全区中小学全面实现人、财、物区级直属管理，为全区绩效考核的统筹分配奠定了基础。

为解决“干与不干一个样、干多干少一个样、干好干坏一个样”的“大锅饭”问题，新吴区要求各校不断优化“内管改”方案，将各类考核结果与绩效奖励挂钩，改革绩效收入的分配办法。引导中小学（幼儿园）完善教职工考核评价机制，注重对平时的考核，让考核有据可依，加大工作量和实际业绩考核的权重，倡导多劳多得、优绩优酬，让考核更具指向性。通过考核，鼓励校级领导、中层干部、一线教师主动作为，鼓励骨干教师在教育教学一线勇挑重担，充分发挥引领作用。对于超工作量、教学实绩突出、作出巨大贡献的教师，加大发放奖励性绩效工资的额度，不断调动广大教职工的积极性、创造性。

除了优化校内分配，新吴区还主动作为、统筹协调，对照新吴教育改革发展的任务要求，合理设置学校绩效考核标准，突出政治考核、作风考核、实绩考核，考核过程细致完善，合理拉开校际差距，各校的绩效奖励总体呈现梯队化、差异化的动态变化，极大促进了各校对区级教改目标的分解与落实，鼓励校际良性竞争。加大对校级领导的考核，将校级领导的任期目标考核、年度绩效考核、平时考核、干部考察、巡察监督等工作有机结合，引导校级领导更全情地投入到区域发展的大格局中去。为有效促进教育公平，推动教育优质均衡发展，教育局加大对教师绩效性收入的统筹力度，分配时向特殊教育、生师比紧张、

年度办学绩效考核优秀等学校倾斜，让分配更科学合理，也更有温度与情怀。

温度与情怀还体现在对支教教师和挂职干部的关心上。除了在工作安排上给予更多支持和保障之外，在政策、待遇、绩效等方面也向这类教师倾斜，加大关心力度。

新吴区牢牢牵住绩效考核这个“牛鼻子”，用考核推动教育公平、激发教师的工作热情，基于考评体系搭建动力系统，让新吴教育焕发更蓬勃的生机。

吴风千里，新韵绵长。在“新吴教师誓言”的引领下，全区教师斗志昂扬，奋发向上。通过优化培训模式，引育双线并行，加快对名师的培养，促进教师良性流动，新吴区教师队伍的结构得到优化，广大教师的活力被进一步激发，潜能得到释放，为新吴教育的高质量发展打下了良好的基础。

策略六
深化现代课程教学改革

省级教育行政部门切实落实课程建设与管理主体责任，明确地方和学校职责。依据国家课程方案，分别对义务教育国家、地方、校本课程实施和普通高中必修、选择性必修、选修课程实施进行整体规划，注重赋予地方和学校课程实施自主权。

——2023年5月教育部办公厅印发《基础教育课程教学改革深化行动方案》

自2016年《中国学生发展核心素养》颁布以来，新吴区围绕如何指导学校将国家课程与地方课程、校本课程相融合，如何推动学校开发与实施高品质课程进行了深入的思考。在新时代教育发展要求指引下，新吴区提出以人为本的“至德”育人主张，彰显课程育人价值，并确立培育有理想、有本领、有担当的时代新人[1]这一育人目标，提出建构“至新”课程体系，推动学校课程的顶层设计与架构。

国家课程是课程教学的核心。2021年，新吴区又以江苏省基础教育前瞻性教学改革重大实验项目“区域课程教学变革的新吴实践”[2]为抓手，以课堂教学变革推动课程教学改革。为了推动区域变革，新吴区每年举办辐射全区域全集团的学术月专题研讨和涵盖全学校、全学科、全学段的课堂教学全域展评，通过搭建高水平、高效率的研讨平台、展示舞台，推动新吴课程改革和课堂变革落地生根。

2023年8月，新吴区出台了《新吴区义务教育课程教学改革深化行动计划》，将有效转化国家课程方案作为重点工作，围绕立德树人根本任务，在高质量实施国家基础课程的基础上，提出了高品质研发集群共享课程、高品位建设校本特色课程，把国家

[1] 中华人民共和国教育部. 义务教育课程方案(2022年版)[M]. 北京:北京师范大学出版社,2022.

[2] 张英. 学科育人视角下的区域教学变革[J]. 中小学管理 2024(2).

统一制定的育人蓝图细化为区域和学校育人的“施工图”。至此，新吴区围绕基础教育课程教学改革目标，立足于区域文化特色和办学实际，以课程文化建设为抓手，初步形成了与学生发展核心素养相融合的、具有自身特色的课程文化价值取向，在教育教学实践中丰富了人才培养方式，构建了有利于学生终身发展的课程体系。

区域引领，树好课改风向标

教育部办公厅2023年印发的《基础教育课程教学改革深化行动方案》要求："在课程实施过程中，切实加强国家课程方案向地方、学校课程实施规划的转化工作。"新吴教育一直在思考，在课程的有效转化过程中，区域应该有何为，有何不为。课程作为一个学校教育教学质量的核心要素，一定要有足够的实施权限与空间。但是，从区域层面来讲，为确保方案的高效实施，需要从教育理念、课程改革方向等方面进行顶层设计。在践行以人为本的"至德"育人主张的基础上，新吴区提出了"至新"课程体系（见图3）建设，并出台《关于新吴区推进"至新"课程建设的指导意见》，对学校予以具体指导。

"至新"强调"育人至新，新益求新；各美其美，美美与共"，是在汲取"至德"文化内涵的基础上，鼓励教师开拓创新。以"全人教育"为出发点，充分挖掘文化资源，利用地域优势，兼顾学校现状，围绕有理想、有本领、有担当的"三有"新人培育目标，从学生道德、品格和关键能力三个维度，抓住"德、诚、美、和、慧、情、远"核心要素，以加强"国家课程校本化实施、校本课程特色化建设和学校课程体系化构建"为策略，设计了多领域、多层级的"七至"课程体系，并与集群课程整合，形成"1+X"优质课程：1为国家课程，X为特色课程，促进区域课程改革"抱团前行"。根据这一体系，绘制了全区"至新"课程图谱，从区域层面给学校课程建设工作以指导，使课程建设更具系统性和规范化，推动学校优质课程的展示、联动、共享和提升。

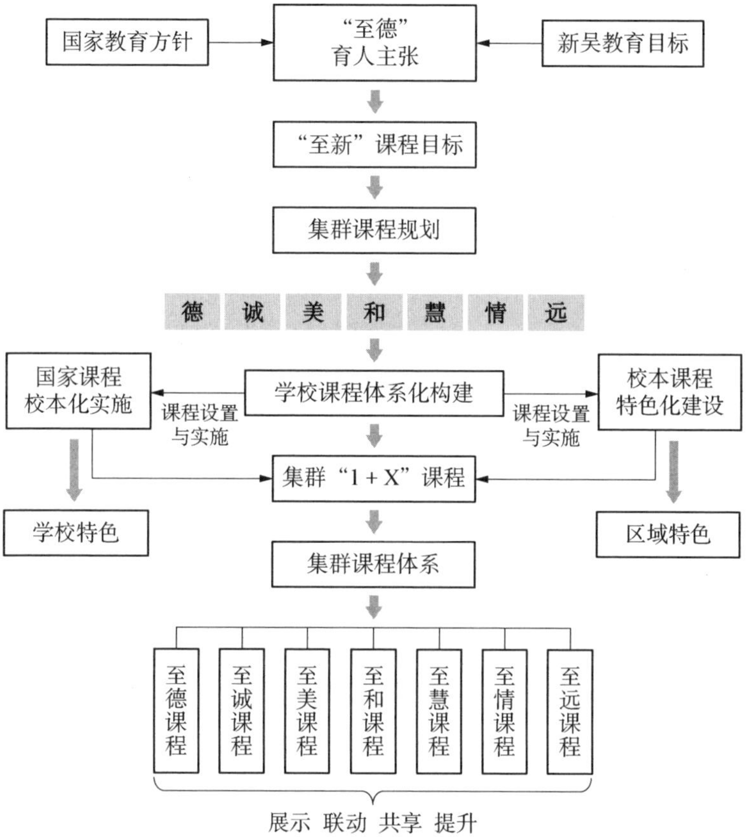

图3　新吴区"至新"课程体系

除此之外，全区围绕五育并举的育人目标，为学校课程实施提供了丰富的课程资源，有效推动学生"德智体美劳"全面发展。德育课程重视文化内蕴，新吴区利用怀海义庄、吴文化博物馆、伯渎河、京杭大运河等文化资源，建成学生研学基地，在感知式涵养、沉浸式触发和具身式锤炼的德育浸润中实现立德树人根本任务。

科学课程应重视创新能力的培养。作为高新技术产业开发区，新吴区拥有众多物联网高科技企业，区委区政府充分利用市区高校、科研院所、高新技术企业、博物馆、科技馆等校外资源，职业院校的实验室、车间、实训室和中小学职业教育体验中心，为学生提供适合深度参与和实践探索的工程教育体验学习空间，让每所学校挂牌一个校外工程教育实践基地。强调开设适合做中学、创中学、玩中学、用中学的科学实践课程，实现学以致用，提高学生解决问题的能力，培养创新思维。

体育课程应重视强健体魄。研制区本读物《体育天天练运动手册》，科学评估各学段学生的运动量和运动水平，由易到难，由简到繁设计适合不同学段学生的体育运动项目，并设计评价量表，确保学生在居家期间也可达到相关运动量，该课程被其他区域大量推广。

艺术课程应重视审美创造。成立青少年活动中心。一方面依托校园文化艺术节，组织开展声乐、器乐、舞蹈、戏剧、朗诵、绘画、书法、篆刻、摄影等艺术展演活动，全方位、多层次地培养学生的审美情趣；另一方面与民间艺术大师、街道文化园、江南大学江南民族音乐研究院等深入合作，开设二胡课程、民乐课程、戏曲课程、书法课程、扎染课程等传统艺术传承课程，以社团的形式鼓励学生参与其中，培养学生的审美意识和艺术素养，鼓励他们传承民族艺术，弘扬传统文化。

劳动课程应重视实践体验。设立安利（中国）植物研发中心、“田间课堂”等研学基地，为学生探寻农耕文化，体验科技与农业之美提供课程资源，多方位开设劳动体验课程，帮助学生树立正确的劳动观，增强对劳动价值的认同。

课程共建，用好集群指挥棒

如何推动全区所有中小学校的高品质课程建设，实现真正意义上的教育优质均衡发展？2020年，新吴区将集群化办学作为促进新吴高质量课程建设的重要载体。全区组建13个中小学教育集群，其中合作办学的基地校4个、以强带弱的集团校4个、特色共建的联盟校5个。在各集群形成各自办学特色，确定各自发展愿景的基础上，全区逐渐形成了"至新"课程体系建构下的"至德、至诚、至美、至和、至慧、至情、至远"七大课程群，并自觉地在优质、多元等方面着力，全方位彰显新吴教育高品质的内涵和质量。

一、源于合作办学的基地课程

新吴实验小学是2019年9月开办的新学校，与锡师附小合作办学。新吴实验小学依托锡师附小的"乐学"课程体系，开展"乐学课程共建"，打造具有本校特色的"快乐童年"课程体系（见图4）。

新吴实验小学将"培养完整的儿童"作为课程育人目标，坚持德性引领、国际视野、跨界学习、活动生成四大原则，为每一个充满可能性的儿童提供发展的机会。以建设自上而下的国家课程、地方课程和自下而上的学生自主课程为主要途径，关注儿童的情感、兴趣和学习状

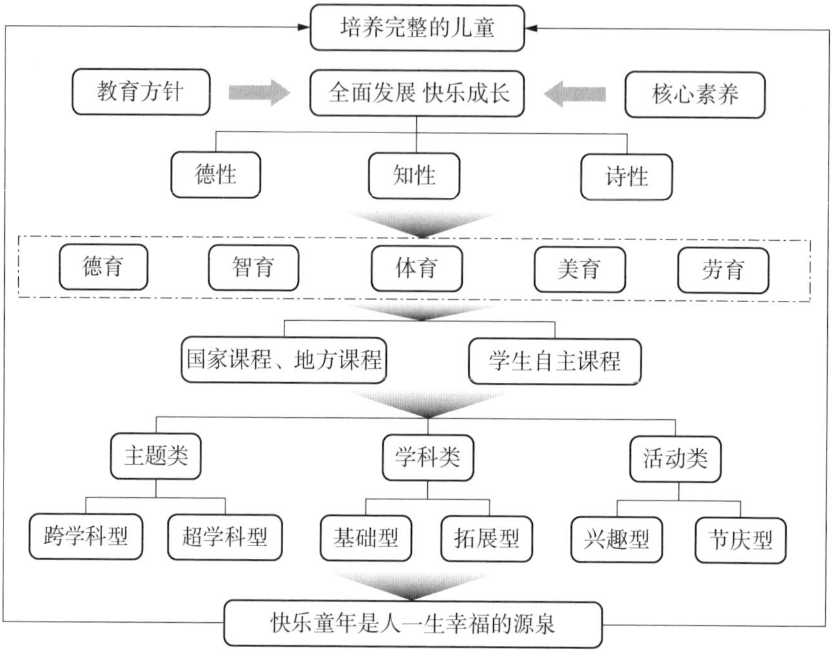

图 4　新吴实验小学“快乐童年”课程体系

态，关注儿童的生命成长和自主表达，对儿童进行德性、知性、诗性引领，形成三类六型课程实践形态，进而完成“快乐童年是人一生幸福的源泉”的学校文化使命。

两校课程共建主要包含以下三个方面：一是共建课程内容，双方合作开展各类研究，包括对基础型课程校本化实施的策略、拓展型课程跨学科模块的构建、探究型课程生本化组织等，共同开发优质课程，通过跟岗学习、教学研讨、活动反思等路径开展主题式学习、项目化学习、探究式学习、问题解决式学习等，创造性地进行移植、嫁接，创生新的学校特色课程，丰富学校现有课程体系，完善学校课程体系。二是共研课程实施策略，新吴实验小学借鉴锡师附小已有的优质课程实施经验，通过课堂教学研讨、学科课程培训、课程开放日活动、跟岗研修等方式开展课程实施研究，以研促教，打造优质课程品牌。此外，组建多层、多元、多维的专业学习共同体，围绕课程建设、课堂教学、学生管理等要素，在主题研讨、互动交流、深度会谈、头脑风暴与实践反思中实现智慧共享，推动教师队伍建设和课程建设。三是共商课程评价标准，双方围绕“以学习为中心”“以发展为要素”两个维度对课程设计和课程实施进行评价，共同商讨学校课程体系研发的评估标准，全面构建科学的学校课程评价体系。“快乐童年”课程体系的构建将五育并举、课程育人落到实处，帮助学生形成必备品格，提升各方面能力，助力每一个孩子拥有快乐的童年。

像新吴实验小学这样通过合作办学嫁接名校课程、共享乐学课程丰硕成果的做法，既缩短了学校开办初期课程建构的拓荒期，同时又对原生学校的优质课程进行了创新与完善，并通过校本化实施赋予课程新的生命活力。

二、基于资源共建的集团课程

集团校的课程建设，重点在国家课程的校本化实施。通过组建大教研组、大学科组，开展教学共研、教学督导等活动，提高国家课程的实施质量，从而达到固强补弱的集团化办学目标。

旺庄实验小学与高浪小学、新华实验学校成立旺庄实验小学教育集团。3 校共同秉承“诚智”办学传统、践行“幸福”教育理念，构建“诚智幸福”课程体系（见图 5），开设“诚智幸福”课程（见图 6）。以自然生命课程、社会生活课程、人文科学课程为基础，构建快乐而有意义的幸福课程体系。通过自然生命课程让儿童拥有阳光心态，学会健康生活，拥有健康的自然生命；通过社会生活课程，帮助儿童塑造良好品格，让他们懂得责任担当、合作分享，学会与他人、社会、环境和谐相处，拥有圆满的社会生命；通过人文科学课程，不断丰富儿童的人文底蕴，使其具备科学精神，让儿童学会与科学、文化共生共长，丰盈精神生命。三组课程彼此交叉融合，各有侧重，共同促进个体幸福能力的提升，为幸福人生奠基。

图 5 “诚智幸福”课程体系

图 6 “诚智幸福”课程

三、起于融通共享的联盟课程

联盟校作为教育集群中的成员单位，各校办学水平相近，各有特色。特色课程的共建共享是联盟学校课程建设的重点之一。例如，新吴区“新星”教育联盟校建构了“至美”课程体系，其中的润德课程群共享了成员校新安实验小学的节日文化特色课程，充分利用校园环境、节日文化等平台，培养有道德、有理想、有文化、有纪律的“至美”少年。启智课程群借助成员校新洲小学的课题、名师资源，转变课程、课堂实施方式，提高国家课程实施质量。尚美课程群共享成员校春星小学的书法特色课程和新安实验小学的版画特色课程资源，打造了版画、书法特色品牌课程。

校本实施，挖掘课程闪光点

一所学校的发展，课程是最核心的载体，课程的转化落地能力关乎学校综合育人的质量。国家课程作为义务教育课程体系的主要组成部分，在育人方面发挥着主导作用。地方课程和校本课程作为国家课程的重要拓展和有益补充，应立足学校和地区的资源优势，随着形势的变化不断更新和完善课程内容，满足学生多样化需求。然而很多学校校本课程的开发和实施只是处于“有什么就提供什么”的状态，呈现出碎片化构建的状况，课程开发随意性、主观性比较大，缺乏系统规范的课程规划。《新吴区义务教育课程教学改革深化行动计划》提出全区各校要在开齐开足国家课程的基础上，研发高品位的校本课程，让校本课程体现学校独特的气质。

【案例】“幸福童年”课程——梦想从这里起飞

春城实验小学自创立之日起，便确立了“幸福童年、结伴成长”的办学理念，积极开展教育实践，开发、实施丰富多彩的“幸福童年”课程。基于学生“品格、能力和素养”的发展，春城实验小学确保国家课程的主体地位，同时提高校本课程的导向性与规范性，对学校开设的“幸福童年”课程进行梳理、总结，归纳出“一核六品、四驱六维”的“幸福童年”校本课程体系（见图 7）。

“一核”指“培育阳光健美的世界公民”这一核心育人目标。春城

图7　春城实验小学“幸福童年”校本课程体系

实验小学致力于培养具有中国心和世界眼光的“诚毅”儿童，希望学生既有聪慧的头脑又有高尚的品格，既有家国情怀又有国际视野，具有阳光、健美、乐学、毅行的现代品质。“六品”是指学生通过课程体验，逐步形成充满活力的体魄、体验幸福的能力、渴望进取的人格、懂得感恩的心态、日趋自信的品质、包容个性的胸怀，成长为有理想、有本领、有担当的时代新人。学校以“四轮驱动”，即 10 个 100 课程（国家课程拓展化模块）、春晓俱乐部课程（地方课程兴趣化模块）、幸福童年主题周实践课程（校本课程项目化模块）和幸福童年自助课程（校本课程选择化模块）为途径搭建课程体系。第一模块是根据学生的发展需要在国家课程中拓展“10 个 100”的内容，每学期按计划分类别设计并完成 8 至 9 个内容；第二模块为有一定特长的学生提供提升平台；在第三模块中，同一年级的学生围绕一个主题开展为期一周的活动，“我与非遗零距离”“职业体验·大梦想家”等系列活动赢得学生、家长和社会各界的广泛赞誉；第四模块以“跨龄走班制”的形式为每个学生提供拓展兴趣的课程，如童年游戏、美食烹饪等。课程维度包含“阅读与表达、艺术与审美、体育与健康、生活与德行、劳技与创造、思维与探究”六个方面，“幸福童年”课程是基于学生的直接经验、密切联系学生自身生活和社会生活、体现知识综合运用的实践性课程。

一路走来，春城实验小学被评为无锡市中小学课程基地和文化建设项目学校，以“幸福童年”课程实践研究为依托的系列特色课程获得国家、省、市级表彰，《中国教育报》《江苏教育》等多次推介该校的“幸福童年”课程建设成果。以春城实验小学为代表的区内学校，正是通过品牌特色课程的建设与落实，打造具有校本特色的学校品牌，提升了课程的影响力，并不断向区内外辐射，赢得一致好评。

【案例】“诗意”课程——让每一个孩子腹中有诗，心中有爱

走进南星小学，令人感受最深的是诗意课程的生命力与感染力。南星小学研发“诗意”课程，通过国家课程校本化、诗教课程特色化，将充满诗性、灵动和创造的精神渗透到学校发展、儿童成长的方方面面，让每一个学生通过品诗提升素养。南星小学的教师立足课堂，探索阅读欣赏课、感悟仿作课、采风创作课等不同类型的教学样式（见图8）。为了进一步激发学生的参与和探究意识，课题组还为学生提供了多种课程体验，主要包括主题活动课程、创意拓展课程、社会综合实践课程等。一方面，依托童诗文化节、读书节、科技节、戏剧节、体育节、艺术节等开展主题活动课程；另一方面，结合社会实践、生活体验等开展创意课程，如结合党建与品格提升工程，开发以“一首诗·一座城·一段红色记忆”为主题的12节红色党建课程等。

为进一步丰富诗教课程资源，课题组自主研发了校本读物《在诗中长大》，编选适合儿童阅读和背诵的童诗、吴地歌谣、古诗文，分低中

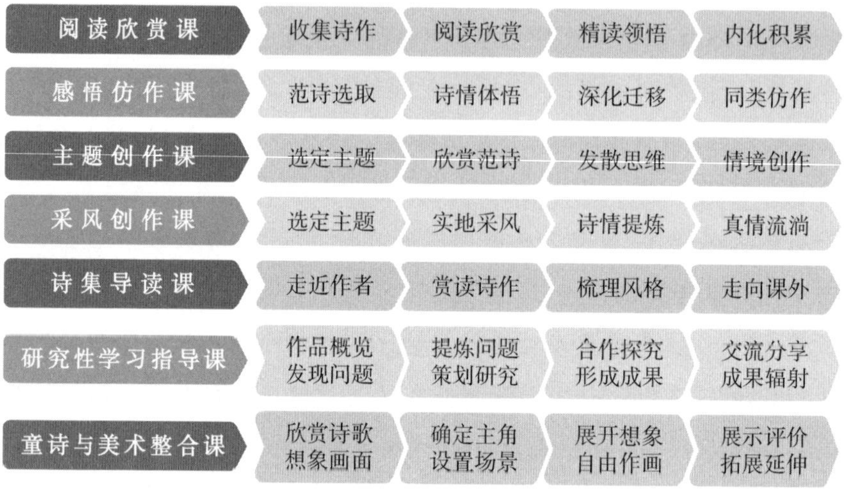

图 8　南星小学"诗意"课程体系

高三个学段，每学段设置 16—18 个单元。读本涵盖统编教材中的 130 首古诗文，落实统编教材对提高学生语文核心素养的要求；读本还融入吴地歌谣等元素，传承本土文化。其中的特色单元"小诗人展示"选录了学校小诗人的诗作，呈现"书在我手中，我在书里面"的榜样引领效果。课题组还正式出版诗画集《天空是个糖果屋》，汇编《诗苑·百期童诗报》，编印《小诗人文化册》，推出诗教文化片《诗遇》，在微信公众平台上开设"学期主题诗""每周一诗""邀你读诗"等专题板块。近 5 年来，南星小学学生发表或获奖的童诗作品有 800 余首，学生诗作多次登上"学习强国"平台。累计 148 人次获评全国、省、市各级小诗人称号。学校被评为江苏省诗歌教育示范学校、江苏省诗教先进单位、首届"中国诗教校园"等。特色课程的成熟与完善是对学校课程的深化与拓展，对学生的长远发展有不可估量的影响。

【案例】"田间课堂"课程——在耕读文化中体验劳动的意义

后宅中心小学所在地是吴文化的发源地，吴地先人"晴耕雨读、昼耕夜读"，此地的耕读文化有着悠久的历史。学校立足于此，携手从心农业科技有限公司和安利植物研究所，开辟了5亩水稻田、1亩果蔬地、2亩菊花田，用作学生的"责任田"，将"田间课堂"主题拓展课程搬到田间地头，引领学生投身种植，体验农耕，让每一位学生都有所收获和体悟。本课程的核心理念是"耕读"。围绕耕读文化，学校深挖其文化内涵，结合学生发展的实际需求，规划了"春耕、夏耘、秋收、冬藏"四维课程体系（见图9），其中融入了"躬耕敬业、善学敏思、勇毅担责、开拓奋进"的优秀品格，力争让每一位学生都能找到适宜自身发展的活动空间和成长平台。

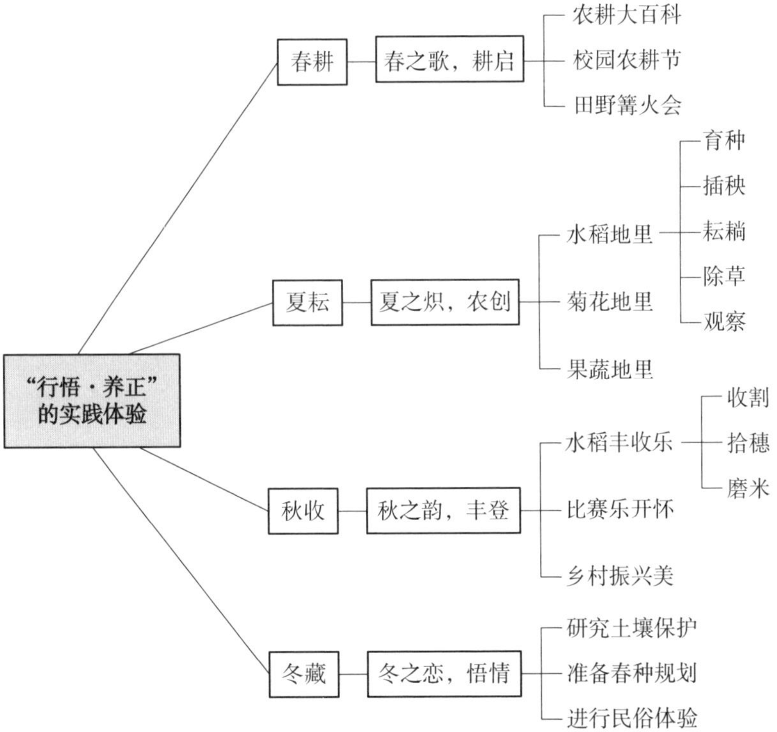

图9　后宅中心小学"田间课堂"四维课程体系

在“春耕”环节的“校园农耕节”活动中，学校精心设计，为每个班级开辟一小块农场，实行“班级责任承包制”，将农场分为粮食类作物区、菜蔬类作物区。在农耕节中，学生通过躬耕实践，既能体验劳作的辛苦与快乐，又能养成自立的品格。在“夏耘”环节中，学校组织学生观察水稻的生长细节，体验生命的孕育拔节。学生记录水稻生长的过程，描摹水稻抽穗的样态，拍摄自然和谐的画面，以此培养“慧学、善疑、思悟”的能力。在“秋收”环节的“比赛乐开怀”活动中，学生在收割过的田地中，用田间收获的物品，开展“百变大米”“疯狂稻草人”“南瓜雕刻”“果蔬服装秀”等创意活动，感受丰收的喜悦，以此培养创新创意能力。在“冬藏”环节的“准备春种规划”活动中，学校要求学生利用寒假规划春种事宜，了解春种的方法与技巧，知晓谷类植物的保温御寒、病虫防治等知识，为来年春天的播种做好充分的知识储备与技能准备。可以说，“田间课堂”主题拓展课程所设计的活动贯穿一年四季，在促进学生个性发展的同时，也让学生在人生四季中，寻找到适合自身长远发展的契机与舞台。

在区域特色课程育人活动中，各校围绕学生个性化的发展需要，构建起多元开放的课程体系，着力引领儿童体验一种完整的教育生活，充分体现了各校的办学理念，发挥了各自的人才培养优势。学校特色课程建设的探索之路，既引发了许多思索，又赋予未来更多的可能。课程的校本化实施与开发是一个动态的不断完善的过程，学校特色课程建设不但需要学校因地制宜，坚持校本特色，还要贯彻和坚持“学生本位”的理念，在操作层面努力实现因材施教。对学生的成长而言，课程是实现其个性发展的主要途径与载体。在新课程改革不断深化的背景下，每一所学校都应该具有主动的课程开发意识，并让每一位师生都积极参与其中，让课程建设成为促进师生成长的有效载体与平台，全面提升师生的综合素养。

新吴区对不同层级的课程赋予了不同的育人价值：国家基础课程，突出科学规范；区域创新课程，体现五育并举；集群共享课程，实现优才优培；学校特色课程，凸显个性发展。

课堂探索，下好教学一盘棋

课程改革要真正落地，离不开课堂教学变革。很多学校进行了积极探索，也涌现出一些课改名校。但正如在一次研讨会上江苏省教育厅原副厅长朱卫国所说：在区域层面推进课堂教学变革的经验还不多，希望新吴区能够在这方面有所作为。这既是对新吴教育的殷切期盼，更是新吴教育走向自觉变革的动力。

从"至德"育人主张的确立到"至新"课程体系的构建，新吴教育吹响了区域课堂教学探索的号角。

一、"三全两新·历学课堂"的探索历程

在教育世界里，学生始终是中心。新吴区在推进课程教学改革的浪潮中，以学生为中心的理念逐步得到确立，并成为全区教育人士的共识，指导着区域课堂教学变革。

课堂教学变革是课程改革的深水区，不可能一蹴而就。在经历过两新课堂——两新历学课堂——三全两新·历学课堂三次迭代升级后，新吴区在区域层面逐步构建了可供参考的实践范式。

（一）“两新课堂”：对核心素养发布的回应

2016年年末，趁着《中国学生发展核心素养》刚发布的热度，新吴区提出打造“两新课堂”的教学改革要求。“两新”指新素养、新课堂。这固然体现了新吴教育人对教育改革方向的敏感捕捉，但核心素养是一个普适性的要求，具体到每一门课程的学科素养究竟是什么，大家还是比较茫然，且就课堂来讲，新素养更多体现为一种教学目标的设定，它与当时主流的三维目标设计有何关联，也令人困惑。所谓新课堂则更难具体呈现，它或指基于新素养培育呈现的教学新样态，但一番弯弯绕之后，几乎又回到原点：这样的新课堂如何构建？也就是“两新课堂”的改革要求仍只是一种模糊的课堂愿景勾勒，并未形成具体的可操作范式。

（二）“两新历学课堂”：学历案的启示与借鉴

“两新课堂”的课改持续多年，新吴区每年组织课堂教学展示，一些学科也结合课堂教学阐释了对新素养的理解，但往往莫衷一是，各说各话，像雾像雨又像风，给大家的感觉，“两新课堂”似乎只是一个口号、一个什么都可以装的“筐”。

新吴区教育局组织教师赴上海考察，给大家打开了课改突破的一扇窗。崔允漷教授的学历案研究[1]在一些学校落地实施，形成了一些课堂改革经验，参观者感受到或许这是“两新课堂”落地的一条好的路径。

学历案是指教师在班级教学的背景下，为了便于儿童自主构建或社会构建经验和知识，围绕某一相对独立的学习单位，对学生学习过程进行专业化预设的方案。

单从表面上看，学历案似乎仅仅是文本撰写的改变，是对传统教

[1] 崔允漷.学历案：学生立场的教案变革[N].中国教育报，2016-6-9(6).

案的形式上的革新，但其实是教学设计理念的根本转变。学历案遵循儿童立场、儿童视角，关注儿童主动建构和学习过程的充分展开，即学历，是以学生为中心的本质体现。

（三）“三全两新·历学课堂”：教育的本质是育人

“两新历学课堂”探索确立了以培育素养为导向的设计，关注学生在真实情境中的深度学习，重视学生在学习过程中的认知、情感、思维、观念的发展变化与体验获得。

我思故我在。为什么要让学生经历学习过程？在研讨中，一些专家、教师的诘问让大家再次明确了一切教学变革的初心和宗旨就是育人，别无其他。正如华东师范大学第二附属中学校长周彬所说：“教育的本质是育人，而不是教书！”他认为如果我们不走进学生的内心世界，我们不与学生的灵魂面对面，我们就无法给予学生最真实的教育。背离了学生，背离了学生的心灵，背离了属于学生的世界，我们给予学生的教育世界，就只是一个没有生机与活力的知识世界，就只是一个充满表演与作秀的世界。“育人”就是要育适应时代社会发展要求、适应未来生活的“美好之人”。

受到国家宏观层面“三全育人”要求的启发，新吴教育人从课堂教学视角做了微观解读，提出“三全”特指课堂教学的全域、全程、全人。“全域”即知识来源于一切场域，“全程”即学生经历学习的全过程，“全人”即课堂促进全体学生的全面发展。在这里，“全域”指向学习内容，“全程”指向学习过程和学习方法，“全人”指向学习结果。“三全”理念追求的是素养导向下的“教学评”一致性，它彰显了教学的育人价值，即让知识回归生活，让学习强化生成，让生命得以涵育。

至此，结合此前“两新历学课堂”探索，从更加凸显育人价值的视角出发，新吴教育人进一步进行了“三全两新·历学课堂”的实践探索。

二、“三全两新·历学课堂”的变革图景

“三全两新·历学课堂”变革的主张是什么？形式是什么样的？教师该如何去实施？对这些问题的回答将直接决定教学变革是否会在新吴的课堂中真实发生并产生积极影响。

（一）“三全两新·历学课堂”的教学主张

成尚荣认为，教学主张是教师“对教育教学深刻思考后所形成的一种见解、一种思想，不仅表达了对事业、对学生热爱的情感上的自愿，也表达了理智上的自觉”[1]。凌宗伟认为，“教学主张强调教学立场，强调教师在教学中所秉持的理念和原则，它体现了教师对于教学目标、学习需求、知识传授和能力培养等方面的基本观点”[2]。

综上，学科教学主张是指教师对自身所从事的某一学科的“坚定”的见解和独特的认识、观点、看法，以及所秉持的价值追求、态度、坚守的教学原则等，它从思想、情感、内容等多个维度反映了执教者对该学科的教学理念和育人方式，是一种对学科教学的独特理解和个性化表达，能够为教学实践提供指导和支持。学科区域教学主张是在区域层面，对区域性的教学实践进行系统、深入、清晰思考后的结晶，是在区域内全体学科教师所组成的教学共同体中生发并凝聚高度共识的个性化、学科化、区域化、统领性的观念，对该学科在区域的教学具有理念引领和实践指导意义。

新吴教育人在探索“三全两新·历学课堂”的实践中，依据教育部

---

[1] 成尚荣.名师应当是思想者——谈教学主张与名师成长[J].人民教育，2009(01):43-46.

[2] 凌宗伟.仰思俯读:思什么，读什么？[N].中国教育报，2023-9-6(9).

印发的《义务教育课程方案和课程标准(2022 年版)》中所提出的各学科核心素养和“三全两新 · 历学课堂”的内涵,结合各学科的特点,从全域、全程、全人三个维度和新课标、新教学两个层面,以及“经历真实学习的课堂”历学表现,提炼出各学科的教学主张,并构建了各自不同的“历学课堂”教学范式。这些不同学科的基本范式,较为稳定且具有可操作性,可以为教学实践提供指导和支持,方便一线教师融入和参与,为区域教育改革和创新提供有益参考的同时,也为区域课堂教学变革经验的推广提供了有利条件。

新吴区学科教学主张(见图 10)基于学科标准,强调素养导向,注重人文关怀,强化主题统领,凸显价值导引,张扬生命成长,关注自然与环境,凸显审美与创造,重视能力发展,突出大概念教学,凸显知识活化,丰富实践体验,关注学生身心发展,凸显灵魂塑造。

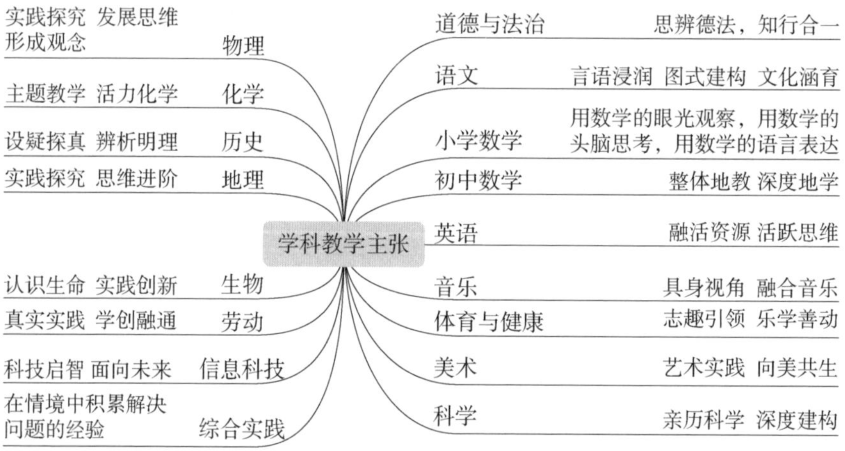

图 10 新吴区学科教学主张范式图

新吴区中小学语文学科提出了“浸润语文”的学科教学主张。课堂教学以主题为统领,创设任务情境,引导学生在情境中,通过沉浸式、参与式、体验式、经历式学习,建构语文的认知图式,从而形成言语经验,发展高阶思维,培养审美创新能力,进而涵养濡染文化。浸润语文，强调语文学习内容的情境性、语文学习方式的具身性和语文核心素养发展的无痕性。

初中数学以省教研课题“基于数学核心素养的初中教材‘点·线·面’解读研究”为载体，在研究实践的过程中提出了“整体地教，深度地学”这一教学主张。基于数学课程标准要求，整体地教是从教师教的维度出发，聚焦于单元视角、过程视角、关联视角、结构视角，在知识内在的逻辑性，在方法前后的贯通性，在素养进阶的一致性方面，体现课程内容结构化；深度地学是从学生学的维度出发，宏观上明方向，中观上悟方法，微观上学知识，分知识、方法、方向三个目标层级进阶学习，体现以培育素养为导向的课程目标；整体地教，深度地学，最终促进学生思维发展和核心素养目标的完成。相关研究“初中数学教材解读：路径设计与师生学科素养发展”获江苏省 2021 年教学成果奖（基础教育类）二等奖。

总的来说，新吴区的“三全两新·历学课堂”学科教学主张以新课标为引领，以学生的核心素养培育为导向，注重课堂教学的实践性和结构性，通过创设真实情境和设置驱动性任务，引导学生经历知识的发生和发展过程，从被动接受知识转变为主动建构认识，强调对学科知识的深度理解和概念重构，旨在实现从知识课堂向素养课堂的转变，以适应新时代对教育教学的要求，促进学生核心素养的发展。

（二）“三全两新·历学课堂”的结构范式

一般而言，课堂教学的结构范式是指在教学过程中，教师按照一定的逻辑和顺序组织和安排教学内容，采取有针对性的教学方法，形成一种相对固定的教学模式。根据不同学科的特点和教学要求，常见的课堂教学结构范式包括以下几种：直线式、板块式、主题式和互动式。课堂教学结构范式的清晰构建，可以让教师在组织教学时有一个可参考的基本模型，便于他们搭建课堂框架，把握教学走向和脉络，做出科学的教学评价。

新吴教育人从“三全两新·历学课堂”的内涵出发，提出了“三模块四要素”的结构范式。“三模块”是指从知识、能力和情感三个维度为学生提供全面的学习内容。知识模块注重对基础知识的传授，帮助学生打下扎实的基础；能力模块则强调培养学生实际操作和解决问题的能力，让他们在实践中学习；情感模块则关注对学生情感和价值观的培养，引导他们成为有情怀、有责任感的公民。“四要素”则贯穿于“历学”的全过程，力求体现崔允漷教授提出的“新教学”的四个典型特征：素养本位的单元设计、真实情境的深度学习、问题解决的进阶测评和混合学习的智能系统。即在单元学习目标的引领下创设知识嵌入的真实情境、设计指向概念理解的挑战性问题、设置目标达成的驱动型学习任务、进行问题解决的进阶测评，在整个学习过程中适时运用智能系统，增强学习的交互性、合作性与探究性，记录丰富的过程数据。[1]

这一范式突出“学为中心”，体现系统性，着眼于从多个方面进行整体建构。它强调教学的专业性、针对性、思想性、适用性和关联性，每一个环节都围绕学生的需求和学习过程进行设计，确保学生在整个学习过程中得到充分的关注和支持。

它不仅是对传统课堂的突破，更是对新吴教育未来课程教学发展的探索和尝试。

【案例】“一草一木总关情”单元主题分析和设计

在一次集体教研活动中，一位教师这样分析、设计小学语文五年级上册第一单元的课堂教学。她指出，这一单元的主题是“一草一木总关情”，语文要素是“初步了解课文借助具体事物抒发感情的方法”

[1] 崔允漷.新时代　新课程　新教学[J].教育发展研究，2020，40(18)：3.

和“写一个事物，表达自己的情感”，本单元所选的《白鹭》《落花生》《桂花雨》《珍珠鸟》4篇选文，虽所写内容不同，视角不同，但皆运用了借物抒情的表达方法。由此提炼出本单元的大概念即“情以物迁，辞以情发”，并确立单元学习目标：知道什么是借物抒情，事物如何通过不同的方式与作者建立联结，寄托不同的情感；理解如何选择事物或与之关联的故事更形象生动地表达、抒发情感；能够读懂并说出课文中作者寄托在具体事物上的情感，并运用借物抒情的方法完成习作。围绕单元目标，在课堂上创设“创办童年博物馆，展览心爱之物”这一情境任务（见图11），通过“挑选心爱之物”“探寻借物抒情的表达秘密”“童年博物馆开馆展览”三个学习任务达成学习目标，并利用根据目标设计的学习进阶测评表对学生的学习过程进行测评，让学习结果清晰明了。

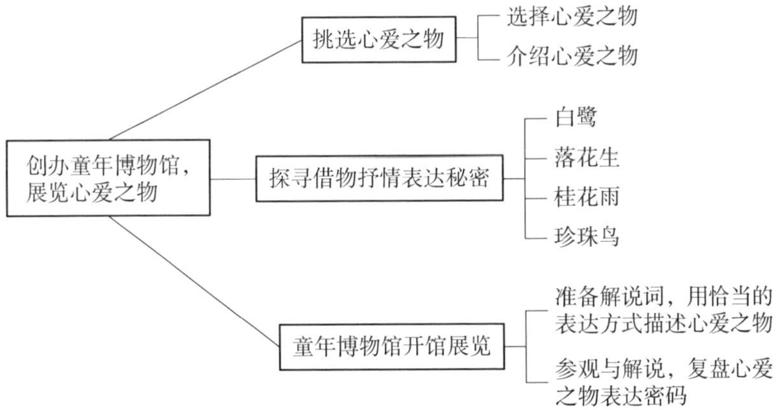

图11　“创办童年博物馆，展览心爱之物”情境任务

在这一案例中，教师依据素养目标、教材内容、学生情况，确定单元目标；按照“知识（事实）—理解（概念）—学会（技能）”的“三维结构”重组教学内容，以学为中心，让学生实实在在地经历学习过程，通过设计学习进阶测评体系来记录教学过程。这样的教学方式便于学生掌握核心知识、理解学习，并形成自发的内在学习动机、积极的态度和正确的价值观,基本体现了“三全两新·历学课堂”“三模块四要素”的范式要求。

新吴区每一门学科都以“三模块四要素”为内核,结合本学科的学科主张,提出每一门学科独有的基本结构范式。这些范式既体现个性,也体现共性,具体体现为:在课堂教学目标上,以培育素养为导向,体现全面性;在课堂教学内容上,以单元为主题,体现结构性;在课堂教学方法上,以情境为表征,体现任务性;在课堂教学过程中,以问题为驱动,体现探究性;在课堂教学评价上,以思维为核心,体现进阶性,实现从知识课堂向素养课堂的转变。

三、“三全两新·历学课堂”的样本呈现

在确立了以学为中心的理念,提出了学科的教学主张,构建了课堂教学的基本范式的基础上,新吴区各学校的每一门学科都致力于“三全两新·历学课堂”的实践探索,想让“想得到的美丽”转化成“看得见的风景”和“走得到的景点”。

在这一目标的实现过程中,新吴教育人从学习者的视角出发,重构教与学的关系,提出在“三全两新·历学课堂”的实施过程中,要以“历学单”为推进学习的抓手,设计以学为中心的课堂教学演进路径,有层次地展开一课三学,即课前导学、课中研学、课后拓学。在这一过程中,“历学单”或以问题导引,或以任务驱动,贯穿整个学程。学生借助“历学单”在课堂上大胆尝试、纠错、感悟、表现,以丰富多样的学习方式主动参与课堂学习,课堂教学从单向传输向多元互动转变,从知识学习转变为素养培育。

在以“历学单”为抓手,推动以素养为导向,体现学科主张引领下的三模块四要素教学变革方面,新吴区小学数学学科的探索具有一定的示范性。

【案例】新吴区小学“发现数学”的教学探索

新吴区小学数学学科在“发现数学”的学科教学主张引领下，构建了“学为中心·一课三学”的课堂样态，创新提炼出“发现数学”课堂教学新范式。

教学的本质在于发现，课堂教学过程是引导学生经历真实学习的过程。《义务教育数学课程标准(2022年版)》指出，数学学习过程，是让学生经历“再发现”的过程。“发现数学”给孩子一双会发现的眼睛，鼓励他们用数学眼光看待世界，用数学思维理解世界，用数学语言描述世界。

“发现数学”课堂教学范式传承我国传统教育思想，借鉴当代先进的教学方式，以新课标理念为指导，从教学理念到教学目标、方法、过程、评价，进行整体系统化的变革，分为创设发现情境、引导发现路径、迁移发现能力三大步骤，设计课前导学、课中研学、课后拓学三个学习模块，具体体现为创设情境，提出问题—小组合作，自主探究—互动生成，质疑评价—总结提升，应用拓展四个基本环节，让学生经历知识产生发展的过程。通过教与学的互动，将知识的发生、问题的发现、思维的发展三者自然衔接，形成一个完整而真实的学习过程，实现从知识课堂向素养课堂的转变。

具体来说，“发现数学”课堂教学范式着眼于学生的最近发展区，在授课前预置研学单，将学生的已有经验作为起点，并在此基础上，设置真实的问题情境转化数学问题。同时，通过“研学单”在课前紧扣教学的最佳关键期，以旧引新，为学生的新知学习架设知识之桥。以课中“历学单”为教学框架，从教学的核心问题入手来引导学生学习，由浅入深地引导学生全过程探究学习。在探究学习过程中，通过促进学生独立思考、合作交流等有效方式提高学生解决问题的能力，为学生提供自主解决问题的机会和自主发展的空间，让课堂成为学生的发现生成区。“拓学单”帮助学生消化和巩固所学知识，更注重训练学生用数学思维来解决问题，养成数学思维习惯，从而形成学生创新突破区。

在这一过程中，“发现数学”课堂教学范式引导学生从学习者转变为发现者，从知识接受者转变为问题解决者和主动建构者。不仅注重数学思维、问题意识、探究能力、科学态度、批判精神等学习能力的培养，更注重学生素养的培育，真正达到学科育人的目的。

新吴区小学“发现数学”课堂教学范式探索，较为充分地体现了区域教学变革从摸着石头过河到向课堂变革深水区纵深发展的历程。

有专家说：课改就是改课。千淘万漉虽辛苦，吹尽狂沙始到金！经历了一番波折，新吴课堂教学的变革之路芳华渐绽，芬芳扑面。经过短短两年时间，在区域性课堂教学变革浪潮的推动下，新吴区各校积极推进“三全两新·历学课堂”教学实践，探索指向素养发展的课堂教学新样态。在“学为中心”的历学课堂上，学生成为真正的主人，学习过程不再枯燥乏味、单调重复，而是生动有趣，不断进阶，学习方式不再是被动接受、埋头刷题，而是实践理解、参与体验。孩子们双眼充满好奇，双手操作实验，发言自信大方，思维中迸发出智慧的火花！孩子们学会了主动展示、自由交流、大胆质疑和创新。学习对于他们来说是一件快乐、有意思、有挑战的事情，他们将学习内化为自己的一种需求，体验着自主知识建构和能力生成的过程，产生强劲的学习动力。

课改就如同一个支点，借助它，新吴教育人不断推进区域课堂变革，区域内教育人的教育思想、教育理念、教育方式和教育行为都发生了深刻变革。教师们走出舒适区，不断更新育人理念，转变教学方式，从传统的知识传授者转变为学习的组织者与合作者，他们关注学程设计，以大问题、大任务引领学生开展探究式学习，以“一课三单”为框架，通过“课前导学、课中研学、课后拓学”三个关键环节，体现三模块四要素课堂教学基本结构范式，把“教案”变为“学案”，把“讲堂”变成“学堂”，组织促进学生思维进阶和学力发展的教学活动，着力培育学生的核心素养。

【案例】《树叶书签》教学

《树叶书签》是新吴区2022年全域展评中小学二年级的一堂劳动课。执教者凌老师在导入课题时，播放了一段视频，视频中一位已转学的小毛同学表达了对同伴和学校美丽秋色的怀念。小毛同学的话令孩子们激动不已，在老师的引导下，大家决定每人精心设计一枚用学校秋叶制作的树叶书签，作为礼物赠送给小毛同学。带着这样一份美好的同学情，孩子们开始了树叶书签的设计制作。通过观察，他们了解了书签的结构，在前期采集的树叶中挑选合适的作为基本材料，根据树叶的形状展开丰富想象，通过剪裁、添画、组合等方式，设计出有趣且有意义的树叶贴画。他们还学习如何使用镊子、棉签、打孔器等工具，通过贴、压、打孔等方法，完成树叶书签的制作，并题写祝福赠言。当孩子们全部做完后，教师又引导他们展示交流，对作品进行评价，并介绍自己作品的构思与寓意，升华了制作树叶书签的意义。

在这一案例中，学生在美好的情感感染下，以"制作树叶书签礼物赠同学"这一任务为驱动，经历了树叶搜集、整理与挑选，想象与设计，制作与表达等一系列过程，在真实情境中实践，"历学"的过程性得到了充分体现。其中，素养导向的设计、问题情境的创设、深度学习的体验、任务群组的组建、多元维度的评价等要素初步勾勒出了"三全两新·历学课堂"的基本样态。

课堂教学改革不是疾风骤雨式的，而是一场"静悄悄的革命"。新吴区的"三全两新·历学课堂"在探索过程中逐步确立了以学为中心的理念，重构了教与学的关系，改善、优化了课堂教学生态，让学生在体验中学习，在实践中运用，在迁移中创新，有效激励学生自主探究、自觉发展，使课堂成为生命成长的教育场域。

征途漫漫，惟有奋斗。新吴课堂变革取得了阶段性成果，但探索无止境，踏上新征程继续前行，永远是最有意义的事情。

平台搭建，打造教育强磁场

一、择高而立，学术月聚焦课改新样态

为什么要举办一年一度的学术月？学术月为什么以课改主题为引领？要回答好这些问题，就需要简单回顾 2015 年年底新吴区建区以来区域教育发展的主要历程：第一阶段，理顺了中小学的管理体制；第二阶段，创建了优质教育发展共同体，扩大了区域教育的朋友圈，与市区名校合作办学，高起点开办新学校；第三阶段，以集群化办学为路径来推进区域内学校的共建共享，加强学校内涵建设。至此，新吴教育优质均衡发展的外部框架基本建成，从行政层面推动教育高质量发展的格局也基本形成。站在“十四五”新的起点，区域教育高质量发展怎样打破藩篱，走向内核？怎样通过宏观层面的改革来推动学校中观层面、课堂微观层面的变革？怎样让每所学校真正行动起来？怎样让每位教师、每个课堂真正发生改变？于是，新吴教育发展进入了第四个阶段，申报并成功立项省前瞻性项目“区域课程教学变革的新吴实践”。此项目的申报旨在通过学校改课推动区域课改，进而推动区域教育的高质量发展。梳理新吴教育的发展线，不难发现，新时代新阶段课程教学变革已经成为区域教育高质量发展的必由之路，也是区域教育教学改革走向纵深、落到实处的必经之路。因此，新吴区心无旁

骛、责无旁贷地围绕课程教学改革，精心设计，大胆实践，推动教育高质量发展，而学术月就是从行政层面搭建的整体推动区域各级各类学校课程教学改革的一个重要平台。

基于这样的认识，新吴区以课改主题为引领，以培育学科素养为目标，以学科实践为抓手，通过一年一度的学术月来促进学校解决学科观念落后、教学方式老旧、评价方式单一的现实问题，通过厘清课程教学变革的发生机制，基于新的教学设计技术和评价手段，确立以培育素养为导向的新型课堂教学范式，设计并实施支持“新教学”的教学体系建设项目，促使具有“素养课堂”特质的新教学范式在全区中小学有效实施、发挥效能，实现区域学科教学的育人方式转型，进而促进区域教育高质量发展。

“学术月”这个词大多用于高校或者某些科研领域。新吴区开展的学术月活动取其“学术”二字的内涵，将学术月活动办成基础教育教学改革的研究盛会。学术月活动是区域教学改革的风向标，是区域教学改革的助推器，是区域教学改革的阅兵场。

新吴区以省前瞻性项目“区域课程教学变革的新吴实践”的40个子课题和子项目作为学术月展示、研讨、争鸣的重点，连续三届举办学术月，每届学术月都以集团现场展示为主要方式。首届学术月进行了区域内的集团特色课程展示，第二届学术月以省前瞻性项目“区域课程教学变革的新吴实践”作为无锡市的省“十四五”重点课题“学科育人视角下‘新教学’体系构建研究”子项目进行了市级层面的专题研讨，并邀请市区学校共同参加，形成研究合力。在第三届学术月，区域优质教育发展共同体开展了学术研讨，邀请全国知名专家学者、一线教育局长作主旨报告。专家学者围绕新方案新课标探讨改革路径，围绕学生心理健康、教师评价等基础教育热点问题展开研讨，区域幼儿园、中小学各教育集团进行项目交流、课程展示和课程教学实践型育人模式展示，产生了深远的影响。

“区域课程教学变革的新吴实践”研究的核心是课程教学变革，而促进课程教学变革的最佳方式是区域整体推进，期待呈现的成果主要包含两个方面：一方面是提炼区域推进课改策略、路径的理性认识和实践经验，这部分内容的实施主体是区教育行政部门和教研部门；另一方面是形成学科教学变革成果，这部分内容的实施主体是集团校和学科研训员。区域行政部门、教研部门、集团各校三方联动，在区域层面通过建立“素养课堂”理念体系、“素养课堂”教科研支持体系、“素养课堂”实施体系和命题评价支持体系来推动各校进行课程教学变革，集团学校在这四大体系的保障之下，以问题为导向进行课改实践研究。每一届学术月活动的顺利举办，既是对课改的积极推动，更是对课改的全面检阅，促使区域集团学校将学校内涵建设重心放在课改、教改上面。

新吴教育人将学术月当作推动基础教育教学改革的良好机遇，视为教师专业成长的重要平台以及教师教学思想交流碰撞的重要载体，教师全员参与，真正做到全学校、全学科、全学段、全覆盖，推动区域教育教学质量提升，促进区域教学改革。

学术月活动分为学前教育、小学、初中三个学段，围绕课程、教学、教研、教师发展四个方面进行全方位的集团现场展示，开展各项专题研讨活动。每一届学术月研讨活动有 50 名省内外课程教学专家、一线教育局局长全程参与，分享主旨报告，开展平行论坛、名校访谈、主题沙龙、课程观摩、现场点评，并出具诊断性评估报告。至第三届学术月，区域课改呈现出拼图化、结构化、项目化的特点。

学前专场呈现了多元的主题模块拼图。以自然教育理念下课程教学变革为主线，围绕“游戏革新”“资源优化”“课程审议”“素养提升”“多元评价”五大主题，以区域“1＋6＋N”项目共研项目园为承办单位，以游戏展示、教研互动、专家讲座等形式，交流分享彰显灵性与创造力的幼儿园自然游戏、指向儿童经验获得的环境与资源建设、支持儿童经验生长的途径与策略、高质量师幼互动策略的优化与实践，以及儿童学习的科学观察与有效支持。

中小学专场呈现了多彩的教学实践拼图和多样的项目研究拼图。以“三全两新·历学课堂”教学革新和课程教学实践型育人模式研创为主线，围绕课堂教学变革，探索新方案新课标引领下的新教学。梅里教育集团“循问共研，慧学提质”研究指向探索学科关键能力的课堂样态，旺庄实验教育集团的“经历发现”研究八大典型学科范式的体系，硕放、鸿山等6个教育集团进行了力美课堂、智慧课堂、小初衔接课堂、慧学课堂、事理教学、跨学科主题教学的教学研讨、课堂展示和专家点评，逐步提炼课堂教学样本，形成课堂教学范式。

三个学段紧紧锚定研究的共同点、关键处，往深处凿，向宽里行。幼儿园用课程，中小学用课堂、教研、课题来讲述集群课改的故事，阐述各自对教育高质量发展的理解，梳理研究思路，提出存在的困惑与不解，在与专家的对话互动中，打开思路，形成新的认识。

学术月在全区营造了浓厚的科研教研氛围，在成功举办第一届学术月的基础上，新吴区全面总结经验，吸取教训，探寻学术月活动的最佳展示方式与路径，鼓励集团学校走出办学的舒适区，走进教学变革的深水区。

第一，区域课改研究内容由最初的拼盘式转变为各有侧重的拼图式。在各校展示学校特色品牌课程的基础上，进行整体统筹和规划，围绕“素养”导向的课堂教学四要素有选择、有侧重地呈现各子课题、子项目的研究成效，通过板块实施、整体构建形成拼图式的“素养”课堂的新吴样态。

第二，集群课改呈现方式从最初的粗放式变为深入聚焦的钻井式。学术月以江苏省基础教育前瞻性教学改革重大项目为主线，以项目为抓手进行课程实施、课堂教学的深度研讨。在具体实施的过程中，围绕“素养”导向的课堂教学主题和课堂教学改革中的真实问题展开深度研究，不管是基于单元主题的教学设计，还是促进问题解决的进阶测评，都为一线教师提供了可以学习、借鉴的行动策略。

第三，教师的学术研究由最初的碎片化展示升级为结构化表达。学术月是集团教学成果展示的平台，也是促进教师进行教学思想碰撞的场域，它不是零敲碎打，不是一枝独秀，不是线性呈现，而是整体式、全员性、结构化的展示，学术月真正成为新吴课堂的研讨平台，教师专业成长的展示舞台和发展平台，是全区教师同学共研、同促共勉的群体性研究盛会，切实改变了教师的专业生活，优化了教师的教学行为，提升了教师的专业研究能力和教学实践能力，这是学术月的真正意义之所在。

二、实践前行，全域展评做出新示范

在举办全区学术月的基础上，新吴区立足课堂，要求全区"全学校、全学科、全学段"深度参与课堂教学变革，转变学科育人方式，提高学科育人水平，推动教育教学质量提升。为此，区委区政府加大经费投入，启动建设区教育大数据中心，并以此为发展新契机，植入教育改革新理念，让数字化赋能区域课程教学变革，拉开全区"课堂变革在新吴：中小学学科育人全域展评"活动的序幕。

2022 年 11 月 25 日，新吴区举办了首届"课堂变革在新吴：中小学学科育人全域展评"（见图 12）活动。在活动中，新吴教育人将目光聚焦于"课堂"根本，做到磨课、讲课、评课活动全区共享，搭建区级教研平台。集中安排两周时间，采取线下授课、线上观摩、专家点评等方式，组织全区中小学开展课堂展评活动，涉及义务教育全阶段以及全学科，做到了"全学校、全学科、全学段"参与。

2023 年 11 月 24 日，举办了第二届"课堂变革在新吴：中小学'三全两新·历学课堂'学科育人全域展评"活动，并提出了"三全两新·历学课堂"的教学主张。无锡市教育局副局长许敏在开幕式上指出：

此次全域展评要系统设计、有的放矢，把握教育发展的正确方向；要立足发展、脚踏实地，创新教育内涵发展路径；要综合施策、赋能提效，争作无锡教育发展先锋。此次全域展评，邀请省、市教研员走进课堂，各学科聚焦研究主题，教研员和教师进行课堂教学观摩与点评，线上观摩评课，线下研讨交流。聚焦课堂教学中是否以新课标为依据，创造性地对学习内容进行重组、整合；是否创设了与学生生活相关的学习情境；学生是否人人参与了学习，是否经历了真实的学习；课堂上是否有体现学生学习进阶的评价手段，是否能真实记录学生学习进阶的情况；是否形成了师生同生共长的课堂文化氛围。本次展评活动围绕“三全两新”教学理念，凸显了以培育学科素养为导向的课堂特质，进一步形成学科的基本样态，凸显鲜明的区域特色。

2022 年和 2023 年两届“课堂变革在新吴：中小学学科育人全域展评”活动的顺利举办，让课堂教学的变革真实发生，深化了广大教师对学科实践、学科育人的认识，生动书写了区域课改的多彩样貌。

全域展评已初步形成现象级教研活动品牌。在省基础教育前瞻性重大教学改革项目“区域课程教学变革的新吴实践”的引领下，新吴区已围绕各学科子课题顺利开展多次“全学校、全学科、全学段”深度

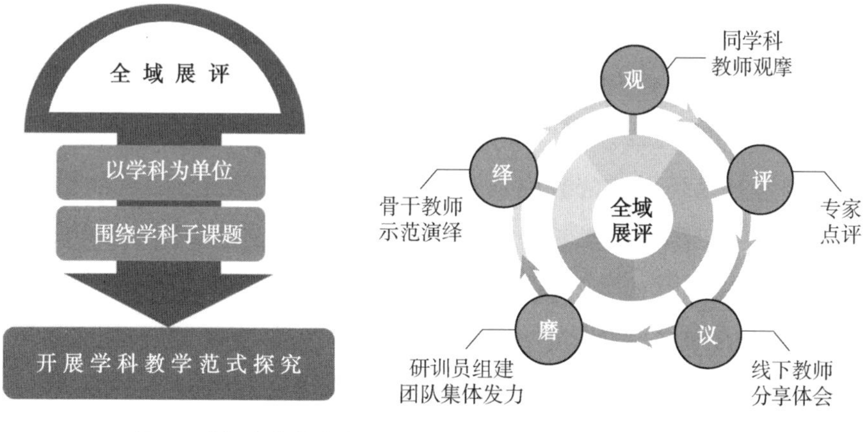

图 12 “课堂变革在新吴：中小学学科育人全域展评”示意图

参与的课堂教学，以促进教育教学方式的变革，促进未来育人方式的变革。未来，全域展评将成为连续性的经典性的教研活动品牌，并形成教学范式，辐射全区课堂。

全域展评体现了区域研训新格局。依托区大数据中心，线上线下联动，形成“磨—绎—观—评—议”一体化模式。

开展展评活动前期，以研训员为首席指导的教研团队集体发力，同研共探，执教教师上台展示，同学科教师观摩研讨，骨干名师进行专业点评，线下听课教师分享心得，形成了浓厚的区域研训的氛围，丰富了区域研训的形式，激活了区域研训的动力，拓展了区域研训的路径。展评活动聚焦区域研训重难点。展评活动始终围绕学科育人的宗旨，依据新课程标准，突出体现对大主题、大单元、大概念等课改热点、难点的探索与实践，层层推进，亮点纷呈，效果明显。一是聚焦对学习过程的设计。开展基于学历案的以学为中心的“一课三单”设计，引导学生经历真实的学习过程，以符合学生认知规律的学习进程，发展学生的核心素养。二是聚焦学习方式的转变。注重创设真实情境，设置驱动性任务，引导学生经历知识的发生和发展过程，从学习者转变为发现者，从被动接受知识转变为主动建构知识，助推学习方式转变，发展高阶思维。三是聚焦学习状态的呈现。学习者的学习状态是高效课堂样态的关键表现特征。展评课凸显以生为本的教学理念，关注学生的学习状态，重视学生的课堂参与度，将情境设计与学科任务巧妙结合，将真实可感的情境线与逻辑严密的知识线相结合，将知识情境化，情境知识化。展评活动推进区域课题向纵深发展。全域展评以“区域课程教学变革的新吴实践”为总纲，以区域子课题为实践路径，形成金字塔形课题研究思路，以课题反哺课堂教学，将理论与实践有机融合，提高课堂教学效率。

以 2023 年 12 月 6 日举办的中学英语展评课为例，3 位教师分别执教 3 个年级，开设 STEM 阅读课、整本书阅读课及报刊阅读课。通过指导学生跨学科阅读、创设主题情境等，引导学生有效获取相关信息，学会概括、归纳、综合、辨析，并创造性地解决问题，帮助学生在真实情境中运用语言，培养学生的科学精神和探究意识，促进学生语言知识学习、技能发展、文化内涵理解、多元思维发展、价值取向判断和策略运用，让学生在"做·悟"课堂中获得良好的学习体验。这三节课围绕子课题"基于单元主题意义的初中英语拓展阅读教学研究"，对教材中的单元主题进行拓展和延伸。三节课都以学生英语学科素养养成为目标，融合了区域教学资源，注重课内外知识的关联，激活了学生的高阶学科思维，提高了学生的综合语用能力，充分体现了英语学科"融活"的教学主张。

全域展评已成为推进区域课堂教学变革实践的重要平台，侧重于课堂教学实践，是对区域课堂教学变革的动态呈现。变革实践始终基于课堂，变革的重心围绕课堂，变革的路径依托课堂。全域展评所展示的观摩课，既是研究的载体、研究的样本，也是研究的成果，从不同侧面、不同角度，较为全面地展示了近阶段区域义务教育各学段各学科研究项目团队对课堂教学变革的理解与探索。纵观所有展示课堂，或各有风采和样貌，但总体设计都是按照学习活动经历的三个基本阶段所构建的"学为中心、一课三学"课堂教学基本样态（见图 13），并具体化为"三模块四环节"结构化操作流程：三模块即课前导学—课中研学—课后拓学；四环节即创设真实情境—发现挑战性问题—设置驱动性任务—组织探究性活动，促进思维进阶发展。

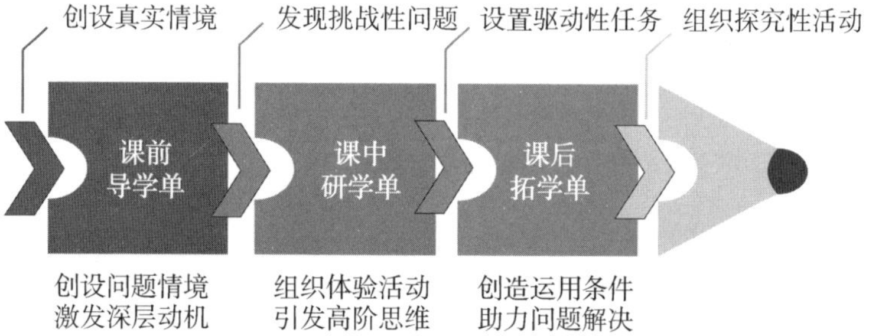

图 13　"学为中心、一课三学"课堂教学基本样态

在新吴区“中小学学科育人全域展评”活动总结暨省前瞻性项目中期汇报中，时任江苏省教育学会会长、江苏省教育厅副厅长朱卫国对新吴区给予了高度评价。他用“决心大”“范围大”“力度大”“成效大”表达了他对新吴教育课程改革的总体感受，他认为全域展评活动特色鲜明、成效显著，以展示活动为抓手推动区域教学改革，以课堂教学为重点深化区域教学改革，是目标明确、路径可行的新吴课改范式。

两年来，新吴区中小学“三全两新·历学课堂”学科育人全域展评活动是推动课堂教学变革的有益探索，凝聚了学科育人的智慧，体现了合作研训团队敢于探索的勇气，为省级项目“区域课堂教学变革的新吴实践”提供了生动的样本，展示了项目研究的阶段性成果。在历经两次全域展评活动之后，课堂变革的区域实践不仅在宏观层面日益完善，更在微观层面探索出行之有效的路径，对集群、学校、教师精耕课堂有指导意义。

2023 年 12 月，在新吴区教育高质量发展大会上，区委区政府为全区 20 个新组建的教育集团授牌，进一步扩大了优质教育资源的覆盖面，促进了校际交流，为区域推进教科研训一体化改革提供了契机。“一个人走得快，一群人走得远”，通过全域展评活动，新吴区聚焦集群，深挖实践点。各教育集群以集团化办学模式深入推进研训改革，强化集团内课堂改革的分享与交流、互动与生成，形成了集团化办学及研训特色，打造集团化研训品牌，各集群有不同的研训主题和特色，并通过全域展评平台交流研讨，合力让课堂变革真实、有效地发生，让课堂变革掷地有声。

全域展评活动在全区范围内聚焦学段，串联实践线，全学段推进课程变革，促进教育的高质量发展。在实际教育教学工作中，幼小衔接、小初衔接也至关重要。幼儿能否平稳渡过衔接期，小学生升入初中后，能否适应课程容量、评价方式的转变，都是义务教育阶段应当考虑的问题。因此，全域展评活动还特别呈现了幼小衔接、小初衔接课堂，延伸小学阶段向幼儿园、中学双向衔接的通道，让课程得以延展，让课堂更具实效，为学生搭建成长通道，在用“衔接”撬动教学方式变革的同时，指导一线教师在日常教学中关注“衔接点”。

《义务教育课程方案（2022 年版）》指出：“设立跨学科主题学习活动，加强学科间互相关联，带动课程综合化实施，强化实践性要求。”[1]在组织课堂教学时，教师不仅要立足学科本位，还应当适时开展跨学科教学，以弥补分科教学的不足。全域展评活动聚焦学科，拓展了实践面。注重跨学科主题学习研究，让更多有特色的学习路径展现在人们面前，要求教师在开展教育教学活动时，不仅要重视本学科知识和技能的传授，更要关注学科之间显性或者隐性的联系，并在此基础上结构化组织学习内容。相信在未来，新吴教育的课堂教学会更加丰富多彩，学科育人的价值将进一步得到彰显，真正实现教育的高质量发展。

[1] 中华人民共和国教育部. 义务教育课程方案(2022 年版)[M]. 北京：北京师范大学出版社，2022.

策略七
探索教育内涵特色科研

教师发展是教育发展的基石。整合教师进修学校、教研室、教科所(室)、电教馆的职能和资源,建设四位一体的县级教师发展中心,是建设教育强省、加快教育现代化建设的重大决策,是总结、借鉴省内外实践经验,结合我省实际,大力推进教育体制机制改革创新,构建现代教师教育体系,完善省、市、县(市、区)、校四级教师发展平台的重要举措,也是我省教师培训、教科研工作转型的重要标志。

——江苏省教育厅《关于建设县级教师发展中心的意见》

教育科学研究是教育事业的重要组成部分，对教育改革发展具有重要的支撑、驱动和引领作用。学校教育教学一定要跟上时代发展对人才培养的要求，要培养有理想、有本领、有担当的时代新人，使学生成为德智体美劳全面发展的社会主义建设者和接班人。教育科学研究的主阵地是课堂，要抓好课堂教育教学工作，使课堂真正成为落实立德树人根本任务的平台。教学工作必须在教研和科研双重引擎下开展，将课题和项目作为科研的两大抓手。

搭建平台，转变职能

区域教育的高质量发展，不仅需要行政力量的推动，更需要专业队伍的支持。从这个意义上讲，完善、提升教研机构的教科研能力，促进区域教育教研水平整体提升势在必行。新吴区教育局在成立之初，就整合资源，建立健全区域内教科研训一体化机制，实现管理统一、资源共享、信息贯通、人财物集中使用，更好地为教师专业发展服务，进一步提高教师的专业水平和能力。

一、问题催生变革

（一）教师培训、教科研工作转型的问题

以往，教师进修学校、教研室、教科所（室）、电教馆是四个独立的事业单位，各自分管单一的教师培训、教科研等工作，各自资源互不相通，对终端受众——学校、教师来讲，没有发挥应有的作用，无法满足素质教育和教育现代化发展的要求。全面提高教师队伍专业化水平和中小学、学前教育质量，建设一支师德高尚、业务精湛、结构合理、充满活力的教师队伍，急切呼唤教师培训、教科研工作转型，优化资源配置，发挥集成优势，建强教科研训一体化的教师专业发展机构，为提升

教育质量、推进素质教育和加快建设教育强区、率先实现教育现代化提供有力保障。

（二）新时代聚焦新的教研科研任务

以往的教研科研通常聚焦对教材、教法、教学过程设计的研究，只是围着教师转。教育部《关于加强和改进新时代基础教育教研工作的意见》指出，新时代教研工作的主要任务是：服务学校教育教学，引领课程教学改革，提高教育教学质量；服务教师专业成长，指导教师改进教学方式，提高教书育人能力；服务学生全面发展，深入研究学生学习和成长规律，提高学生综合素质；服务教育管理决策，加强基础教育理论、政策和实践研究，提高教育决策的科学化水平。就教学而言，教研科研不能只管教，更要关注学生的学。教研科研工作的任务范围扩大了，教研机构职能转变成为迫在眉睫的工作。

（三）教育事业规模不断扩大需要与之适应的教研科研水平

新吴区建区比较晚，但是教育事业的发展相当快。2015 年年底建区之始，全区仅有 18 所中小学校，目前已发展为 37 所（在建的未统计在内）。急剧扩大的教育事业规模使得教师队伍不断扩大。教师的专业成长成为区域教研工作的重点。原有单一的教研方式很难覆盖全员，惠及每一位一线教师。教研如何转型、教研机构职能如何发挥至关重要，应尽快提到议事日程上来。

二、创新推动发展

（一）率先创建江苏省示范性县级教师发展中心

新吴区教师发展中心成立于 2016 年 8 月，当时在无锡市还是首创，教师发展中心紧紧围绕创建江苏省示范性县级教师发展中心的目标，立足本职，明确方向，务求实效，以“全面建设、系统推进、整体提升”的工作思路整体架构教科研训工作蓝图，致力于全区中小学及幼儿园的教育研究、教育科研、教师培训及教育信息化工作，搭建了主题教研合作平台、层级培养师训平台、浸润科研展示平台、智慧教育互动平台、教育共同体发展平台，推进教育教学改革，促进教师专业发展，提升区域教育品质内涵。新吴区高度重视区教师发展中心的建设和发展，以《中共中央国务院关于全面深化新时代教师队伍建设改革的意见》《教育部等五部门关于印发〈教师教育振兴行动计划（2018—2022 年）〉的通知》等文件精神为指引，先后出台了《无锡市新吴区人民政府关于印发无锡市新吴区“十三五”教育事业发展规划的通知》《新吴区基础教育体制机制改革实施意见》等文件，把高标准建设省示范性县级教师发展中心提上议事日程，并以《江苏省教育厅关于建设县级教师发展中心的意见》为指导，完善机构、明确职能，以提高教育质量为核心，以提高师资队伍水平为目标，以信息技术为支撑，发挥教师发展中心在教科研训工作中的统筹引领作用，促进教科研训的深度融合，构建四位一体的教师专业发展机制，为区域教育发展提供智力支持和人才支撑。

区教师发展中心组织架构完善，成员配置合理，由江苏省第六批资深特级教师、正高级教师、无锡市名校长顾乃春担任首位负责人。中心 40 名研训员中有 37 名是本学科区级以上骨干教师，占专任教师的 92.5%，这些教师熟悉教科研训工作，理念先进、思路清晰、组织协调能力强、专业素养高。其中有江苏省人民教育家培养工程培养对象 1 名，省特级教师 8 名，市区能手、学科带头人 27 名，无锡市学科中心组成员 17 名。这些教师专业素养高，创新意识强。另外，中心还组建了一支业务能力强、工作热情高的兼职研训员队伍。两支队伍结构合理，参与人员工作干劲足，管理能力强，研训水平高。

区教师发展中心各类功能设施齐全，拥有可容纳560人培训的金色大厅，此外，多媒体培训室、科研室、教研室、名师工作室以及电脑网络教室、创客未来教室、合唱排演厅、器乐室、舞蹈房、书画室、心育室、图书阅览室、录播教室、体育训练场、信息技术研训基地一应俱全，可以确保教科研训工作有序开展。

区教师发展中心坚持"以最优秀的人培养更优秀的人"的工作理念，秉持启智、务本、励新精神，以激活思想、砥砺品质、多元发展为愿景，以立足本职、明确方向、务求实效为宗旨，努力实现"一流学科、一流师资""优质课堂、优质教学"的"双一流""双优质"发展目标，努力打造高素质、专业化、创新型教师队伍，建设优质多样、充满活力、共同发展的新吴教育。2018年，区教师发展中心高分通过省级示范性教师发展中心创建验收，成功建成师资培训、教学研究、教育科研、信息化建设四位一体的教师发展中心，承担起区域中小学、幼儿园教师和校(园)长培训工作，区域中小学、幼儿园课程改革和教学研究工作，区域教育质量监测、分析与评价工作，区域教育信息化规划、建设和管理工作，区域教育科研工作。

(二) 率先成立学前教育发展中心

在2016年之前，新吴区的学前教研工作通常由幼儿园经验丰富的园长以轮流担任兼职教研员的形式来完成，只是简单完成一些上级布置的任务，区域学前教研氛围非常淡薄，各幼儿园基本处于各自发展、缺乏交流的状况，园所间的办园水平差距明显。区教师发展中心成立后，专门配备了一名学前教育专职研训员，在区域层面整体规划课程建设和教研工作的方向和思路，学前教育领域慢慢形成了一定的教研氛围。随着区域教育的跨越式发展，"十三五"期间，全区幼儿园数量已达到58所，园所对教育内涵品质提升以及教师对专业成长的需求不断增加，仅靠一名专职教研员显然无法满足需求。

2022年1月，新吴区在全市没有任何参照样式的前提下，率先成立了区学前教育发展中心，这是区教育局为推动学前教育提质发展而单独成立的一个管理机构，其主要职责和任务是指导全区幼儿园认真贯彻党的学前教育方针政策，并通过专业的教科研训工作指导幼儿园有效建构课程实施与评价体系，提升园本教研成效，提高教师的专业素养，提升幼儿园的内涵品质。

学前教育发展中心由本区2名具有正高级职称和省特级教师称号的园长分别担任正、副主任，聘请外区2位刚退任的具有特级教师和名园长称号的园长担任专家研训员，由1名专职研训员具体落实各项工作，他们的专业水平与行动效率为区学前教育的发展注入了新的活力。这一创举解决了区级教研力量不足、人才培养青黄不接的问题，是区域学前教研体系变革的有力补充。区学前教育发展中心统筹规划全区教科研工作，确保了新吴学前教育的高定位，同时深深扎根在新吴学前教育的土壤中，以大树之姿由内向外输送养分。全区6个街道划分为两个管理片区，全面实行教研指导责任区制度。各教育集团一共推荐8名骨干型正副园长作为兼职教研员充实教研团队，团队成员立足所在幼儿园，积极带动本街道其他幼儿园开展片区、集团教研活动，有效保障教研活动多角度、多维度开展，区域教研活动覆盖全域，构建起全方位、立体化的区级、片区、集团三级教研联动体系。

区学前教育发展中心工作运行的第一年，主要依托新吴区集团办园的优势，整合集团内各园所的力量，实现教研共享。为了让教研主题更聚焦、过程更专业、成效更显著，根据课程游戏化区域推进的既定任务以及幼儿园的实际情况，学前教育发展中心提出了区域教研的三个主题——“从资源到课程的园本化实践”“幼小衔接”“基于自然教育理念的园本课程建设”，各个层面的教研活动均围绕这三个主题展开，并结合集群、园所的实际情况进行规划与实施。中心最大化发挥专业引领作用，对区级教研活动方案进行长程设计，每一位成员针对各自的分工下沉到幼儿园教研现场，对每一次区级教研活动的方案从雏形阶段就早早介入，深入园所调研幼儿园课程实施情况，与教研活动的组织方进行讨论，审议教研方案，深入幼儿园的日常教研现场，引导他们剖析现状，找出问题，通过这样的陪伴式指导，精准发现各幼儿园在园本教研中存在的真实问题并给予及时的指导。

学前教育发展中心在日常教研活动中发现公民办幼儿园、新老园之间的师资水平、教科研能力差距非常大，业务管理者新老迭代的加速导致教研领导力欠缺，幼儿园课程不健全，教师课程创生与实施能力严重不足等问题。为了解决这些问题，中心统一思想，思考教研的本真，达成了“开展基于真实问题的教研”这一共识，同时进一步思考如何盘活整个区域内的幼儿园教研资源，优化组合并形成强有力的教研共同体，通过不同个体、不同群体之间的信息交流、经验分享、思维碰撞快速建构新的知识体系，收获教研实效。此后，中心提出了开发“1＋6＋N”区域共研项目，以“自然教育理念下的区域课程孵化”为核心，以 6 个共研项目为抓手组建教研共同体，每个园所针对各自申报的项目开展园本教研，呈现出 N 种样态，形成一个由点及面的区域教研新网络。学前教育发展中心成立的第二年，这个升级版的区域研修网络架构已完成，但如何让项目共研真正成为推动区域学前教育内涵品质跃升的加速器，让各类园所和各层级教师从中受益，是接下来更大的挑战。

（三）率先组建专家咨询委员会

低头深耕固然重要，抬头望路也必不可少。新吴教育高质量发展，需要站位高远、专业性强、具有前瞻引领作用的专家团队。2019 年年初，新吴区委区政府在无锡市率先成立了高新区（新吴区）教育高质量发展专家咨询委员会，专家咨询委员会会员每届任期为 5 年。首届委员会由 22 名国内教育领域权威专家学者组成，涵盖了教育专家、学科教研员、教育行政部门领导、学科骨干教师、学校校长、大学教授等各方面人才，作为高层次人才，他们全面引领新吴教育的顶层设计和专业发展，协助培养卓越教师团队，引领深化课程教学改革，深度参与区域课程教学研究，提炼教育教学成果，指导学校个性化发展，整体提升区域教育核心竞争力。

委员会组建伊始，专家们就开始为新吴教育发展进行筹划。围绕“新吴区教育系统队伍能力建设提升计划”，国家教育行政学院组织专家团队对新吴区中小学进行入校诊断，对不同水平的学校进行实地考察。专家组全面了解区内学校德育管理、课程教学、特色学校建设与学校文化建设、教师队伍建设等方面的情况，对新吴教育的迅速发展竖起了大拇指，同时也给出了系统性的诊断，并提出改进意见。这一举措直接让一线学校受益，给了学校建设一剂灵丹妙药，进一步提升了校长们办学治校的水平，促进校长办学理念、办学思想、治校方略的转变、优化和创新。

专家委员会时时跟踪、指导区域办学工作，专家们深入新吴区各所学校，了解学校每一阶段工作进展和工作成效，力争建设一批优质的品牌学校，不仅让社会满意，更让家长满意，让学生满意，发挥学校和管理团队的示范、引领、辐射作用，促进新吴优质教育发展取得新的突破。

教科研训，齐头并进

新吴教育注重将课程教学变革聚焦在学生素养培育的教学变革与创新方面，包括变知识本位为素养本位的课程目标设定，变“知识＋技能”的“二维结构”为“知识（事实）＋理解（概念）＋学会（技能）”的“三维结构”的教学内容重组，变以教学为中心为以学习为中心的课堂范式重建，变“知识评价”为“素养评价”的评价体系重构。具体来说，就是从传统的“学科教学”走向“学科育人”，这是素养导向下的教学新突破。这种新教学尝试，必须以新教研体系、新教研方式为支撑。如果把课堂教学比作大鹏的躯干，那么教研和科研便是大鹏的双翼，教研和科研只有真正扎根课堂，大鹏才能振翅高飞。

一、正视问题、寻求突破

（一）素养导向下的教科研发展问题

《义务教育课程方案（2022 年版）》明确指出，要“聚焦中国学生发展核心素养”。以素养导向为指导，教科研工作需要从关注知识传授转向关注学生核心素养的培育，教师不再是简单的知识传授者，更是学生学习的组织者、引导者和指导者，教师要注重设计课堂学习方案，鼓励学生积极参与课堂讨论和活动，使学生具有独立思考和解决问题的能力。

以素养导向为指导的教科研工作强调跨学科综合素养的培育，学科之间的融合和交叉是素养课堂要关注的点。教师需要指导学生通过解决复杂问题或开展综合性实践，整合和应用不同学科的知识和技能，形成跨学科的综合思维，提高解决问题的能力。单一的学科思维显然无法适应素养课堂的教学要求。

以素养导向为指导的教科研工作更关注学生的课堂实践和体验，学习活动应是课堂的主体。素养课堂的重心在设计真实的学习情境、活动或项目，组织学生动手或参与，让学生亲身感受和体验所学知识如何应用于实际生活，从而更好地理解和掌握知识，提高实际操作能力。传统的教师一教到底的方式显然跟不上素养课堂的需求。

（二）新时代教科研工作重心转变的问题

新时代教科研工作的主要任务是：服务学校教育教学，引领课程教学改革，提高教育教学质量；服务教师专业成长，指导教师改进教学方式，提高教书育人能力；服务学生全面发展，深入研究学生学习和成长的规律，提高学生的综合素质；加快教科研成果在教育教学实践中的转化速度，推动研究成果直接服务于课堂教学改革、学生学习方式改进和社会服务能力提升。教研由重视教师的“教”转变为关注学生的“学”。教科研不再局限于对教师教学技术、方法和手段的研究，更关注对学生学习过程的研究，探索提高学生学习效率的有效途径。教科研工作的任务范围扩大了，教研员要尽快适应。

（三）学校骨干力量短缺的问题

新吴教育事业迅猛发展，大量新教师充实到教学队伍中来，学校原有骨干教师的占比明显下降，学校教科研活动的质量也急剧下降，这与新吴区教育教学高质量发展的需求极不相配。如何解决这个现实问题？积极开展有助于教育教学发展的教研工作成了当务之急。

显然，新吴区原有的区域—学校二级教科研体系已经无法适应新时代、新课程、新教学的需要，教科研体系的变革势在必行。

二、教科研工作分层推进，助力区域教育教学质量提升

为全区域提高教师的教科研能力，护航新吴教育高质量发展，结合集群化办学的实际，新吴区构建了全员参与、层级分明的教科研新体系，即区域—集团—学校三级教科研体系。

（一）区域教科研，统筹引领全区教科研工作

区域教科研在三级教科研体系中发挥着重要的基础作用。作为整个教科研体系的“大脑”，区域教科研负责对区域内各校（园所）教科研工作进行整体谋划和部署。其主要任务包括规划和引导学校的教研、科研工作，以确保教科研工作按照统一的指导思想和目标进行，切实提高区域的教育教学质量。区域教科研还致力于搭建跨校交流和开展教研活动的区域大平台。通过建立交流平台，打破学校之间的壁垒，促进区域内教师相互学习和借鉴。教师可以在这个平台上分享自己的教学资源和科研经验，也可以获得来自其他学校的反馈，还可以从其他学校的经验中得到启发。教师发展中心内设的科研评估部负责出台区域科研发展规划，确定科研目标、任务及优先领域，确保科研方向符合国家和地方教育发展战略要求。搭建区域科研服务平台，提供课题申报、过程管理、结题验收等一站式服务，简化科研管理流程，提高科研效率。同时设立由特级教师、正高级教师、一线骨干教师组成的科研培训专家组，指导科研项目的落实，并定期组织专题研讨会和论证会。建立常态化的科研咨询与指导机制，针对各校及教师的科

研需求，提供从选题立项到结题验收全过程的专业化指导服务。

目前区域教科研的主要抓手有六个：名师工作室、“3＋2”特培计划、优质教育发展共同体学术月、学科育人全域展评、区域集体备课、课堂教学入校诊断。

区域教科研致力于指导区域学校的教科研工作，提升教师课堂教学实施水平与科研能力。教科研活动的持续开展能够促进教师的专业发展，使他们更好地理解和运用教学理论，精心设计和组织课堂教学，助力学生获得好的学习效果。这样，教师不仅能够在教研、科研工作中取得优异的成绩，也能够为区域学校的发展作出贡献。

（二）集团教科研，构建共研共享格局

集团教科研是在区域教研的基础上，进一步细分出来的教科研层级。2020年，在深化优质教育发展共同体建设的基础上，新吴区结合地域文化特色和区域实际，采取了集群化办学模式，提出“至德”教育主张，按照“打好引进牌，擦亮本土牌，培植新品牌”的集团化办学思路，成立了涵盖整个基础教育阶段共27(5＋11＋11)个优质教育发展共同体，其中义务教育阶段共12(4＋3＋5)个优质教育发展共同体，创新了“基地校、集团校、联盟校”三种复合模式，实现了区域集团化办学全覆盖。集团校教科研以集团成员校为单位，主要任务是解决教育教学中的实际问题，提升教师教育教学、学科研究能力。

集团教科研一般聚焦某一特定学科或教学问题，通过教师间的互动与讨论，共同研究、探索和解决教育教学中的实际问题，其目的在于提高教师的教学能力和科研水平，促进优秀教师的成长和经验的传承。在集团教科研过程中，学校之间的竞争转变为互助与合作，教师的孤军作战转变为相互支持和配合，为学校的发展打下了坚实的基础。这一层级的教研工作由各成员校优势学科组牵头，主要形式有集体备课、同课异构、观课磨课、教学研讨沙龙、课堂教学展评等，充分利

用现代信息技术，采取线上线下相结合的方式，探讨教学方法，分享教学资源，共同解决教学难题。此外，建立集团科研中心，统筹规划集团旗下各校的科研工作，共享科研信息与成果，推动跨校、跨集团合作研究。定期对集团内部各学校的科研项目进行评估和指导，通过专家评审和同行互评，提升整体科研水平。组织集团内的科研经验交流会、学术研讨会等，促进成员校的经验传播和能力提升。在科研评价方面，集团内设立科研成果交流平台，定期进行科研项目展示与评选，激励各校提高科研水平。搭建资源共享平台，促进校际的科研合作与经验交流。从集团整体视角出发，综合考量集群内各学校的科研投入、产出效益、人才培养及社会影响力等，得出集团科研综合竞争力排名，为集团内部优化资源配置提供依据。

（三）学校教科研，聚焦实践促进教育质量提升

学校教科研位于三级教科研体系的底层，也是教育教学的实践层面。它是教科研体系建设的“最后一公里”，是保障学校高质量发展的动力源、发动机。它以学校为基地，以教师为研究主体，以教师在教科研工作中遇到的问题为研究对象，以促进教师的专业发展、提高学校教育教学质量为主要目的。

其主要任务是研究学情，研究教材教法，探索科研方法，高质量地完成教育教学、科研任务。学校教科研是必须由所有教师共同参与的工作。在学校教科研中，应针对学校的实际情况，制订具体的教科研计划，组织教师开展教科研工作。学校教研的主要形式有教研组活动、备课组活动、校级公开课、教学质量分析、专题研讨等。学校教研应关注师生的实际需求，开展有针对性的研究，形成具有学校特色的、实用的教育教学成果。学校教研还应注重教育教学信息的收集和教师培训的组织，为教师提供学习机会和发展空间。在科研方面，学校应制定《校级科研管理制度》，明确科研项目，了解课题申报、实施、结

题等基本流程，并将科研工作纳入学校与教师的年度绩效考核体系，鼓励教师积极参与科研活动。

区域—集团—学校三级教科研体系为学校教育教学质量的提高，为教师的专业发展和科研能力的提升提供了有力支持。

整体谋划，扎实推进

有了对教研、科研和课堂教学的基本认识，新吴区教育局十分清楚，要促进教师的提升和学生的发展，教研和科研缺一不可，教研和科研是教师专业化提升的必经之路。“教而不研则浅，研而不教则空”，教师只有通过教研与科研的融合才能逐步提升，才会有高质量的课堂教学，这是保证学生全面发展的前提。

一、集中力量开展主题教研

新吴区教培研训人员围绕主题开展实践研讨，以问题为导向，反思总结如何提升教研品质。教培研训工作以“教”为先，坚持“教”是“研”的出发点，“研”是“训”的落脚点。

小学研训部推出《小学教育改革创新内涵发展实施意见》，明确“加快学校内涵发展”“建立区域协作联动机制”和“引育区内外优质教育资源”三大工作重点，构建“新素养新课堂教学改革创新”“新教师成长营教师专业展”“高品质课程建设提升办学水平”“校际合作教研联盟共同体”“区校联动教师发展共同体”“学校发展共同体”“优质教育助力工程”“高品质教育聚力工程”等八大平台，促进教育内涵发展，全面提升教育教学质量。

初中研训部下发了《新吴区初中教学质量提升工程三年行动指导意见》，以“双实课堂”为出发点和落脚点，落实课程标准、聚焦培育核心素养，牢牢把握“抓实教学常规”“变革教学方式”“加强教师队伍建设”“完善教研制度”“营造校园文化”五个着力点，聚焦质量，深耕课堂，大胆探索，追求更鲜活、更丰富、更有生命张力的新吴课堂，积极创生课堂教学新样态。

中小学紧紧围绕课程教学，聚焦国家新课程方案和新课程标准，推动全区中小学教师深度参与课改实践，并取得显著成效。从 2016 年提出“两新课堂”到 2019 年提出“两新历学课堂”，再到 2023 年提出“三全两新 · 历学课堂”教学主张，每一次迭代都表明新吴教育在课程教学探索方面不断深入。目前，新吴课堂以“两新”即新课标新教学为理论依据，以“历学课堂”为实施载体，构建“三全”育人体系。在此基础上，各学科提炼学科教学主张与基本范式（见图 14）。在全市范围内第一个体系化、结构化地表达对学科教学的理解，获得省、市专家的高度肯定与广泛赞誉。

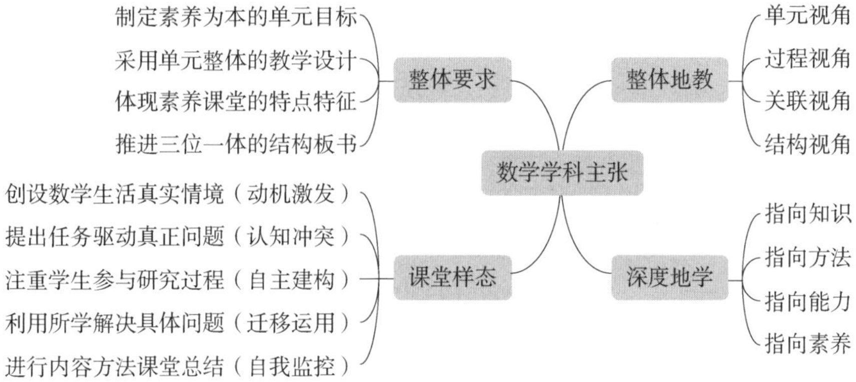

图 14　新吴区初中数学学科主张范式图

二、浸润科研促进发展

新吴区教师发展中心科研评估部牢固树立“教育要发展，科研必先行”的理念，采用浸润式科研工作模式，全员参与、全程跟进，力求在研究理念、视角、方法、内容和成果等方面进行创新与突破。

教师发展中心以教学实践中的现实问题为抓手，以课堂为研究场域，指导各校确定研究课题，确保“校校有课题，人人有研究”。“十二五”期间，课题数量由少变多，研究范围由小变大，参与课题研究的人员由“小众”变为“大众”，课题领衔人由学校领导变为一线教师。“十三五”期间，全区共有省规划立项课题 17 个，市规划立项课题 36 个，省、市陶研会学会课题 19 个，共有 72 个研究课题，实现了中小幼校校课题全覆盖。“十四五”期间，截至 2023 年年底，全区有省规划立项课题 29 个，市规划立项课题 54 个，省、市陶研会学会课题 58 个，不仅实现了中小幼校校课题全覆盖，很多青年教师、学科组都有了个人课题、学科组课题，教师的科研能力显著提升。6 位中心研训员主持省级课题，9 位中心研训员领衔市级课题，区域学科教学研究的内涵与品质不断提升。教师发展中心承办了无锡市“课题进课堂”“未来学习创新基地”“我为良师”等大型研讨展示活动，在市区范围内获得了良好声誉。广大一线教师“科研兴教”“科研兴师”意识不断增强。

三、教研科研有机融合

（一）三课相融，提升教育品质

新吴教育始终践行“课程、课堂、课题”三课融合的教育实践理念。强调课程意识，重建课程结构，通过课堂实践有效推进课程改革；教育者基于课堂研究场域，采用从问题到实践的动态科研方式，强调问题从实践中来，把教师在实施课程计划的课堂教学实践中产生的真问题，提炼成课题，通过课题研究积极反思和跟进，反哺课堂，推进课程改革。课程、课堂、课题三者相辅相成，促进全区教育教学质量的整体提升。江苏省“十二五”教育科学规划课题“初中数学教材‘点全线联面融式’课时解读的实践研究”的提出是初中数学研训员在实施国家课程与校本课程融合的过程中，发现教师存在过度解读教材的问题，于是把问题提炼成课题的，经过3年多的研究，提升了初中数学教师的教材解读能力，全区初中数学课堂教学效能明显提升。

（二）三技一体，促教研训融合

新吴区率先实现千兆有线百兆无线网全覆盖。新吴区一直致力于统筹推进教育信息化建设，先后出台了《新吴区基础教育信息化建设三年行动计划》等文件，全面指导“三通两平台”建设。加强“宽带网络校校通、优质资源班班通、学习空间人人通”建设，依托智慧教育云平台完成教育、管理资源公共服务双平台融合。新吴区运用网络、大数据和云平台，整合教育教学资源和课程资源，促进教研互动、信息贯通、精准施训，实现区域内教科研训一体化；运用在线听评课系统，依据反馈原理和教学评价理论，分阶段系统培训教师的教学技能，开展微格教学研究；运用在线研训平台，克服线下教研活动的时空瓶颈，实现远程异地实时互动；通过覆盖全区域的教师网络学习平台和资源库，开展全员教师远程网络培训，提高培训效能。在中学研训方面，新吴区利用极课大数据系统，对教师的教和学生的学进行诊断性评价，实时反馈，有效指导教与学。在小学研训方面，打造了以“鸿山物联网小学”为示范的“智慧课堂”新样板，在全区范围内复制推广。全区的“智慧校园”建设形成了百花齐放、齐头并进的良好态势。

新吴区主动推行“四位一体”工作模式，对教科研训工作进行顶层设计，通过课堂、课程、课题“三课相融”，网络、大数据和云平台“三技一体”，不断深化教科研训的融合。

【案例】一位青年教师的专业成长历程

无锡市后宅中学的青年教师郑杰2019年通过校园招聘来到无锡市新吴区工作，他从一名普通的师范生变成了一名正式的语文教师。身份的转变令他激动不已，与新成立不久的新吴区一样，他充满梦想、充满干劲、热血沸腾。在刚上岗的新教师成长营培训活动中，新吴区教育局便提出“青年教师要在教研与科研两条道路上走出自己的发展路径”，这让郑杰在入职之初就有了明确的专业发展目标。同年9月，区教师发展中心入校调研，初中语文研训员听了他的课，从课标、学情等方面指导他如何精进课堂教学。自此，郑杰开始对语文教学展开专业化研究。第二年，在学校的推荐下他参加了新吴区初中语文优质课比赛，经过一年多的实践与思考，他反复打磨教学设计，获得区一等奖，这给了他极大的信心，促使他更加专注于专业发展。此后，他积极参加市区级研训活动，在教师发展中心的推荐下，又参加了省级优质课观摩、省乡村教师“千人计划”等活动，在语文专业发展的道路中走得愈发稳健。入职第三年，他又连续参加新吴区教师基本功大赛、技能大赛，都获得一等奖，取得了区级语文专业项目比赛的“大满贯”。2022年，他通过区级推荐参加无锡市初中语文基本功大赛选拔，此次比赛在市级层面就有上百人参与竞选，通过四五轮的选拔，最终郑杰获得无锡市初中语文基本功大赛一等奖第一名，被推荐参加2023年江苏省初中语文基本功大赛。新吴区积极为一位刚入职的年轻教师搭建平台，让他在不断磨砺中实现一次又一次的飞跃。

除了组织赛课，区教师发展中心还多次给青年教师进行课题、论文写作方面的培训。区里还聘请省特级教师、正高级教师张增光做郑杰的导师，郑杰经过阅读、教学实践与思考，多篇论文发表在《语文教学通讯》《中学语文教学参考》《教育研究与评论》《中小学课堂教学研究》等期刊上。同时，学校还安排他到教科室跟岗锻炼，他还作为核心组成员加入江苏省重点规划课题组。

新吴区对人才培养不遗余力，众多像郑杰这样的教师在新吴这片教育热土上，充满信心，踏实前行。

【案例】一所初中学校的科研成长历程

梅里中学的科研工作近7年来经历了一个从弱到强的蜕变过程。新吴区教育局对科研工作高度重视，区教师发展中心科研部制订了具体规划，梅里中学以课题研究与项目建设为抓手，促进学校走上了科研发展的快车道。

作为区内窗口学校，梅里中学的教学成绩已经迈进了市区学校第一方阵，也得到了家长的广泛认可。但是，一所学校如果只是关注教学成绩，注定是走不远的。特别是2016年以前，梅里中学教学科研相对薄弱，主要是由于缺少规划、认识不足、意识不强、氛围不浓、行动不够。教师更多专心于教学，没有意识到科研可以助力教育质量的提升。以课题和项目研究为例，在2016年之前，全校仅有一个市级规划课题"精准评价促进学生有效学习"。大家普遍对课题、项目研究可以促进内涵发展的认识不足，教师参与课题、项目研究的积极性不高，没有意识到课题和项目对于课堂教学及教学质量提升的重要性，加上缺乏区域规划和专家引领，学校实际上距离有内涵、有高度的名校还有很大的差距，还不能算作一所高品质的学校。

苏霍姆林斯基说："如果你想让教师的劳动能够给教师带来乐趣，使天天上课不至于变成一种单调乏味的义务，那你就应当引导每一位教师走上从事研究这条幸福的道路上来。"以科研引领，把学校打造成有文化、有内涵、有品位的师生成长的幸福园地才是教育的本质追求。

2016年对于梅里中学来说是一个科研发展的分水岭。区教师发展中心科研部充分发挥科研引领、指导、服务的中枢职能，在充分调研的基础上，对学校及时诊断，准确把脉，带着解决问题的策略和方法走进梅里中学，促进学校科研的顶层设计、整体规划与具体实施相结合，助推学校走科研兴校之路，全面提升教师的科研素养，进而促进梅里中学快速发展。

首先，充分利用教育局聘请的全国、省、市专家资源，指导梅里中学结合自身实际，排查教育教学中存在的问题，把握好教育教学前瞻性方向，将问题转变为课题和项目，以“课题进课堂、项目提品质”为切入口，用课题和项目带动学校科研发展，打造课堂新样态，探寻育人新路径，塑造师生新形象。其次，教师发展中心根据学校的需求，在课题项目开题、中评、结题等关键节点定期指导、跟进服务。再次，有计划地对教师在学校课题和项目的研究意义、研究意识、选题方案撰写、研究过程、成果提炼等方面进行培训。最终，朝着“学校层面有项目、教研层面有课题、骨干教师有专项、年轻教师有主题”的学校科研发展目标前行。

历经7年的研磨，梅里中学的课题和项目研究取得了重大进展。所有教师都突破固有思维，积极主动参与到课题和项目研究中。到了2023年，在课题方面实现了三个突破：延续性研究深度的突破，层级性申报高度的突破，参与性研究宽度的突破。2018年，江苏省教育科学规划课题“初中语文体验式阅读教学研究”成功立项，实现了省级课题零的突破。2021年，“指向关键能力的学科微项目设计与应用研究”作为江苏省第十四期中小学教研课题又成功立项，“大概念视域下的初中生物学单元教学策略研究”成为江苏省教育科学规划课题。2022年，3项江苏省陶研会重点课题、2项无锡市规划和教学学会课题立项。2023年，江苏省教学科学规划重点课题“文学阅读与创意表达学习任务群下的创意写作教学实践研究”和3个省教研课题、1个江苏省陶研会课题和2个无锡市教育学会课题立项。在这些项目中，江苏省中小学品格提升工程“梅香花悦——‘初中生品格涵养空间的创享行动'”结项时被评为省级优秀项目。梅里中学在7年时间内已结项和在研的省、市级课题、项目达到19个。

在区域顶层设计、行政推进、专业支持下，梅里中学教师的科研意识被唤醒，科研热情被极大地激发，他们的教学理念与教学实践都发生了巨大变化，课程开发能力得到提升，职业幸福感和成就感明显提升，学生快乐、幸福、健康地成长。多名教师在省、市级科研活动中获奖。2022年，梅里中学被评为江苏省教科研先进单位、无锡市教师发展示范基地校。梅里中学探索出秉承“至新”教育理念的“循问”式课堂样态，形成了基于校本的“教学评一体的嵌入式教研路径，传承与创新的培养优化机制，多向联动的发展共同体，以目标为导向的有效牵引”科研实践模式，全校“共享、共进、共生、共赢”的科研发展局面基本形成。

【案例】一个省级项目的研究历程[1]

在“十三五”规划期间，区域教育在多个核心领域实现了显著的突破和提升。从立德树人教育体系的构建到区域教育资源的协同发展，从基础教育优质均衡发展到专业化、创新性教师队伍的锻造，再到教育发展活力的激活以及综合保障能力的增强，区域教育事业书写了一页页辉煌的篇章。在“十四五”规划的新起点上，面对人民群众对高质量教育需求日益增长的现实，新吴区也认识到自身存在的问题与面临的挑战：办学基础相对薄弱、师资人才短缺、内涵提升动力不足等，这些问题与区域经济强区地位和社会期待存在差距。

为突破这一瓶颈，新吴教育将深度实施区域课程教学变革视为推动教育质量整体跃升的关键抓手。通过积极引领并推进课程改革，让学科育人、课程育人的理念深入人心，全面深入地贯彻到教育实践中

[1] 张英.学科育人视角下的区域教学变革[J].中小学管理，2024(2)，46-49.

去，从而激活教育内生动力，使教育体系紧随时代步伐，回应社会期待，满足民众对优质教育的需求，并助力新吴教育在“十四五”期间实现更高层次、更高质量的发展。

“区域课程教学变革的新吴实践”是2021年申报立项的江苏省基础教育前瞻性教学改革重大实验项目，其初始名称为“至新理念下区域课程教学变革的新吴实践”，旨在探索和践行一种全新的教育教学理念，以创新的区域课程教学模式带动全省基础教育深层次变革。在项目筹备阶段，专家团队经过深度研讨与论证，根据项目的实际内涵和发展方向提出了宝贵的建议，最终将项目名称调整为更为精练且具有广泛包容性的“区域课程教学变革的新吴实践”，这不仅突出了项目的核心内容——聚焦区域课程教学体系整体变革，也充分展现了区域勇于创新、敢于实践的精神风貌。自项目启动以来，项目组全体成员群策群力、团结协作，积极投身到这一富有挑战性和开创性的工作之中。他们始终坚守在教学一线，将理论研究与实践操作相结合，不断反思与总结，审慎而坚定地推进整个研究进程。经过一段时间的努力，初步研究成果逐渐显现，在对区域内学校的教学质量提升、教师专业发展以及学生综合素质培养等方面都产生了积极而深远的影响。

“区域课程教学变革的新吴实践”项目不仅承载了新吴教育人锐意进取的决心和魄力，更寄托了广大教育工作者对新时代教育事业高质量发展的殷切期待。

为切实保障区域课程教学改革有效推进，区域制订并实施了《新吴区义务教育课程教学改革深化行动计划》及配套的“1＋4”计划，这一系列政策文件以数字化平台为支撑，形成了一套高效有序的大教研机制。其中，“3＋2”特培计划旨在加速促进新教师的专业成长，为课改提供坚实的师资基础。

在具体操作层面，《新吴区义务教育学业质量评价实施方案》作为课改文件的重要组成部分，明确学业水平考试和过程性评价双管齐下，共同构成对义务教育学业质量的评价体系。通过科学合理的评价手段，有力推动课程改革进程，特别强调素养表现性评价和学生增值性评价，以此来激发教育活力，确保教学质量持续提升。

为了进一步激发学校的主动性和教师的积极性，区域还建立了一套完善的激励机制。每年都会举办课改典型学校、课改先锋教师的评选活动，并设立课改示范基地和示范项目，这些成果将在学校内涵建设和绩效考核中得到充分体现。在未来3年内，全区力图培育出20所具有示范意义的课改典型学校，提炼总结30个先进教育教学案例，培养出100名在课改领域领跑的卓越教师，并精心编制一套覆盖中小学全学段的学业水平评价手册，力求形成具有广泛借鉴意义的区域课程教学改革典型经验，树立深入实施新课程改革的先进典型。

围绕项目的实施，新吴区还搭建了多元化的实践与交流平台，以推动课改工作的深入开展。在2022年上半年的学术月期间，各集群单位围绕子项目，组织全学校、全学科、全学段的学习方式研讨活动，深度聚焦“新教学”的四个核心要素，促进教育理念与实践的深度融合；下半年则开展全域展评，以学科为单位，紧扣学科子课题，进行学科教学范式探究。通过“学术月”和“全域展评”这两大课改实施载体，实现全学校、全学科、全学段的新课程改革，掀起了一场席卷全区的课堂教学改革热潮。

“区域课程教学变革的新吴实践”项目作为推动新吴教育质量跃升的关键引擎，其积极成效已经显现，并在全区范围内产生了深远影响。这一改革行动如同强有力的杠杆，有力撬动了课堂教学方式的深刻转型，使得课堂面貌焕然一新。在2022年和2023年的省、市级优质课评选活动中，区内有68位教师获得无锡市一等奖或江苏省一、二等奖，展现出区域内教师卓越的教学能力和创新能力。

项目在学术研究方面也取得了丰硕成果，有148篇关于区域课程教学变革的研究论文在省级权威教育期刊上发表，其中14篇高质量论文登上了核心期刊或被中国人民大学复印报刊资料转载，彰显了新吴区在教育教学理论与实践探索方面的领先地位。在教育绩效方面，区域初中阶段学业水平测试连续3年保持在全市领先，充分体现了教学质量的稳步提升。区政府对教育职责的履行得到了高度评价，教育高质量发展考核连续5年在全市排名第一，凸显了新吴区在推进教育现代化和优质均衡发展方面的显著成就。

2024年，新吴区荣膺首批“全国义务教育优质均衡发展区”的殊荣，这是新吴区在区域课程教学变革实践中所取得的辉煌成果，也为其他地区提供了可资借鉴的成功经验。

2024年下半年，“区域课程教学变革的新吴实践”项目将达到预定研究目标，完成全部实验与改革任务，力争顺利结项。历经数年的深入探索与实践，新吴区以扎实的理论研究、丰富的实践经验以及显著的教学成果，将为该项目画上圆满的句号。

策略八

重构教智融合高效平台

教育数字化就是利用数字化、网络化、智能化等技术手段对教育进行系统性变革，构建教育新生态。通过革新教育理念，再造教育流程，重构教育内容，重组教育结构，创新办学模式、教学方式、管理方式等，构建以学生为中心、德育为先、能力为重、知识为基，连接、开放、共享、个性化、智能化的教育新格局。

——《推进教育数字化是一场全局性变革》，《湖北日报》2023 年 7 月 20 日第 12 版勇担时代重任的新吴教育人扛起国家赋予的光荣使命，以教育数字化转型升级为牵引，加强顶层设计，积极探索新时代教育改革发展的“新吴路径”。构建有生命力的一体化区域大平台——“新吴区智慧教育云平台”，以“教学个性化、教研协同化、评价科学化、治理精细化、体系智能化”为典型的应用特征。重点推动“九大项目”，即在全区中小学推进实施公共环境支撑、“智慧课堂”、“智慧学习平台”、创客教育、校园“一卡通”、“虚拟云桌面”、“智慧招生”、“智慧班牌”、智能管控等九大项目，以智能应用深入推动教学、教研、评价方式的变革。深化减负增效。“十四五”期间，新吴区将加强信息技术在教育教学应用中与场景的深度融合，聚焦教育教学变革，围绕教、学、研、评、测等要素，推动教育教学减负增效。在全区推进“智慧新吴”智能空间的应用，以及云端学校和辖区内37所中小学的智能课堂应用，通过智能升级实现“减教师之负、减学生之负，增课堂之效、强评价之效”，以信息化手段推动五育并举和“双减”等改革取得显著成效。

筑基架梁，构建智慧教育新环境

着力推进区域教育“数字大脑”建设，全域打造“1＋3＋X”智能体系，即构建1个教育数据中枢——新吴区智慧教育云平台，“校校通”工程、数字化校园建设、创新应用3大特色示范工程，建设X个应用场景，实现数字化综合集成智能服务，赋能全域教育教学，研发基于真实应用的大数据智能辅助决策系统，提升现代教育的治理能力。

在这一宏伟蓝图的指引下，新吴教育精心规划并实施了一系列创新举措，包括特色示范工程、可复制的应用场景研究等。这些举措不仅为新吴区的教育信息化奠定了坚实的基础，也为更广泛区域的教育发展提供了宝贵的经验和示范。截至2023年，实现智慧校园建成率100％（其中省智慧校园示范校2所），区域教育“数字大脑”主要功能学校覆盖率100％，骨干教育网千兆光纤覆盖率100％，智能教育学校覆盖率100％，教师信息技术应用能力提升工程参训率100％，“智慧新吴”数字服务体系覆盖率100％，形成教育智治“一张图”，全面支撑全民教育数字化服务和数字化学习，创成全市唯一的全国“家校（园）共育”数字化项目示范区。

一、“校校通”工程助力区域资源共享新路径

早在2014年，无锡新区就已将“全面深化‘校校通’建设工程”列为“智慧教育”重点项目之一。到2015年年底，新吴区（原无锡新区）已全面完成中小学、公办幼儿园100%的100M宽带接入。

2017年，新吴区出台了《新吴区中小学“智慧教育”建设工作实施办法》，专项部署落实未来3年全区中小学“智慧教育”基础建设工作，以期大幅提升全区教育信息化水平。依据“整体规划、顶层设计、分步实施”的原则投入经费，分年度列入区财政预算，由区统筹规划，分步实施，分3年对全区已建中小学的基础网络进行改造。新建学校则在智能化设计中将以上建设内容统筹纳入建设方案。

2018年，为了保障区域内优质资源共建共享和新吴智慧教育云平台高效访问，新吴区再次开启了教育城域网建设工程，为区内各校建设了移动千兆外网和教育城域网双链路，并实现了双链打通、数据共享，保证区域内云平台、大数据高速互访互动。

在进行基础网络建设时，新吴区还兼顾各中小学网络信息安全建设和监管工作。按照国家信息安全等级保护标准的要求，制订网络与信息安全建设规范，加强安全防范，完善安全管理体系。通过屏蔽、检测、评估、测评等方式建立全方位信息化安全措施，确保管理、教学和服务信息安全，保证“智慧教育”建设工程健康发展。

“校校通”工程为“随处可学”的智慧教学和“万物互联”的智慧管理提供了坚实的基础保障，此后，新吴区教育信息化从注重基础建设、融合发展转向注重创新引领、生态变革，朝着建设“智慧校园”的目标全面提升进发，让通过教育信息化推动教育理念更新、模式变革和体系重构的目标得以实现。

二、“数字化校园”工程开启教育信息化新篇章

新吴区以数字化校园建设为引擎，推动教育信息化迈向新纪元。教育信息化不仅标志着对传统教育模式的深刻变革，也是对未来教育形态的积极探索。为响应国家教育信息化的号召，新吴区以数字化转型为核心，全面推进教育现代化进程。

基础设施的数字化改造是新吴区数字化校园建设的基石。在“校校通”工程的基础上，全区进一步升级校园网络，2018 年 1 月，全区所有中小学互联网接入带宽实现从百兆到千兆的飞跃，为数字化教学资源的共享和应用提供了有力支撑。这一跨越不仅提升了网络速度，更延展和拓宽了教育信息化的深度与广度。

教育大数据的收集、分析和应用，为新吴区的教育决策提供了科学依据。以区大数据平台为基础，以人工智能为核心的智慧访客系统、智慧班牌、智能考勤等设备的应用，使学校能够实时掌握学生和教师的教学动态，精准把握学生的学习需求，智能化实现个性化教学。这种“大数据＋人工智能驱动”的教育模式，让每个学生都能获得量身订制的教育资源。

教学模式的创新是新吴区数字化校园建设的亮点，引入以人工智能技术为基础的交互智能平板、虚拟云桌面等先进设备，打造了高效且富有吸引力的智慧课堂。在这里，教师可以利用数字化的智能工具进行多样化的教学，学生可以通过互动设备参与课堂，体验生动直观的学习过程，教学效率和学习兴趣双双提升。

教育信息化技术在管理层面的应用也取得显著成效。AI 智能化校园管理信息系统的建立，实现了对校园资源的高效管理，提高了管理的效率和透明度。学校管理者能够实时监控学校的运行状态，家长也能通过平台了解孩子的学习情况，在实现家校共育的同时也实现了

对教育资源的科学管理。

数字化校园建设不仅提升了教育信息化水平，还为全区教育均衡发展提供了支撑。教育资源的优化配置，缩小了城乡教育差距，促进了教育公平。数字化校园为教师专业发展和学生个性化学习提供了新平台和新途径。

以最新的人工智能技术应用为基础的新吴区数字化校园建设，正在重塑教育理念和教育生态。教师角色发生了转变，从知识传授者变为学生学习的引导者、合作者和支持者。数字化教学平台让教师能够更精准地了解学生的需求，设计个性化教学方案。学生在数字化学习环境中，可以采取自主、灵活的学习方式，提高学习兴趣和创造力。

新吴区将继续深化数字化校园建设，探索教育信息化的新潜力。通过技术创新和教育理念的更新，营造更加开放、共享、智能的教育环境，为学生成长、教师发展和教育管理提供支持。新吴区的数字化校园建设模式正成为教育信息化发展的典范，引领教育信息化的新方向。

三、“创新应用示范”工程塑造教育智慧新典范

从 2014 年起，梅村实验小学、新安中心小学、旺庄中心小学、新城中学等 8 所中小学先后创建成省、市智慧课堂、未来教室的试点学校和课题研究学校，有效开展智慧课堂试点研究。

2017 年，新吴区以“鸿山物联网小学”和江南大学教育信息化研究中心合作项目为示范，围绕“建设开放式课堂、利用本地化资源、进行校本化融合”这一理念，以省教研课题和省教育信息化课题为引领，就物联网技术与教育教学的深度融合进行探索实践，着力创新物联网背

景下可借鉴、可复制的现代教育新模式。[1]学校增挂“无锡市新吴区物联网示范学校”“江南大学教育信息化研究中心物联网智慧教育研究应用学校”两块牌子。学校积极开展师资培训、课程开发、课题研究活动，就物联网技术与教育教学的深度融合展开探索实践，着力创新物联网背景下可借鉴、可复制的现代教育全新模式，打造智慧教育的“样板间”。

“鸿山物联网小学”已建成基于云平台的智慧访客系统、区域识别门禁系统和校园智慧人车分流系统，并对基于大数据的鸿山实验小学物联网感知信息、车辆管理、师生考勤、常态录播等数据进行初步汇聚。智慧“一卡通”给学校师生教学、生活带来便捷，从教师办公室门禁、考勤考核、校园安全到学生电子档案管理、图书借阅、家校互动、快递收取管理、师生互动教学、学生综合评价等方面进行全方位变革。学校还建设了智能办公室，教师们可以通过手机 APP 一键实现智能办公室控制，对灯光、空调、电脑、饮水器等做到一体化、智能化控制。每个班级都配备了智慧班牌，具有班级风采展示、教学反馈、学生管理、家校互动、会议签到、走班教学等功能。任课教师均能熟练运用希沃交互智能平板、教师手持终端、新东方 okey 智慧课堂和学生智慧卡等，构筑智慧课堂，开展互动教学。在全市中小学中，鸿山实验小学率先实现了千兆宽带接入，并建成电信外网 Wi-Fi 和移动内网 Wi-Fi 双链路，为“随处可学”的智慧教学提供了可靠保障。同时，“智慧体育智能视频球场”“AR 云镜系统”“智慧图书馆”等众筹项目也已初见成效。

“鸿山物联网小学”的校园科创中心兼顾学生创客学习、STEAM 项目式教学、机器人教学、创新科技体验馆等功能，为孩子们提供可进行创新体验、创新设计、创新实验的平台。大数据展示互动体验馆兼

---

[1] 无锡市新吴区鸿山实验小学.发挥物联网优势　打造“智能＋”校园新样态，[N]，中国教育报，2019－11－4(11).

备校史陈列、校园物联网管控中心、大数据展示中心、交互媒体互动体验区等功能，管理员可通过手持式终端等对全校智能化设施设备模拟沙盘进行远程可视化管控，同时可汇聚鸿山实验小学安全大数据、教育管理大数据、教育教学大数据及分析报表、学情分析数据等。鸿山实验小学还打造了全国首屈一指的未来教室：对灯光、音响、窗帘、新风系统、希沃多功能互动智能平板等设备设施实行一体化管控；集智能化录播、智慧课堂、开放式互动课堂于一体；教室实现人脸签到，通过识别人脸微表情进行学情分析；开放式课堂整合鸿山吴越水街、鸿山遗址博物馆、中华赏石园等本地优质资源为教育教学服务。物联网项目建设真正实现了教育教学资源的高度汇聚、数据的高度融合，有利于打造新型的“智慧校园”。

应用驱动，提升数字赋能软实力

新吴区致力于高标准打造智慧教育"新吴案例"。为了培养新时代创新型人才，全面提高新吴教育的智能化水平，提升数字赋能软实力，建成教育先行示范的高质量教育体系，新吴区积极打破数据壁垒，通过跨地域、跨层级、跨部门的数据共享，打造标志性数字应用场景。

一、区域教育信息资源库建设

教育教学资源库建设是区域信息化建设的重要基础性工程。利用好现代网络与信息技术，建立高效完善的区域教育教学资源系统，建设具有区域特色、适用于本区域教学特点的数字化教育教学资源库，成为推动学校教育教学高质量发展的重要抓手，对促进日常教育教学工作具有不可替代的作用。

新吴区坚持"统一规划、整合共建、资源共享、应用高效、持续发展"的指导思想，通过数字技术对文字、图片、视频、音频等各类教学资源进行挖掘、整合和重构，汇聚多种形式的教育教学资源，并打造数据交互应用的数字信息系统和网络学习共享平台。教学资源库可以为教育教学活动中的大数据分析、教学数据的云计算处理，乃至教育智能化提供强大的数据支撑，使教育通过数字赋能，实现更广泛、深入、有效的变革。

新吴区教育教学资源库实行分级建库，统一管理。资源库通过“购置”与“自建”的方式构成，由各种素材库、专题网站、区域资源交流平台（区教育智慧云平台）三部分组成。教育教学资源库建设由区教育管理部门统一组织，教师和管理者全员参与。由教师发展中心牵头，以学校为单位，鼓励学科组集体备课，群策群力，积累高质量的教学资源。资源库建设采用“总结积累为主，引进为辅，开发为补”的方式，以满足全区师生的教育教学需求。成立区内校际网络联盟，负责资源的收集与开发，努力打造一个上下衔接、立体协调的框架模式。包括学科教研员在内的一线教学骨干共同研究、探讨、开发各学段各学科的教学设计、教学课件、教学素材等，为资源库提供初始素材。通过比赛、征文等形式征集材料，不断更新资源库。“购置”成套的商业资源库有利于快速构建资源库的基础构架，“自建”资源库是区域资源库建设最为重要的构成部分，此项工作由区域内所有学校、所有教师共同承担，平台上的资源为区域内教师开展课堂教学提供最实用的资源。教师将手中的优秀资源经过科学编目后，上传到交流平台上，管理员审核通过后可供区域内教师共享，实现区域内的相互交流。管理员通过“审查—筛选—优化—整合”的步骤对交流平台中的资源重新进行考察与评价，实现优质资源库的高标准建设。

各学校组织团队创建本校的资源库，充分利用和整合市区级教学资源系统，避免重复建设。教师提供的教育教学资源由学校统一审核，分学科设立审核人，定时审核，逐级共享，对市、区、校三级教学资源库进行整合，同步推广，形成各级资源库共存并举、资源内容互为补充的格局。

在建成教育教学资源库的基础上，新吴教育人还在思考如何建好资源库。首先，资源库必须自我扩充资源。教育教学资源库根据设定好的资源数据入库标准对开放式的网络信息资源进行挖掘、识别、分析、整理和改造，生成适合本校或本区教育教学的信息资源，实现资源扩充。其次，基于大数据分析进行资源库优化。通过对学生学习习惯、学习需求、学习进度等学情的大数据分析，资源库可以进行精准推送，使师生可以迅速有效地获取所需教学资源，从而提高资源库的运行效率和服务质量。再次，提供个性化的智能学习引导。资源库的功能不再局限于教育教学资源的存储和管理、检索和使用，更侧重于用数字技术为学生提供个性化的学习指导，为学生提供个性化和智能化的服务。

梅村实验小学有效利用数智驱动，发挥校级资源库的应用成效，有效打破家校办公边界。IT 管理员使用群晖服务器为教师配置账号后，教师身处办公室可通过映射直接在 Windows 资源管理器中存取文件。即使身处校园以外的家中，教师也可以使用账号通过网页存取教学资料，轻松实现多端办公、远程办公。学校信息办可以将共享文件映射至教师电脑以及教室的电子设备上。教师在办公室备课时，可以像访问本地盘符一样，直接在 Windows 资源管理器中查看、编辑文件，也可以根据需要将教学文件存储至指定的共享文件夹中。除了满足校内的访问需求，为了更方便教师居家办公，管理员还在群晖服务器上设置了 WebDAV，教师需要在家中修改课件时，也能随时使用浏览器下载共享文件夹中的课件，修改完后还可以再上传。教师上课时同样能在教室里通过电子设备直接应用此课件，大大提高了教师的工作效率。如遇紧急任务时，教师也能随时随地下载、上传工作文件，使远程办公成为可能。

旺庄实验小学建成了校本仓储式资源库（DS1621＋）。在文件管理方面，资源库借助 NAS 内置的 File Station 套件，为学校内部 24 个学科组、部门分别建立部门文件夹，对文件实行统一管理，各部门可快速便捷地存取部门资源。在数智驱动方面，资源库通过 Photo Station 与 Video Station 搭建教学视频库，对各类教学图片及教学视频的播放共享进行管理，支持教职工在 File Station 等套件支持下进行文件检索与管理。通过相应软件还可以对资源库里的各类影音资料进行排序整理，提高了资料检索与应用的效率，有效提高了教学质量。

二、新兴信息技术在教育中的应用

新兴信息技术在教育领域扮演着变革者的角色，它具有高度的灵活性、出色的可扩展性和高效的资源共享性。新兴信息技术可以打破时空界限，为学生设置多样化的学习场景，提供个性化的学习路径，促进教学资料的集成化管理和广泛共享，提升资源的使用效率，有力推动教育资源均衡配置，为实现教育公平注入新的活力。

新吴区多所学校在应用新兴信息技术方面进行了积极的探索和实践，主要体现在以下几个方面。

云计算与远程教学。利用云计算技术，构建高效的教育云平台。这个平台不仅可以进行教学资源的集中管理和共享，还为教师提供了丰富的教学工具和教学资源。例如，梅村实验小学构建“双师教学”共同体模式，由该校信息办的教师与无锡市电教馆的技术专家组成的技术团队、由学校学科骨干教师与名师工作室成员组成的线上教师团队及多点支持的线下教师团队，依托 Classin 直播互动教学平台对线下学校及学生开展线上线下协同教学，并引入学科专家团队，保证高质量教学落地。以与青海省海东市互助县彩虹小学的教学联动项目为引领，梅村实验小学将本校音乐和心理学科的优质教学资源通过远程教学平台输送到青海，解决了彩虹小学缺乏专职音乐教师和心理教师这一困境。通过远程教学，学生可以在家中或其他地点进行学习，打破了传统课堂的时空限制，为学生提供了更多元化的学习体验。

大数据与智慧课堂。借助大数据技术，利用希沃易课堂打造全员参与、互动生成的常态化智慧课堂。课前，向学生推送预习资料，生成预习数据。学生通过电子平台进行课前预习，教师根据学生预习情况进行云端备课。课中，师生互动，教师可以获取实时课堂数据，提高课堂教学效率。课后，平台对学生的学习数据进行深度挖掘和分析，生成完整的学情数据，便于教师实时掌握学生的学习情况，分层下发学习资源。教师还可以利用大数据技术为学生提供个性化的学习指导，并推荐适合的学习资源，帮助学生更好地掌握知识，提高学习效率。

物联网与智能管理。运用物联网技术，依托希沃统一服务平台，对学校的信息化教育设施进行智能化管理。通过后台监控系统，管理员可以实时监测教室等场所的信息化设备使用情况和环境状况。这些数据可以帮助管理员及时发现设备故障和环境问题，及时进行维修和调整，确保教学顺利进行。此外，利用物联网技术还可以实现对设备的自动控制和智能化管理，提高管理效率，降低管理成本。

通过新兴信息技术应用的实践，新吴区各学校在教育信息化方面取得了显著的成果。学生的学习效果显著提升，他们的学习兴趣和积极性得到了更好的激发。教师们也感受到了科技带来的便利和效益，教学质量和效率得到了显著提高。同时，学校的整体管理水平也得到了提升，实现了更加高效和智能化的管理。

三、教学流程的重构与优化

《国家中长期教育改革和发展规划纲要(2010—2020年)》和《教育信息化十年发展规划(2011—2020年)》强调了信息技术在教育中的革命性影响，指出教育信息化的工作重点应转向技术的深度应用以及由此带来的学习革命。

在传统的教学模式中，学生反复经历听课、作业、考试的过程，无论学习成效如何，无论学生愿意与否，都必须紧跟教师的讲授节奏，课程带着学生进入下一个阶段，这种整齐划一齐步走的学习方式不可避免地给学生带来很大困扰，学生在学习过程中遇到的困惑得不到解答，可能会让学生在学习后续知识时感到更加吃力，这将影响学生对更高级别复杂知识的掌握。同时，从发展学生核心素养的角度考量，传统教学方式也存在诸多不足。教学通常是按照记忆、理解、应用、分析、评价和创造的顺序展开的，在传统教学模式中，第一阶段的记忆、理解过程发生在课堂上，而第二阶段的应用、分析和评价过程往往发生在课外。从第一阶段到第二阶段，知识的难度由低到高，学生所需的思维能力也由低到高。因此，在传统的教学模式中，呈现出有教师陪伴的时候开展的是低难度的学习，没有教师陪伴的时候却要开展高难度学习的情况。

客观存在的传统教学困境促使新吴区的教育者们不断思考应对策略。梅村实验小学于 2013 年率先启动了“翻转课堂”的实践探索，2015 年有了实质性进展。学校与江南大学合作，引入微视频技术和在线教学平台，突破了时空限制，将知识传授的过程前置，同时在课堂上加强师生、生生互动，学生进行批判性思考，开展小组协作活动，解决学习过程中遇到的问题。

图 15　梅村实验小学的“翻转课堂”教学模式

从图 15 的结构模式可以看到：课前，在导学案的指导下，学生在家中登录平台观看教师推送的教学微视频，通过在线测试及时了解自己的学习情况，不懂的知识点可以反复观看，从而实现自定步调的学习。平台所带的自适应学习系统能够自动且无感地收集学生的个人信息、学习行为、学习成绩和学习反馈，通过分析学生的学习数据，了解他们的学习需求和学习风格，结合个体差异和学习需求，为每个学生制定个性化的学习目标和学习计划，从而实现学生的个性化学习和精准学习。课中，教师主要带领学生解决问题，内化知识。“课前学习＋课堂探究”的模式彻底翻转了传统的教学模式，提高了课堂教学效率，发展了学生的高阶思维。2016 年 1 月，在梅村实验小学承办的无锡市“翻转课堂”教学观摩研讨会上，学校以五年级数学《统计》综合拓展课为例，展示了翻转式教学有别于传统课堂教学的卓越成效，在市内外、省内外产生了较大的影响。

四、联动教研的高效实践

在追求教育现代化、实现区域教育均衡发展的进程中，推动区域联动教研，组织不同学校的教师共同参与教学研究、教学实践和教学改进，可以实现资源共享、经验交流和知识共建，从而进一步提升整个区域的教育教学质量，促进教育均衡发展。但区内各学校的地理位置分散，线下教研活动容易受到时间和交通的限制，联动教研的整体效果不佳。智慧教育云平台作为一种创新的教研模式，展现出强大的潜力和无限的可能，运用平台的在线教研模块，可以组织全区教师开展远程异地实时互动的线上教研活动，不仅能够有效地打破地域限制，实现跨地域的教育资源共享，还能够促进不同学校教师之间的深度交流与合作，从而推动整个区域教育水平的提升。

2016 年，新吴区提前科学谋划平台建设方案。在讨论方案的过程中，大家一致认为除了要保证资源共享性、交互性和数据分析性之外，平台还应该具有高效性、稳定性和安全性。高效性意味着平台能够快速响应用户的需求,提供流畅的使用体验;稳定性则保证平台在面临大量用户并发访问时能够保持稳定运行;安全性则是要保护用户隐私和保障数据安全。同时,平台建设还应考虑引入人工智能和大数据技术,为使用者提供教育资源的智能推荐和个性化定制,以满足不同用户的需求。还要开发在线协作功能,方便教师进行跨区域的课题研究和教学设计。

谋定而后动。2017 年,新吴智慧教育云平台 1.0 全面上线应用。2019 年,成功升级至 2.0 版本,平台全面构筑覆盖全区域的教师网络学习资源库和管理平台,实现了市、区、校的网络互通,资源可共享共建。

新吴区利用智慧教育云平台开展的跨区、跨集群和跨学科的区域教研、联袂教研和网络教研活动,真正构建起区、集群、学校、学科教研组、名师工作室协同教研的组织体系,赋能基础教育发展,形成了新时代高品质教育的新吴范式。

融合创新，塑造教育生态新格局

新吴教育率先在加速推进信息技术与教育深度融合、推进数字化赋能教育教学管理、加快建设数字化支撑的高质量教育体系等方面进行深入研究，取得了较好的成果。

新吴区将推动校园数字化建设作为深化教育改革、加快实现教育现代化的战略举措。校园数字化建设的出发点在需求，落脚点在应用。先后开展“互动课堂”“平板教学”“翻转课堂”“线上线下混合式学习”“课内课外衔接”等智慧课堂的教学实践，促进师生教与学方式的转变。建构研修新范式，各集团和联盟运用视频互动系统自主开展校际交流活动，发挥名校的引领作用，促进区域教育教学优质均衡发展、特色发展。新吴区通过搭建数字化学习平台，赋能管理，实现智慧管理升级，全面提升教育资源的公共服务能力，提高教育治理水平，支持教育教学融合创新发展。

一、智慧教育引领教育转型

《教育部 2022 年工作要点》提出实施教育数字化战略行动，要求“强化需求牵引，深化融合、创新赋能、应用驱动，积极发展‘互联网＋教育’，加快推进教育数字转型和智能升级”。在教育数字化转型的过程中，要依赖数字技术来驱动教育模式创新和教育生态系统重构，进行教育教学方式的重大变革。教育数字化转型不能仅注重数字技术的应用，还要瞄准能够引领教育创新和变革的新形态。

新吴区抓住教育数字化转型的机遇，准确判断适合自身发展的方向和目标，进行积极布局和精准投入。以“智慧教育”为抓手，构建技术融合的生态化学习环境，培养人机协同的数据智慧、教学智慧与文化智慧，本着“精准、个性、优化、协同、思维、创造”的原则，让教师能够运用更高成效的教学方法，让学生能够获得适宜的个性化学习服务和美好的学习体验，从而具备良好的人格品性、较强的行动能力、较好的思维品质。“智慧教育”架通了技术与智慧之间的桥梁，“智慧教育”引领着新吴教育的数字化转型。

新吴区积极探索区域智慧化教育的实践路径，率先打造出一个协同区域信息化治理、构建区域数字化平台、提供区域数智化服务的新样板，为各地教育数字化建设提供了有益借鉴。在此基础上，按照“育人为本、整体推进、全面赋能、多元协同”的工作思路，采取以区域统筹规划为主导，与学校按需自主选择相结合的建设模式，率先全域建成智慧校园。在推进过程中，探索出“区—校”数据融合平台的实施路径，积累了数据驱动教育教学全方位变革的学校经验，走出了区域教育数字化转型的独特路径。

二、数据智能驱动教育智慧

为了实现区域内各级各类教育主体的数字化赋能，新吴区着眼教育大数据赋能教育教学改革，通过大数据技术应用，着力推动教育治理高效化、精准化，促进教育决策和教育管理方式变革，创新新生入学、精准资助、智慧思政、校园安全等应用场景，赋能各类管理服务。打造教育大数据中心，形成数据大脑，实现数据采集、存储、分析、应用等全流程管理，为区域内各级各类教育主体提供强有力的数字化支撑。

新吴区通过与区内外各部门、各学校、各平台等进行数据对接，实现了对教育管理、教师发展、学生成长、智慧教学、社会服务等方面的数据实时采集，建设了涵盖基础数据、业务数据、行为数据等多维度、多层次、多类型数据的资源库。采用云存储技术，实现了对海量数据的高效存储，保证数据的安全性、可靠性和可扩展性。同时，采用数据仓库技术，对不同来源、不同格式、不同结构的数据进行清洗、整合、转换等处理，形成统一的数据标准和模型。采用大数据分析技术，对数据进行挖掘、统计、可视化处理，生成各种报表、图表、仪表盘等，为决策者提供直观的数据展示和结果分析。同时，采用人工智能技术，对数据进行深度分析，针对不同用户进行智能推送，为决策者提供预测、预警、优化等智能服务。通过与各类业务系统进行数据共享和交换，实现了数据在不同场景和领域的应用，为教育管理者提供精准的决策支持，为教师提供专业发展指导，为学生提供个性化学习路径，为社会公众提供便捷高效的服务。

新吴区区域数字化中心的建设可谓成效显著。一是数据资源丰富。截至2023年，已累计采集超过1000万条基础数据和业务数据，涵盖了区域内各级各类教育主体的全面信息，形成了一个覆盖广泛、结构完整、内容丰富的数据资源库。二是数据分析精准。到2023年，已开发超过100个数据分析模型和算法，可以满足区域内各个方面和层面的数据分析需求，形成了一个功能强大、逻辑清晰、结果准确的数据分析系统。三是数据应用普及。到2023年年底，已建成16个数字应用系统，可以满足区域内各个领域和场景的数据应用需求，形成了一个服务全面、操作便捷、效果显著的数据应用平台。四是数据共享高效。在全市率先部分实现与省、市级和国家级信息化平台的数据共享和交换，在确保数据安全的同时正在逐步拓展共享范围，可以满足区域内各个层次和类型的数据共享需求，形成了一个互联互通、协同高效、安全可靠的数据共享网络。

三、融合创新实现高质量教育

新吴区在教育数字化转型发展理念和目标的指引下，持续迭代升级智慧教育3.0版本，积极构建区域数据大脑，探索“1+5+N”数字治理服务体系。围绕一个大数据中心的建设，统筹推进教育治理、教师发展、学生成长、智慧教学、社会服务五大领域改革，针对教育领域的热点、痛点、堵点问题，打造跨层级、跨部门、跨系统、跨业务的“N个”数字应用，服务于政府、学校、家庭、社会，实现精准分析、整体研判、协同指挥、科学治理，全面支撑“教、学、管、评、研”的创新发展。基于“1+5+N”体系，新吴教育数字化部门不断完善信息化环境支撑体系，赋能学校数据平台，赋能学校教学管理，赋能学校基于数据驱动的精准教学。

截至2024年上半年，新吴区已建成新吴课程资源中心、学生综合素质评价系统、教师发展与评价系统、新教师考核系统、办学水平评估系统、智慧课堂教学系统、线上听评课系统、新吴校园运动平台、行走课堂社会实践平台等16个系统，全方位、多角度，由点及面汇聚成新吴智慧教育主体，为师生、家长和社会学习者提供“一站式”服务。

办学水平评估系统和办学绩效考核评价系统的运用，实现了对区域内各学校办学质量和水平的动态监测和评估，为区域内教育的优质均衡发展提供了数据支撑和决策依据。通过数据大脑的分析和呈现，实现对区域内教育资源配置、人才培养质量、教育改革创新等方面的全面掌握和科学指导，为区域内的教育现代化建设提供智能支撑和治理保障。通过与上级部门和周边地区的数据共享和交换，实现对区域内教育发展态势的客观评估和比较分析，为区域内的教育协同发展提

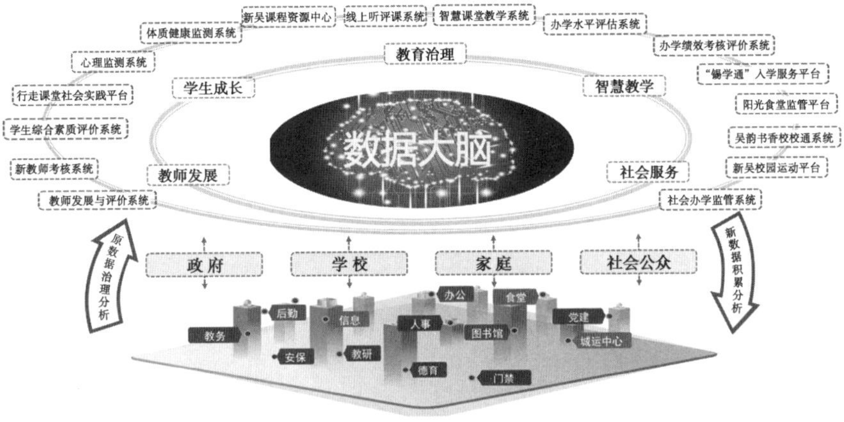

图16　新吴区"数据大脑"建构示意图

供数据支撑和协调平台(见图16)。通过这些数字化应用,新吴区实现了教育治理的精准化、科学化、智能化,提高了教育治理的效率和水平。

通过教师发展与评价系统和新教师考核系统,实现了对区域内各类教师的专业发展和绩效考核的全程管理和服务,为区域内教师队伍建设提供了数据支撑和专业指导。通过新吴课程资源中心和线上听评课系统,实现了对区域内优质课程资源的共建共享和在线听评课活动的开展,为区域内的课程建设和教研活动提供了数字平台。通过与国家级信息化项目和平台的对接,实现了对区域内优秀教师和优质课程的推荐和展示,为区域内的教师获奖或扩大影响提供了数据支撑和展示平台。通过这些数字化技术应用,实现了教师发展的专业化、智慧化、多元化,提高了教师的教育教学水平。

学生综合素质评价系统和行走课堂社会实践平台可以对区域内义务教育阶段6万余名学生的综合素质评价和社会实践活动进行全程记录和管理,为区域内素质教育的推进提供数据支撑和实践平台。通过智慧课堂教学系统,实现了对区域内各年级各学科的智慧化教学设计和实施，为区域内学生的个性化学习提供了数字支撑和智能辅助。通过与省级、国家级信息化项目和平台的对接，实现了对区域内优秀学生和优质作品的推荐和展示，为区域内学生获奖提供了数据支撑和展示平台。通过这些数字化技术的应用，新吴区促进了学生个性化、全面化发展，提高了学生的整体素质。

新吴教育通过至德良师平台的建设与应用，以“提高教师专业能力水平、持续优化资源供给服务、建立教师管理体系、优化教师工作决策”为核心目标，革新教师传统管理模式，精准对接教师的成长诉求，为教师教学注入持久发展动力，提升其改革创新能力，全面赋能教师队伍素质的提升。

新吴区至德·三源云学院的建设，旨在打造更加完善的区域“校家社”三源协同育人机制，实现集成智能平台＋权威师资＋优质资源＋运营服务“四位一体”，为全区家长开辟安全便捷的多终端学习通道，通过优化“沟通—交流—合作—分享”的育人途径，建立一个联结校内外、融通线上线下的全阶段家庭教育支持系统，全面强化“校家社”协同教育能力，共育德智体美劳全面发展的“至德”少年英才。

新吴区正以前沿视野和创新精神，加速推进教育数字化转型，升级基础设施，深化新吴教育云网融合，推进校园物联网建设，搭建校家社协同育人平台，推动区域教育资源共享辐射，探索智能化教学与研修新模式，构建智能化教育评价新范式，重塑智能化教育治理新局面，打造高效智慧教育生态，实现教育现代化、公平化与个性化发展。

策略九
聚焦学生全面发展素养

高质量教育体系需注重五育并举。

成功的教育，需要培养真正的人、社会的人、有品格的人。

——2021 年 3 月 9 日全国两会期间中国陶行知研究会会长朱永新接受人民网采访

十年树木，百年树人。教育是培养人的事业，更是国之大计、党之大计。高新区（新吴区）立足独特的地理优势和得天独厚的吴文化特色资源，努力挖掘“泰伯”这个历史文化名人所蕴含的精神营养，总结提炼出以人为本的“至德”育人主张，把全员、全程、全方位培养德智体美劳全面发展的“至德”少年作为教育高质量发展的价值追求。一直以来，高新区（新吴区）坚持全面落实立德树人根本任务，通过校园浸润探索五育并举的多元育人模式，加强课后服务，满足学生多样化成长的需求，以科学育人为抓手，创新拔尖人才培育体系，校家社三方协同，致力于青少年终身发展，践行为党育人、为国育才的初心和使命。

培养全面发展的新吴学子

新吴教育在立足课堂主阵地之外，还积极探索“全方位”“多形式”育人的新途径，走出了一条助力新吴学子“全面发展”的康庄大道。

一、“一校一品”浸润育人生态

新吴教育不断探索校园文化浸润育人的方法和路径。为什么要开展校园文化建设？一所全新的学校该如何进行文化设计？一所历史悠久的学校又该如何彰显底蕴，焕发新的生机？什么样的校园文化能抵达学生内心，助力学生成长？学校的办学思想如何通过显性的物质和隐性的精神文化呈现出来？新吴区在一次次实践探索中寻找着答案。

推进校园文化建设的过程是漫长的，如何做好区域的顶层设计是第一步也是最关键的一步。新吴教育以“至德”文化为核心，不断在德育课程和活动中凸显吴地文化。泰伯实验小学以举办校园“吴文化节”为抓手，促进少年儿童对吴文化深度浸润，硕放中学坚持每年开展民俗文化论坛和民俗文化演讲比赛，梅村实验小学成立“梅韵曲社”，以演唱戏曲的形式，弘扬吴韵文化，新安实验小学以“一节一习俗、一节一技能”为行动目标，开展传统节庆文化研究，让少年儿童重续中华优秀传统文化之根。各校(园)通过开展吴文化活动,让学生在活动中了解吴文化、感受吴文化、传承吴文化,形成了具有“至德”内涵的校园文化,逐步形成了以“至德”文化为核心的新吴德育品牌。

在如何围绕“至德”文化打造“一校一品”特色校园名片这个问题上,新吴各校因地制宜,对学校的办学特色和独特优势进行梳理、总结和提炼,通过校本化的理念表达、课程化的环境打造和生活化的课程建设,构建品质、品牌、品位“三品一体”的个性化校园文化体系。新吴教育人深刻意识到,只有不断深挖“五育”内涵,将德智体美劳“五育”有机融入校园文化建设中,每所学校才能形成独特的文化气质,学校发展的多样性、学生发展的个性化才能真正凸显。

二、“三方”协同助益育人新策

2021 年,新吴教育捷报频传:新吴区获评国家教育行政学院“家校(园)共育”数字化示范区,10 所幼儿园被评为全国“家校(园)共育”数字化示范幼儿园,8 所小学、4 所中学被评为全国“家校(园)共育”数字化示范学校。

建区几年来,年轻的新吴教育为何能取得如此耀眼的成绩?主要是其多年来在将家庭教育、社会教育与学校教育有机结合基础上展开的孜孜矻矻的探索和实践。

新吴区不仅是无锡市重要的经济增长极、对外开放的窗口和科技创新基地和转型发展的引擎,还是无锡教育改革的创新区。外来务工人员子女占据了全区学生数的近一半,无疑为“‘家校社’协同育人”这一课题的推进增加了新的难度。回顾发展历程,新吴区始终坚持“政府主导、专家引领、课程推动、家校协同、社会参与”,这也是其实现教育协同发展的坚实基础和重要经验。全区通过校家社携手共建不断完善全区的德育工作长效机制,遵循儿童身心发展规律和家庭教育指导工作规律，确立了“家校携手，合力滋养”的工作目标，构建了“学校—家庭—社会”协同育人的教育平台，探索“沟通—交流—合作—分享”的工作路径，努力实现家校教育相长，逐渐形成了校内校外、线上线下全覆盖、一体化的家庭教育指导服务育人体系，交出了令社会满意的答卷，扩大了新吴家庭教育的社会影响力。2024 年 3 月，新吴区教育局长张英受邀在中国教育科学院组织的“全国首届校家社协同育人高级研修班”上作了题为“建协同育人新生态，绘教育发展新蓝图”的报告。

社会教育是家庭教育和学校教育的延伸，是在实施校家社协同育人过程中不可或缺的一部分。新吴教育秉持“在探索中求知，在行走中成长”的理念，全力打造新吴“行走的课堂”红领巾研学品牌，依托校外先贤文化、红色地标、人文场馆等优质资源，聚焦历史先贤、革命先辈、时代先锋，开展“探索行走课堂，解锁缤纷‘趣’研学”系列活动。全区共建成 45 个校外“行走课堂”，包括绿色环保、物联网技术、历史文化、铁军精神、消防安全等丰富多彩的主题。这些丰富的社会资源吸引新吴学子走出校门，踏上研学之路，他们定期带着队旗、团旗寻访家乡的文化，走上传统文化寻访和传播的实践之路。学校与社区结对，与家长联动，通过“阿福小税官”“医护小天使”“小小消防员”“环保小卫士”“我是一个兵”“城市建设工程师”等系列体验课程，鼓励学生深入职业现场，通过实践体验感悟每个从业者的精神，同时逐步打造出具有新吴特色的校本课程群。各校在开设行走的文化课、行走的体育课、行走的美育课、行走的劳动课的基础上，不断加强馆校合作，巧用博物馆文化资源，开创“飞凤融创课程”“圆梦航天探究项目”等，实现研学自主“造血”，扩容研学新内涵。新吴教育通过活动育人、实践育人、全景育人，不断促进孩子的身心健康发展，助力雏鹰在广阔的天地里快乐起飞、尽情翱翔。

三、课后服务拓展育人途径

新吴区聚焦学生多元化、差异化、个性化成长需求，全面助力“双减”落地。2023年7月，《江苏教育报》首版要闻刊发了题为“课后服务进入3.0时代”的文章，对新吴区“双减”及课后服务进行了专题报道。“南星诗社”中走出了许多虽面容稚嫩却视角独到的小诗人，梅村实验小学棒球队取得了全国十连冠的好成绩，坊前实验小学的“芳菲管乐团”奏响童年美好旋律。几乎全区每所学校都有像这样名声在外的特色团队，这些都是新吴教育课后服务璀璨项链中的一颗颗珍珠。

课后服务作为助力新吴学子全面发展的有力支撑，频繁被《江南晚报》《无锡教育报》等诸多省、市级主流媒体宣传报道。翻开这一篇篇报道，看着日益进步的新吴学子，不禁感慨：新吴教育的课后服务是以何种形式，又经历怎样的过程，一步步满足学子个性化需求，有效拓展全面育人途径的呢？

新吴区于2019年秋成立了教育惠民中小学课后服务领导小组，并在全市范围内率先启动小学部分学段的课后服务试点工作。在区委区政府的推进下，课后服务被列入全区“我为群众办实事”的第一批重点项目，此举获得各试点学校家长和学生的一致好评。从2020年起，新吴区在总结前期课后服务试点经验的基础上，围绕“扩大覆盖面、提高质效、优化管理、完善机制”主要目标，在全区全面启动课后服务项目，通过“政府牵头、教育主导、社会参与”的服务模式，在全市范围内率先印发《新吴区教育惠民中小学课后服务2.0实施方案》，形成课后服务工作机制，明确工作原则、工作安排、组织实施、工作保障等内容，促进课后服务“质”的提升，通过态势分析（SWOT分析模型）完善以多样化的作业辅导和课程化的主题活动为媒的“一校一品”“1＋1”“5＋2”课后多元教育服务课程体系，有效激发了学校课后服务课程建设的内驱力，助力新吴学子个性化、全方位发展。自 2022 年以来，新吴教育在实现课后服务“两个全覆盖”的基础上，在课程门类“扩面”、内容“提质”等方面深挖潜能，打通多渠道课程供给路径，优化资源配置，拓展多领域特色课程资源，丰富课后服务内涵，充分满足学生个性化、多样化成长需求。从 2022 年到 2024 年 5 月，新吴区累计投入的课后服务第三方机构课程专项资金就达到 720 万元，累计遴选两批次 138 家非学科类第三方机构，600 余门“五育类”课程供全区中小学选择，扩充课后服务的内容。累计选用第三方机构 243 家，开设各类素质类社团近 2000 个。新吴教育大力统筹社会资源，采取“请进来”的形式，引进了一批批党外人士、民间艺人、非遗传承人、家长志愿力量助力全区学生成长。有力保障课后服务质量，每年遴选优质社会素质类机构，为全区各校课后服务带来更多层次、更全领域的社团内容，为全区学生综合素养的提升提供多样化选择。

培养独特创新的顶尖人才

2023年，一场隆重的工程教育定向捐赠仪式在无锡市新吴区硕放实验小学进行，捐赠款项为学校开展工程教育提供了经费保障，也为培养具有科技报国情怀的“未来工程师”提供了可能。地处太湖之滨、古运河畔的无锡高新区（新吴区）是无锡重要的经济增长极、对外开放窗口、科技创新基地和转型发展引擎。新吴教育充分借助优势，举措不断，创优创新，以科学与工程教育为抓手，将科学工程教育与立德树人的育人目标有机结合，落实义务教育课程方案，充分发挥科学工程教育的独特育人功能，着力培养中小学生的创新意识、科学精神和实践能力，为拔尖创新人才培养提供新路径，推动区域拔尖创新人才的培养。

在新吴，每个校园都在开展科学与工程教育变革，新的教育模式在兴起，新的育人方式在推进，拔尖人才培养的“新吴样板”形态已逐渐显现。

国家发展靠人才，民族振兴靠人才。科技是第一生产力，人才是第一资源，创新是第一动力。科技创新的本质是人才驱动，关键在拔尖创新人才培养所依托的教育模式。当前，我国的发展站到了新的历史起点，对培育创新精神、培养高水平创新人才提出了更为迫切的要求。在新的时期，新吴教育该如何把握时代趋势，率先探索构建义务教育阶段科学教育新体系、新格局，为教育、人才、科技“三位一体”协同融合发展提供基础性、战略性支撑呢？

一、专业师资提供实施基础

“工欲善其事，必先利其器。”传统教育倡导的是教育专业化，科学与工程教育需要一批具有科学与工程意识的教师矢志不渝地耕耘。科学的种子能否茁壮成长，关键看是否有悉心呵护与持续培养，新吴教育加强对科学与工程教育教师的针对性、指导性培训，每年度要将科学教育教师专项培训纳入区、校年度培训计划，同时鼓励区域内学校聘请高校或职业院校专业课教师、企业技术骨干能手、校外科技辅导人员等担任科学教育副校长、实践指导专家或导师。通过努力，区域配齐配足了科学与工程相关学科教师，其中有理工类硕士学位的教师超过五分之一，各校科技辅导员数量充足、结构合理。区域与学科教师队伍建设有关的文章《创研共同体：整体提升科学教师队伍质量的新路径》发表在《人民教育》2023 年第 19 期上，充分发挥了科学与工程教育教师的主导作用。与此同时，无锡高新区（新吴区）教育局完善教师发展体系，重视对科学与工程教育教师的全员培养，着力培养科学与工程教育种子教师以及在区域、全市甚至更大范围内具有影响力的科学与工程教育骨干教师，促进区域内科学与工程教育教师的专业发展，全面提升科学与工程教育教师的综合素养。

走进新吴校园，你会感受到严谨的科学气息：各种精密的设施设备摆放整齐，科技长廊、科学场馆像是一座座神秘的城堡，吸引着孩子们去探索、去发现。各校建成校园科学与工程教育场馆（科学与工程教育实验室、活动园、新型科创空间等），发挥教师的专长，为开展科学与工程活动提供充足的经费保障，充分满足各校学生课内、课外开展科学与工程教育的需要，为拔尖创新人才的培育提供坚实的保障。

二、特色课程提升素养质效

在硕放实验小学的校园里，一群孩子正在热烈讨论“神州十七号”飞天的情景。孩子们还提出了诸如“火箭是怎么发射的”“为什么要出舱”“火箭为什么要分离”等问题。这些由航空航天引发的强烈好奇心和纯真梦想以及提出的各种问题，便是硕放实验小学出圈新吴的“悦航”工程教育系列课程学习过程中所出现的一幕。新吴教育坚持以学生为中心，着力激发学生的科学与工程学习兴趣，发展学生基本的科学与工程素养，各校积极创生具有区域特色的科学与工程教育课程体系。纵观全区，各校围绕科学教育主题，以多样化的学习方式推动科学教育课程实施，学生在主动参与、动手动脑、积极体验中，掌握基本的科学知识和思维方法，初步形成科学观念、科学思维能力以及探究实践能力。

梅村实验小学以“构思—探究—设计—实现—运作—展示”为线索，采用CDIO、分组协作式翻转、创造性劳动实践等学习方式，通过螺旋式结构进行矩阵式进阶设计，开展“做中学”“创中悟”式的工程实践STEM教育，以活动为载体，鼓励学生运用多学科知识解决实际问题。学校充分挖掘科学、信息科技、美术、数学等学科课程内容，构建以国家课程为主、以综合课程为辅的工程教育类课程内容框架。一方面开设指向校本课程的个性化开发的订单式走班制项目型科技课程，如“工巧匠屋”“数学测量坊”“虚拟实验室”等，努力让每一个学生主动参与工程课程的校本实践，体验“我的课程我做主”的课程获得感；另一方面开展指向国家课程校本化实施的STEM综合实践活动，如“我与植物有个约会”“我是小小工程师”“童眼探学校”等，结合每年的科技节，借助科技馆场地，创造性地实施科学、数学等国家课程，形成三类五项STEM综合实践活动课程，在关注学习方式丰富性、活动组织多样性、评价方式灵活性、学习环境包容性的同时，实现学生的个性发展与 STEM 素养的形成。

鸿山实验小学与江南大学教育信息化研究中心合作，联合设计开发了基于电脑编程和物联网传感器的“鸿创”编程校本课程。一是指向低年级学生的乐趣编程，包括机器人拼搭编程和小颗粒编程课程，学生通过可触摸的实体编程方式驱动机器人做出相对应的动作，或无电脑模式编程，运用乐高颗粒拼搭出所需要的物体，搭配主控和电机，运用刷卡编程的模式制作电动小车、台灯、自转陀螺等，在培养学生逻辑思考和批判性思考能力的同时，提高他们动手操作的能力，形成高效解决问题的能力；二是指向中年级学生的悦学编程，主要是 Scratch 与数学的整合，把数理逻辑训练融入课程当中，通过编程构建重点数理问题的实践场景，在开发和运用程序的过程中，直观理解数学知识，体会数学的趣味和魅力；三是指向高年级学生的跃创编程，主要是利用 micro：bit 开发板及各类传感器，完成 micro：bit 智能小车开发板的创客实验，在提高学生计算思维能力的同时促进其全面发展。“鸿创”编程课程以工程和技术为核心开展，同时指向 STEM 教育所涉及的科学（如观察与探索、尝试与发现等科学能力）、技术（编程技术、绘制路线图、操作机器人）、工程（如初步的系统思考和统筹能力）、数学（如空间方位、长度、数量等）领域的核心要素，旨在提升学生的科学与工程素养和创新能力。

区域科学与工程课程在着力培养学生创新意识、科学与工程精神和实践能力的同时，充分发挥科学与工程教育在区域经济社会发展中的积极作用，进一步打造出区域科学与工程教育的品牌特色，为区域创新人才培养探索出多样的实施路径。

三、拓展资源搭建参与平台

发展科学与工程教育不仅要改进学校的教学工作，还要利用好社会大课堂。新吴教育为学生搭建了广阔的科学与工程教育实施平台，并创造有利条件，推动创新驱动发展，始终致力于培养具有创新精神和实践能力的后备人才。

新吴区成立了少年科学院，组织各项区级层面的科学与工程教育赛事，开设科学与工程教育类的学生兴趣班，指导区内各学校开展科学与工程教育活动。区域内各集团建立少年科学院分院，积极组织集团内学校开展科学与工程教育课程、社团活动、学生展示交流活动，并积极参加各级各类教育部门认定的科学科技创新类活动与赛事。

新吴区教育局积极承担起区域内科学与工程教育发展的主体责任，广泛调动社会各界力量，集聚各类教育资源，形成协同发展、开放共享的局面。充分利用高校、职业院校、科研院所、高新技术企业、科技场馆等资源丰富、设施完善的优势，建立适合学生深度参与和实践探索的科学与教育体验学习空间。加强在义务教育学段科学教育的实施探索，大力发挥科学教育在区域经济社会发展中的积极作用。组织开展科学与工程教育实践基地申报工作，遴选高新企业院校与学校结对，各中小学挂牌校外科学教育实践基地。积极与相关企业展开合作，共同开发课程，合作单位在学校建设科学教育实验室，捐赠相关科学教育设施设备，共同营造科学教育良好氛围，提高区域科学教育工作水平。优质资源参与教育、支持教育、推动教育，促进了区域内科学与工程教育的蓬勃发展。

区域内高新技术企业多的优势为学校科学与工程教育提供了肥沃的土壤，为科学与工程教育的发展提供了广阔的舞台。新吴教育创新开展科学与工程研学活动，充分盘活区域资源，借力高新区产业优势，巧用社区、企业、学校等多方资源，开设校外科学与工程研学基地，深入开展以绿色环保、物联网技术、生物应用等为主题的多彩活动。这些研学基地全部免费向区内中小学生开放，区域内中小学生广泛参与科学研学活动，在研学践悟中深化对科学科技类职业的认识、认知和认同。深入参与工程教育研学之旅，是促进学生成长的有效举措，是培养拔尖创新人才的重要途径，可以让孩子们通过活动展现自我。

“满眼生机转化钧，天工人巧日争新。”自 2023 年《新吴区推进中小学科学与工程教育实施方案》发布以来，新吴教育充分发挥了主体作用：一是充分利用 5G、大数据、人工智能等前沿科学技术，结合本区的产业特色，强化整合、系统设计，全面构建区域义务教育阶段科学与工程教育体系；二是坚持以学生为中心，激发学生科学与工程学习兴趣，发展学生基本科学工程素养，积极创生具有区域特色的科学与工程教育启蒙课程体系；三是积极开发具有区域和校本特色的科学与工程教育启蒙课程，学校科学与工程教育课程、学生科学与工程教育社团等大量涌现，形成科学工程教育启蒙课程群；四是围绕科学与工程教育主题，以项目式学习、跨学科学习、设计型学习、探究性学习等多样化的学习方式推动科学与工程教育课程实施，培养学生良好的科学与工程素养。

新吴区科学与工程教育的探索与实践激发了学生对科学与工程的好奇心、想象力和探求欲，通过这些课程，学生们获取了科学知识，培养了科学精神，增强了科技自信。

培育个性化发展的“至德”少年

2023年6月1日，一场场创意满满的花式带货、校园招聘会、二胡小工坊活动在梅村实验小学的校园里热火朝天地开展着，“小梅花”们的脸上个个洋溢着乐观自信，这天，他们是农产品带货现场的小主播，是演奏二胡的小乐手，是赛场上奋力拼搏的棒球少年。不难看出，学生能如此自信地表现源于学校尊重学生个性化的发展。新吴教育始终坚信若要学生个性化发展就必须尊重每一个生命个体，让每一个生命健康快乐，让每一个学生得到个性化发展是教育最大的价值。在此认知基础上，新吴教育针对有不同个性禀赋、不同兴趣特长、不同素质潜力的学生设计适合的不同发展路径。

一、以体育人打造“别样空间”

“新吴学子在省中小学啦啦操比赛中荣获佳绩”“新吴学子在市小学生田径运动会中荣获团体总分第一名，强!”……在体育赛场上，新吴学子捷报频传，“至德”少年在绿茵场上顽强拼搏、奋勇争先的画面成了新吴教育一道亮丽的风景线。这一张张满分答卷的背后，是新吴教育在不断追求体育教育的内在魅力，在持续思考如何以体育人，促进学生个性化发展。

没有创新就没有发展，新吴区不断围绕“普及各项运动提高专业技能、完善赛事体系增强发展活力、加大保障力度优化发展环境”的目标任务，从社团制度的完善到体育活动的创新，做了体系化建构。一方面，全面推进“体教结合”工作，与体育专业学校和团队开展合作共建，创建符合教育规律和学生身心发展规律的学校体育特色项目和品牌，全面提高青少年的身体素质，培育青少年的体育特长，实现“人人有体育项目，班班有体育活动，校校有体育特色”的工作目标，让每一位学生的体育锻炼意识与运动水平都得到极大提高；另一方面，积极探索“市队校办”工作模式，结合学校特色，与市体育运动学校合作，推动全区“体教结合”和特色品牌建设工作再上新台阶。

“体教结合”是体育和教育在价值、功能、目的上的充分融合，使体育在育人方面的综合功能和价值得到最大释放。无锡市春城实验小学在开足开齐体育课的基础上，把足球作为体育课的必修内容，加大足球教学的比重，体育课中渗透足球教学，开设专题足球课。学校根据足球校本教材组织教学，针对不同年龄段学生的特点制订教学计划和训练标准，同时与校外足球俱乐部开展合作，以提高足球教学的专业性。足球俱乐部教练每周定期进入校园，开展足球教学及校队训练工作。学校每学期组织足球校级联赛，并选拔优秀足球运动员，送入校级男女足球运动队，利用社团活动、大课间操、课外活动以及寒暑假等，常年开展足球训练活动。经过专业教学和科学训练，足球队员的专业技能有长足的进步，学校已向市少年足球队输送过十多名运动员。

“市队校办”让棒球教育校本化，特色化。无锡市梅村实验小学的棒球课程融合了地方棒球课程资源，学校自主开发了棒球教材，将棒球融入体育学科课程，让梅村实验小学的每一个孩子都可以接触到棒球这项运动，获得基本的棒球知识与技能，同时将儿童品格提升融入棒球课程之中，“只许进不许退”“不可或缺的责任感”“我的抉择，关系全局”和“牺牲出击”等优秀精神品格，在每一个孩子的心中深深地埋下了种子。学校棒球队定期与台东县立卑南小学开展形式多样的线上交流活动，与来自国内的国际学校棒球队进行棒球对抗赛，还先后参加了海峡两岸棒球交流、日本海豚少棒队年度大赛等。多年来，梅村实验小学取得了全国小学生棒球比赛“十连冠”、“海峡杯”冠军等令人瞩目的成绩，学校组织的棒球活动被确立为“江苏基础教育对外合作交流重点项目”。

区域体育课程的创新让“一区一特色”的愿景得以实现，新吴区青少年学生的体育锻炼意识与运动水平都有了极大的提高。“一校一品牌”特色项目的创建发挥了区域示范引领作用，促进了全区学校体育工作的开展。截至2023年，全区创建全国青少年校园足球特色校(园)20所、省级特色校12所、市传统特色校11所、“市队校办”项目6项。在全区范围内，阳光体育活动的全员开展、“体教结合”特色项目的推进、“市队校办”合作共建项目的完善，让全区体育课程改革初显成效，逐步形成“健康第一”的新吴体育教育新样态。

亚洲棒球锦标赛第三名获得者王翔这样回忆:2014年因父母工作调动，他从辽阔的松嫩平原来到了江南水乡——无锡，并就读于无锡新区实验小学(现更名为无锡市梅村实验小学)。生性活泼好动的他一入学便被学校丰富多彩的体育社团所吸引，其中最让他感兴趣的是学校的特色项目——棒球。隔着围栏，看着运动员们在训练场上用力投球、挥棒、奔跑、击杀，那响彻赛场的呐喊声让他心潮澎湃，令他一次次流连忘返。他在心底幻想着有一天能像场上的运动员们一样驰骋赛场，与他们并肩作战。然而初来乍到的羞涩加上对棒球运动的零接触让他只能将这份喜爱放在心底，任由渴望的种子肆意生长。正在这时，学校社团新学期的招募活动开始了，令他欣喜若狂的是这其中就包含棒球项目。原来，学校自2007年棒球队成立以来，在“为每一个儿童设计课程”的办学理念指引下，不断探索棒球课程与日常体育课程的整合，开发了校本棒球教材，这所学校的每一个孩子都有机会接触这项运动。近几年，学校成立了棒球社团，将感兴趣且运动能力较强的学生吸纳进来，成为校棒球队的后备军。有了这样的机缘，再加上教练的栽培和自身的努力，他终于成了校棒球队的一员，这也为他的人生掀开了新的篇章。自正式成为一名校队队员以后，他深切地感受到来自上级领导、学校管理层、球队教练及任课教师的关爱。标准化的场地和专项资金支持为训练提供了硬件保障，科学规范化的管理让他感受到学校这个大家庭的温暖，严父般的教练员和慈母般的文化课教师让他的运动成绩和文化课成绩都十分优异。2016年，他从梅村实验小学毕业并顺利进入市棒球队，成为一名专业运动员。在此后的训练过程中，他始终秉承梅花般的坚韧与自强，保持着“梅好”少年的优良品格，激励自己不断前进。他一次次站在全国乃至国际的领奖台上。回想起在梅村实验小学训练的时光，他常常不自觉地嘴角上扬，他说：“没有母校‘为每一个儿童设计课程’的办学理念，没有她海纳百川的胸怀，就没有我后来的成就，母校为少年的我埋下了冠军的种子，也为更多像我一样热爱运动的孩子提供了肥沃的土壤。祝愿我的母校越办越好，祝愿更多的孩子被发现！”

二、以美育人展开“美的翅膀”

以“美的教育”培育“美的人”，“让美好教育点亮美好生活”——这是新吴倾力构建“大美育”体系以来孜孜以求的理想境界。全区坚持以“以美育人，以文化人”为工作导向，以培养学生人文精神、创新能力、审美品位和健全人格为目标，构建起“课堂为本、科研保障、品牌引领、活动推进、文化创新”的大美育工作机制。一方面，重视发挥艺术展演的作用，在开齐开足艺术课程的基础上，依托校园文化艺术节，开展声乐、器乐、舞蹈、戏剧、朗诵、绘画、书法、篆刻、摄影等艺术展演活动，从班级选拔、校级初赛再到区级展演，层层选拔，规范有序。这些展演既体现了中华民族优秀文化思想性和艺术性的统一，更是全方位、多层次地展示了新吴学子的良好精神风貌和高雅的艺术素养。另一方面，区内各校开设传统艺术传承课程，如二胡课程、民乐课程、戏曲课程、书法课程、扎染课程等，以社团的形式鼓励学生参与传承课程的学习。在民族艺术的传承和发扬的道路上，新吴区借助得天独厚的吴韵文化资源，与民间艺术大师、街道文化园、江南大学江南民族音乐研究院等深入合作，在丰富学生课余生活的同时，培养他们的审美意识和艺术素养。

在每年举行的“百灵鸟”比赛中，有这样一支管弦乐队，总会带来震撼人心的交响音乐，它就是无锡市坊前实验小学的“芳菲管乐团”。走进坊前实验小学，艺术气息便迎面扑来，在这里，你可以聆听“芳菲合唱团”小百灵们的美妙歌声，欣赏“芳菲舞蹈团”小精灵们的曼妙舞姿，多元的艺术社团筑起成就学生的最好舞台。学校每年都聘请校外优秀管乐教师给学生面授课程，帮助学生更精准地掌握吹拉技巧，又以课堂为阵地，把管乐与乐理、唱歌、欣赏教学结合起来，帮助学生更好地理解音乐特有的韵律美。此外，学校还以舞台为阵地，通过学校艺术节、新年音乐会、各种社会庆典活动等，展现学生的艺术才能和青春风貌。“芳菲管乐团”自成立至今，已先后在市音乐家协会新年音乐会、市管乐展演、区庆典等多个活动中亮相，曾应邀前往香港、台湾等地进行中小学乐队及青年管乐团演出交流，他们还参加江苏优漫卡通卫视台的“新年欢乐送”活动，受到各界人士的一致好评。

除了坊前实验小学的“芳菲管乐团”，梅村实验小学的“一剪梅民乐团”、硕放实验小学的“小白鸽舞蹈团”等也在全市闻名遐迩。

梅里中学在“无边界美育”的探索中，展现了鲜明的特色。“我们的作品展现了千年之美。这里有石器时代的陶艺，有西汉时期的纸艺，有工业时期的编织技艺，还有现代 3D 打印艺术化技艺……”据了解,像这样的“丰彩”美学空间展每次都有不同的主题,汇集了全校不同级部学生创意纷呈的作品,融汇了古今中外的美学智慧。走在校园里,不经意间,这样的美育成果就会映入眼帘,学生与美的相遇无处不在。这只是梅里中学致力于美育探索的一个镜头。多年来,学校始终秉承“尊重个性,多元发展”的办学理念,坚持“学本课堂”的实践和探索,努力促进学生全面发展、个性发展和长远发展。立足“大美育”观,以“融美”课程体系为核心,依托课堂主阵地,通过社团活动和拓展选修课、研学课程和假日课程等,致力于以美养德、以美启智、以美健体、以美促劳。同时,学校每年还定期举办校园读书节、文化艺术节、学校科技节、校园体育节、迎新欢乐节,完善面向每个人的常态化学校艺术展演机制。

美育,不应通过生硬的说教,而应如春风化雨,以柔软而温润的方式,通过艺术手段,激发学生对美的兴趣与渴望,唤醒学生内心的情感,使其生发审美感悟,最终抵达学生的心灵和精神世界。在梅里中学,美育不是虚无缥缈的空中楼阁,不是停留在知识的讲授和传递,也不是狭隘的专业技能训练,而是全体师生共同追求的一种生活方式、一种生命状态。

以美术新学堂为例,梅里中学初步构建出“无边界学习”的美术新学堂样态,即以美术课堂为美术新学堂的中心圆,以依托音乐课、劳动课、历史课等相关学科课堂开展的跨学科融合为第二层同心圆,以各类艺术社团活动、选修课为第三层同心圆,以校园节日课程、学校公共空间设计等拓展活动为第四层同心圆,以假日课程、社会实践活动为第五层同心圆……

在“全程覆盖、全域融入、全景支持、全员参与”的大美育体系中,美术课程的主题不再简单局限于教材内容,而注重学科知识的关联、学科间的关联,进行横向延伸与拓展,不再以固定的美育基地为唯一的场所,而是为学生打造一个开放、多元、泛在可选的“无边界美育”环境，让美育时时处处都可以发生。

美育如何与劳动教育等深度融合？端午节快到了，综合实践课教师周微波结合端午主题指导学生进行五彩绳编织的基础知识学习。走进“桃源木艺坊”，缝纫机的哒哒声、锯子与木头摩擦出的沙沙声回响在教室里，学生们秒变“小木匠”。学生们正在上一节以发簪制作为主题的课，他们在一笔、一线、一刀、一木的精心雕刻中，通过多种感官参与课程实践，一方面深刻感受传统文化的魅力，另一方面也获得了创新意识与创造美的能力。

美术教师杨志颖上的一节美术课则以“曼达拉”为专题指导学生进行编织的创新性学习，他还通过开设“浓情端午，手作馨香”等选修课让学生进行智趣学习。另外，学生还可以走出校园，走向社会，寻找身边的非遗项目，选择与假日研学课程相关的项目，开展自主学习。

走进吴慧老师的课堂，你会发现语文与美术的界限模糊了，美的气息扑面而来。“诗为有声画，画为无声诗。”吴慧在课堂上带领学生通过吟诵诗词赏名画，讲名画修复的故事，品读画中的意境。在探究环节，她让学生自己把诗、书、画、印融合在一张纸上，学生在创作的过程中感知美、发现美并鉴赏美。在这样的课堂上，美育更多体现为情感的“洗礼”和审美的“涵育”、内心的丰盈和精神的成长。

美的浸润是无形的，但是美的力量却是深远而持久的。新吴教育希望通过努力，让每个生命都能展开美的翅膀自由飞翔。放眼今天的新吴，可以自豪地说一句，“各美其美，美美与共”的艺术发展态势正成为新吴区“美好教育”金名片背后“最美的支撑”。

三、以劳育人创造“无限可能”

“我们班种植的是茄子，从播种到现在结果，我们都全程参与了。以前只能从课本上学习植物生长的知识，现在我们可以真真切切地了解植物的生长过程。”坊前实验小学的小小讲解员正自豪地向同学们展示学校菜园里的丰硕成果。2018 年 9 月，习近平总书记在全国教育大会上指出，“要在学生中弘扬劳动精神，教育引导学生崇尚劳动、尊重劳动，懂得劳动最光荣、劳动最崇高、劳动最伟大、劳动最美丽的道理，长大后能够辛勤劳动、诚实劳动、创造性劳动”。新吴教育迅速行动起来，围绕呵护“童心”“潜心”“初心”，将培养学生的劳动习惯这个有长远意义的事情做具体，设计出新吴劳动教育的专属“名片”。

学生劳动素养提升的第一步就需要建构趣味内容，营造人人参与劳动的氛围。新吴教育通过任务驱动，让劳动入境，丰富创意课程，不断挖掘劳动元素，在全市率先出台并深入实施《关于全面加强中小学劳动教育的指导意见》，制定并下发新吴区中小学全学段劳动教育任务清单，全面推动“3＋1”劳动教育课程建设，以“快乐童年”教育理念为核心，开设清洁打扫、整理收纳、社会服务、烹饪制作等特色劳动课程，联结学段、家校互联，使劳动教育贯穿学生的生活，陪伴学生成长。“我第一次独立整理了自己的书房。”“我在系鞋带比赛中获得了第一名。”……劳动节来临之际，高浪小学的学生们以年级为单位，按照学校提供的“劳动菜单”，开展了一系列趣味劳动大比拼。一、二年级的学生比赛戴红领巾、系鞋带、叠衣服，看谁用时最短，做的最好；三、四年级的学生开展了剪贴画比赛；五、六年级的学生穿针引线，苦练钉纽扣本领。多种形式的劳动体验，不仅能够培养学生良好的劳动习惯，更重要的是能够让学生通过自己的双手承担起责任与爱，学会传承劳动者身上朴实、勤劳的优良品格。

“学校就这么点儿大，哪里还有空地去种植、烹饪、养殖呢!”“我们都是坐在教室里学播种、蒸糕点的呢!”学校劳动课程的尴尬常常是由于劳动教育地点单一引起的。但是，新吴区的孩子们却能够走出教室，在大自然的怀抱中进行劳动实践，这源于新吴教育广纳资源，扩宽劳动场域，让劳动教育的方式生活化，在潜移默化中培养学生热爱劳动的习惯。走进新吴校园,可以看到每所学校都有属于自己的“一米农田”,每间教室都有“绿植角”。硕放实验小学的“百草园”里散发着浓浓的草药香,茴香、艾草、半枝莲、决明子等中草药在孩子们的悉心呵护下茁壮成长;坊前实验小学的“绿+微农场”更是一片生机勃勃,番茄、白菜、茄子各种瓜果蔬菜一应俱全。校园内部的劳动资源是有限的,依托新吴“行走的课堂”项目,更多校外劳动教育实践场所向新吴学子们敞开了大门,孩子们能够利用双休日或寒暑假时间,借助社区、农场、博物馆、敬老院等地的资源,投身公益、种植、素质拓展,参加垃圾分类、争当红色宣讲人、争做环境保护宣传人等活动。其中,后宅中心小学的“小农人”们利用得天独厚的校外实践资源,直接到田间地头参加劳动实践。完备的水稻种植研发车间和设备、成片的适宜水稻种植与生长的农田、完善的种植管理体系和科学的种植流程、专业的研究和指导团队……让“田间课堂”活动开展得有声有色。孩子们走进车间了解水稻种植的先进理念和技术,下到田间体验水稻种植的艰辛与收获的喜悦,从最初不识五谷,不懂育苗,到最后收获满满,他们参与了选种、育苗、插秧、耘耥、施肥、收割、拾穗、脱粒等一系列劳动实践,近距离、多时段、全方位了解并沉浸式地参与农作物从种子到变为粮食的过程,分阶段体验田间劳作的艰辛,多角度感悟劳动的意义,在真实的农耕中习得耕作知识,掌握耕作技能,提高劳动意识,形成劳动习惯,内化劳动品质。

如果说聚焦童心童趣意在鼓励孩子们人人参与,那么拓宽劳动场域则意在激发学生的劳动兴趣,那么,如何让孩子的劳动行为能够长久保持,让他们养成劳动习惯?这就需要有效、暖心、持续化的评价,打好孩子爱劳动的人生底色。新吴教育不断完善对学生的劳动素养评价,搭建“劳动教育教学云平台”,制作学生劳动教育实践手册,发起“争当劳动小能手”活动,就是希望能够让每一个孩子在劳动过程中获得满满的成功感。新吴区每所学校都会结合十月丰收节,在班级里晒一晒孩子的劳动过程，赞一赞他们的劳动行为，还会把有创意的劳动过程做成短视频，让每个孩子的劳动“被看见”。除了多样化的劳动宣传，每个学校还将对孩子的劳动教育评价纳入学生的评价体系，根据孩子在各类劳动教育活动中的参与情况和表现，授予他们贴花或者奖章，教师、同学、家长，甚至学生自己，都是孩子们劳动过程和表现的评价者，这才是真正意义上尊重孩子的劳动，让他们从被动的劳动者转变为积极主动的建构者。

不忘初心，奋进新征程，奔向美好的明天。“春晖桃李，造化雄图”，正如《新吴学子箴言》里所吟诵的那样，“至德”少年在新吴教育的东风下，宛若一朵朵鲜花尽情绽放、茁壮成长。立足学生终身发展，把培养全面发展、个性发展、具有创新素养的“至德”少年作为育人使命，增强教育工作的针对性、实效性、主动性和创新性，努力为每一个学生提供丰富而适切的教育资源，让每一位学生充分而有个性地发展，不断为学生的未来成长赋能，新吴教育自当久久为功，坚定前行。

策略十
创立区域教育现代化体系

党的十九届五中全会审议通过的《中共中央关于制定国民经济和社会发展第十四个五年规划和二〇三五年远景目标的建议》明确提出建设高质量教育体系，到2035年建成教育强国。高质量教育体系指向能够满足人民群众日益增长的更高质量、更加公平、更加满足多样需求、更可持续发展、更为安全可靠的教育体系，是体现新发展理念的教育体系。建设高质量教育体系为新时代教育改革发展描绘了蓝图，为迈向教育发展新征程指明了方向，对于加快推进教育现代化、建设教育强国、办好人民满意的教育具有重大意义。

——中国教育新闻网 2020 年 11 月 12 日

在无锡高新区（新吴区）波澜壮阔、熠熠生辉的改革进程中，在区委区政府正确领导下，在各级党委、政府以及全社会的共同努力下，新吴教育系统切实扛起新时代高质量创新发展的时代使命和责任，躬耕深耘、攻坚克难，初步形成基础教育、特殊教育、国际教育、民办教育、职业教育、社区教育相互促进、共同发展的现代教育体系，教育规模不断扩大，教育体系日趋完善，公共教育服务水平全面提高。

展望未来，新吴区现代化高质量教育体系将以更加开放的姿态拥抱变革与创新，以更加科学的态度包容个性与多元，以更加务实的举措面对机遇与挑战，为培养具有全球竞争力的高素质人才努力奋斗，为区域繁荣发展贡献力量。

创建全国县域学前教育普及普惠区

2024 年农历新年前几天，一个电话打破了新吴区教育局办公室的宁静："快看工作群里的文件！"随后，办公室里响起了一片欢呼声。群里是教育部办公厅下发的《关于认定一批学前教育普及普惠县的通知》，新吴区作为江苏省首批创建地区之一成功入选。此前不久，教育部办公厅刚刚公布了完善普惠性学前教育保障机制实验区和幼儿园保育教育质量提升实验区名单，新吴区是无锡市唯一成功入选的完善普惠性学前教育保障机制实验区。两块"国字招牌"落地，标志着新吴区学前教育正朝着普及普惠、安全优质发展的方向大步迈进！

自 2015 年年底建区以来，短短几年时间，新吴区是如何围绕满足人民群众幼有所育、幼有善育、幼有优育的美好期盼，锚定学前教育普及普惠创建目标，实现体系的重构和跨越式发展，完成从"有园上"到"上好园"的华丽蝶变呢？

一、破茧：擘画新局，扩容普惠，推动"幼有所育"

每到下午 5 点左右，家住香梅人家的宋女士忙完手头的工作，便会来到崇德幼儿园接 4 岁多的二宝俊俊回家。在回家的路上，俊俊经常开心地跟妈妈分享今天在幼儿园观察了什么昆虫、怎么给班级的种植园除草施肥……这无疑是宋女士每天最期待的时光。宋女士所在片区人口密集，幼儿园资源紧缺，孩子入园问题曾让她辗转难眠。“以前我们家老大都要送到好几条街外的民办幼儿园就读，每天孩子起床就慌慌张张‘赶路’，我也时常因为接送孩子耽误工作，而且每个月要交费几千元。现在老二在家对面就能上到这么好的公办幼儿园，幼儿园环境特别好，老师特别认真，每月的保教费仅需四五百元，真的非常开心！”2022 年，新吴区崇德幼儿园正式开园，这为宋女士解决了大难题。崇德幼儿园园长戈林林介绍，梅村街道流动人口较多，原来这边公办园较少，远远无法满足群众就近上好园的需求，一时间“上公办园难，上民办园贵”成为梅村老百姓的“口头禅”。这两年，随着梅里、吴樾、崇德等公办园相继开园，梅村大地、上品等民办幼儿园转为普惠性民办幼儿园，彻底解决了附近居民子女“入园难”的问题。

新吴区是国家级高新技术产业开发区，随着产业发展和城市化进程不断加速，外来人口不断流入，多孩政策全面实施后，适龄幼儿数量激增，原有幼儿园均已满负荷运转。2019 年，全区大班额幼儿园占比超过三成，学位缺口日益增大，尤其是旺庄、江溪、梅村这 3 个街道，作为产业人口流入地，新建楼盘配套幼儿园的学位少，新建项目进展缓慢，部分小区无配套的普惠性幼儿园，新吴区学前教育遭遇了前所未有的学位供给紧张态势。“民有所呼，我有所应”，面对难题，新吴区始终将学前教育抓在手中，将孩子的成长挂在心中，一方面加强公办园资源配置，另一方面扶持普惠性民办园的发展，扩容普惠两手抓，实现幼儿“想入尽入”。

（一）优化资源配置跑出新吴高速度

普惠性学前教育资源供给直接决定区域学前教育优质普惠发展的程度和学前教育公平的实现与否。新吴区积极行动，把加快公办园资源供给放在重要位置。全区立足本地实际，统筹产业调整、城镇化进程、人口变化趋势等因素，将普惠性幼儿园建设纳入城乡公共管理和公共服务体系，并列入区域控制性详细规划，由无锡市自然资源规划局新吴分局统一组织实施，系统梳理人口变化趋势与教育资源布局的联动关系，为区域内幼儿园数量、规模、空间布局提供编制依据，先后出台两轮教育设施布局规划，按照“相对集中、资源整合、优质均衡”的思路，统筹区域内幼儿园的布局。严格落实新建住宅小区配套幼儿园由区政府统筹安排的要求，并依据规划制订幼儿园建设年度计划。制定出台幼儿园建设联审联批制度、幼儿园规划建设与管理使用办法等系列文件，落实用地单独设宗、单独划拨，小区配套幼儿园与首期建设的居民住宅区同步规划、同步设计、同步建设、同步验收、同步交付使用，有序推动区域内配套幼儿园管理工作有效落实。在加快资源配置的同时，新吴区定期监测学位供给情况，基于学位供需预测结果，建立和推广区域学位供需预警机制。在此基础上，动态调整幼儿园建设年度计划，优化区域内普惠性幼儿园的资源配置。2020—2023 年共投入资金约 10 亿元，新建公办幼儿园 19 所，累计增加学位 6000 余个，随着一系列举措落地实施，一所所幼儿园投入使用，新吴区学前教育资源配置日益优化，“大班额”幼儿园成功瘦身，办学条件明显改善，有效保障了适龄幼儿享受普惠性学前教育的权利。

（二）规范民办幼儿园发展，彰显新吴强决心

民办幼儿园是学前教育的重要组成部分，助力民办园健康运转和规范发展，对补齐民生保障短板、满足人民群众幼有所育的美好愿望具有重要意义。新吴区积极落实学前教育主体责任，加大对普惠性民办园的扶持力度，在幼儿园建设、运行保障、规范管理等方面主动作为，通过购买服务、综合奖补、减免租金、派驻公办教师、教研指导等方式支持普惠性民办园的发展。出台相关文件，明确普惠性民办幼儿园

生均公用经费拨付标准和办园成本差额补足标准，建立办学条件改善、升等创优、质量提升等奖补机制。同时，综合考虑幼儿园当年的收支情况、质量提升、内涵发展等因素，通过对民办园规范办学情况进行考核以及对上级各类奖补经费进行合理分配等方式，多渠道加大保障力度，切实发挥财政补助政策的积极引导作用。英华幼儿园园长黄丹丹说："虽然收费降低了，但是转成普惠园后就能拿到财政补贴，幼儿园运营经费就有了保障，同时我们幼儿园与公办园纳入同等管理，幼儿园办园越来越正规，社会美誉度也有了很大提升。"多项创新举措充分调动了民办园转普的积极性，2020—2023 年，英华幼儿园等 7 家民办园转为普惠性民办园，累计增加普惠性学位 2000 余个。

二、蝶变：强化队伍，赋能发展，助推"幼有善育"

"区里又有大动作啦！""新吴教育"微信公众号上刚刚发布的幼儿园招师公告在江溪幼儿园的微信群里引起了大家激烈的讨论。毕业于香港中文大学的研究生耿佳莹对自己近几年的成长历程感慨颇深，她刚刚获评新吴区教学新秀。"自 2021 年加入江溪园，短时间里我得到了飞速成长，幼儿园在'上善若水'的园风引领下，秉承着'体察教师、支持教师、成就教师'的工作理念，着力丰富我们每位教师的眼界与修为、情趣和精神，如春雨般润物无声。"据新吴区江溪幼儿园园长余秋香介绍，近两年，新吴区幼儿园招师力度可谓全市最大，完善的待遇保障和教师培育机制不仅吸引了大量优秀教师和优秀师范毕业生加入新吴幼教的大家庭，而且避免了幼儿园成熟教师的流失，江溪幼儿园仅在 2022—2023 年就有 10 位优秀教师顺利入编。在区域政策的强力扶持和积极推动下，全区各幼儿园大力推进教师优质资源共建共享，积极探索教师发展的最佳路径。

教师是立教之本、兴教之源，是学前教育发展最重要的实施主体，是学前教育高质量发展的关键。随着区域学前教育资源配置不断优化，新吴区基本构建起以普惠为主、公民办并举的学前教育体系，逐步解决了群众“入园难”“入园贵”的问题，形成了“有温度”的区域学前教育，百姓的需求快速从“幼有所育”向“幼有善育”转变。新吴区因建区时间较短，年轻教师较多，存在师资队伍结构不均衡、骨干教师占比较低等现象，优质学前教育发展高地的建设离不开一支高素质的保教队伍，新吴区聚焦保教队伍建设，在不断创新引才聚才机制、强化师资队伍保障力度的同时，加快革新教师培养模式，夯实科学保教发展根基，助力区域学前教育破茧成蝶快速发展。

（一）激发教师队伍活力，体现新吴高水平

要想打造高水平学前教育师资队伍，就要增强幼儿教师的职业认同感和归属感。新吴区利用引才聚才“强磁场”，助力打造学前教育高质量发展标杆区。不断完善优化幼儿园师资队伍管理制度，积极向上级部门争取，逐年提高公办幼儿园在编教师的比例，做到有编必补，仅2022年和2023年两年便招聘引进幼儿园事业编制教师149名，“双一流”学校毕业生和研究生占比显著提升，为学前教育发展注入最具活力的“青春动能”。将对非编教师的管理和保障作为提升学前教育师资队伍建设的重点，创新用人机制，探索实施幼儿园教师备案制路径，吸引优秀教师和优秀师范毕业生安心从事幼教工作。注重建立健全师德建设长效机制，把师德建设纳入考核体系，将师德表现作为教师聘用、晋升、评先评优的重要依据，实行“一票否决制”，努力造就一支有理想信念、有道德情操、有扎实学识、有仁爱之心的教师队伍。着力完善教师待遇保障机制，切实保障教师权益，依法落实教职工工资福利待遇和社会保障，公办园非编教师工资水平不低于上一年度全市城镇非私营单位职工平均工资水平，备案制教师原则上与在编教师同工同酬。为幼儿园保教人员购买社会保险，确保各类幼儿园依法依规足

额足项为教职工缴纳社会保险和住房公积金，联合相关部门依法依规对幼儿园教职工缴纳社保情况进行检查，并纳入幼儿园年检范围，切实保障教职工的合法权益。公办园非编教师在评优评先、职称评定等方面与在编教师享有同等待遇。保障民办园教师工资收入，出台《新吴区学前教育管理办法》，要求民办幼儿园举办者要积极履行举办者的职责与义务，不断加大教育投入，保障教师待遇，提升保教质量。区教育局每年根据执行情况在民办幼儿园年检时予以考核，督促举办者合理确定民办幼儿园教师的工资收入，并为他们缴纳社会保险。民办幼儿园教师在评优评先、职称评定等方面与公办幼儿园教师享有同等权利。

（二）架构培育体系，亮出新吴高定位

教师队伍建设既要靠引进，更要靠培养。新教师入职后如何快速成长，成熟型教师如何避免职业倦怠再攀新高，如何构建布局合理、体系完备、成效显著的教师培育工作体系，是摆在新吴幼教面前的一道难题。针对青年教师，根据区“新理念、新方法、新能力、新素养、新形象”的“五新教师”培养目标，以“新吴区新教师成长营”“新教师种子营”为基地，以 5 年为培养周期，建立 3 年业务达标、2 年能力进阶的“3＋2”培养模式，以保教基本技能、科研基本素养和班级常规管理为重点，帮助新手教师快速站稳岗位，实现个人快速发展。针对成熟型教师，搭建“区—集团—园”纵横交织的三级培训网络，在区域层面依托国家教育行政学院实施“三提高”“卓越”计划提升教师综合素养，联合上海师范大学定制骨干教师素养提升计划和特级教师“一对一”跟踪培育计划，强化对专家型教师的培育。在集团园层面制订“集团园教师发展 3 年行动计划”，组建“至新”教学领雁队、“至新”课题研究所等六类培养团队，有序推进培养工作，为教师搭建专业发展平台。幼儿园根据本园实际鼓励教师制订自我发展 3 年规划，严格按照教职工

工资总额的2%安排幼儿园教师培训经费，推动教师进阶发展。

三、起舞：熔铸品质，提质增效，实现“幼有优育”

步入新时代，人民“满意”的心理预期、目标参照等也发生了深刻变化，办好人民满意的教育，就必须在“常态”基础上实现质量提升，以更大的提升、更高的追求，不断回应人民群众对优质学前教育理念迭代和质量提升的现实诉求。对学前教育内涵发展的重要性，新吴区学前教育发展中心主任张绿枝感慨颇深：“要建设区域高质量教育体系，基点在学前教育。学前教育内涵建设越丰富，标志着学前教育办得越扎实，教育事业发展的步伐就越稳健，教育事业发展的后劲就越强劲。”在梅村中心幼儿园，孩子们正开心地享受着一场特别的“春日音乐会”，在色彩明亮的回廊里，跳格子、扔沙包的游戏场景正在重现；在小花园中，孩子们用木棍、树枝、瓶子、画笔记录下园子里的美景；在玉兰树下，护林小分队正在给“树朋友”画“明信片”……梅村幼儿园自创办以来，在区教育局和学前教育发展中心的引领下，坚持“人事相善”的园训，聚焦内涵发展，锁定“互动型”课程，潜心研究，获得省精品课程、省教学成果二等奖等奖项，并获评省幼小科学衔接试点园，逐渐形成了自己的教育品牌，影响力不断扩大，这所幼儿园的发展正是新吴幼教成长的缩影。对于儿童而言，生活即游戏，游戏即生活，儿童的心里有一颗游戏的种子，为了让学前教育聚焦儿童的天性，新吴区在自然教育理念引领下深入思考幼儿园内涵发展的着力点。针对具有区域代表性与地方辐射性的标志性成果和项目较少的实际，通过优质幼儿园的创建和内涵项目的推进，助力幼儿园基于幼儿兴趣和身心发展规律创设高质量的教与学场域。

(一) 加快优质园创建,奋楫新吴高质量

随着大量新建园的启用,如何快速让“新园”变成“好园”成为新吴区面临的一道难题。江苏省优质幼儿园的评估细则包括保教队伍、办园条件、安全卫生、保教水平、管理绩效五大方面,全面涵盖了一所优质幼儿园的方方面面。新吴区决定以优质园创建为突破口,实现新建园办园水平快速提升。新吴区根据各园的实际情况,科学制订优质园创建计划,督促幼儿园在办园行为、保教质量、园本课程、安全防范等方面加强自查分析、查漏补缺、及时整改。全程跟踪创建情况,及时指导解困,根据评估标准,针对各园实际,做到“一园一案”,形成工作合力,全面对标,整改推进,勤走访,多指导,切实解决幼儿园创建中的实际困难。在区域层面编印《幼儿一日活动中保教配合手册》《幼儿园课程实施操作手册》等 7 本口袋书,助力新园快速提升办园水平和保教质量。打破幼儿园间协同发展的壁垒,通过稳步推进集团化办园,促进新老园在教研、课程等方面协同提高。截至 2023 年,新吴区省优质园覆盖率已走在全省前列,为促进幼儿健康成长、终身发展奠定了基础。

(二) 深研内涵项目,彰显新吴高品质

扎实有效开展有广度、有深度、有温度的研究是不断推进新吴区学前教育内涵发展的关键。全区幼教人坚守儿童立场,在全域整体推进课程游戏化的探索过程中,创新打造了“1+6+N”区域共研项目,构建聚焦学前整体质量提升的区域幼儿园课改联动系统。以“自然教育理念下的区域课程孵化”为核心,以 6 个区域共研项目为抓手,围绕不同园所的 N 种园本研修样态展开研讨,组建由专家引领,各层级教师参与的区域教研共同体,探索系统建构、融合推进、协同发展、经验共享的保教质量提升途径与策略。全区每年的优质教育共同体学术

月则成了各个项目全方位呈现感性实践与理性思考的绝佳平台，广大幼儿教师在由项目组专家引领的学术对话中汲取新能量，生发新思考。在区自然教育课程体系的统一引领下，各园课程呈现出百花齐放的态势，新吴区实验幼儿园的“自然共生”课程、江溪幼儿园的“童年精神的百种表达”学前儿童文学园本课程、梅村中心幼儿园的“互动型”课程、泰伯幼儿园的“自然・吴韵”课程、新安中心幼儿园的“荷・和”日志课程、南星苑幼儿园的“尚美”课程、春潮幼儿园的“童真”课程……都实现了课程品质的全面提升。截至 2024 年上半年，区域内有省、市级课程游戏化项目的幼儿园有 14 所，有市级指南实验园 12 所，有区级课程游戏化项目的幼儿园有 13 所，有区级课程游戏化专题研究基地园 3 所、区级指南实验园 7 所，区域内幼儿园的整体课程质量有所提升。

春播秋收，雨滋露养。新吴教育人以锲而不舍、驰而不息的韧劲，踏石留印、抓铁有痕的拼劲，以干在实处、走在前列的闯劲，不断加大改革力度，采取“自我诊断—创新改革—再诊断—再奋进”的模式，虚处见理念，实处有硬招，多措并举，合力攻坚，突破学前教育发展过程中的重难点问题，真正实现了从“幼有所育”到“幼有优育”的嬗变。如今的新吴幼教已经走出了一条属于自己的独特发展之路，一个个活泼的儿童、一个个热闹的现场见证着新吴区学前教育的蓬勃发展。成功入选教育部“完善普惠性学前教育保障机制实验区”，以及被认定为学前教育普及普惠县既是肯定更是鞭策，新吴区始终坚持以人民为中心，着眼全局、抢抓机遇、奋勇前行，为推动学前教育普及普惠安全优质发展贡献着新吴力量。

率先创建全国义务教育优质均衡发展区

无锡高新技术产业开发区党工委副书记、管委会副主任，新吴区委副书记、区长章金伟强调："要聚焦教育资源布局优化、教育内涵质量有效提高、师资水平整体提升等重点领域，久久为功，持续发力，努力让更多孩子都能上'家门口的好学校'"。为此，新吴教育人坚持以人民为中心，在率先创建全国义务教育优质均衡发展县(市、区)历程中，劈波斩浪，勇毅前行，书写了一段慷慨激昂的教育高质量发展奋斗史。

一、锚定创建目标，攻坚克难，七年创建历程回眸

2000 年，我国义务教育实现基本普及；

2011 年，我国义务教育实现全面普及；

2021 年年底，我国实现县域范围义务教育基本均衡。

每一座里程碑都标记着我国教育的发展方向——办好人民满意的教育，这是我国教育改革和发展的根本目的，是教育改革和发展的指南针，更是执政为民、坚持以人民为中心的治国理政理念和方略在教育中的具体体现和生动实践。

什么是优质均衡？就是要努力实现从“学有所教”到“学有优教”的不断蜕变。

优质均衡是基本均衡的迭代升级，要从根本上解决优质教育资源总体不足与“上好学”之间的矛盾，进一步缩小区域、城乡、不同学校、不同集群之间的教育差距，补齐农村和民族地区教育短板，切实兜住底线、抬高底部，不搞削峰填谷。中共中央办公厅、国务院办公厅印发的《关于构建优质均衡的基本公共教育服务体系的意见》指出：到2027年，优质均衡的基本公共教育服务体系要初步建立，供给总量进一步扩大，供给结构进一步优化，均等化水平明显提高。到2035年，义务教育学校办学条件、师资队伍、经费投入、治理体系要适应教育强国需要……适龄学生享有公平优质的基本公共教育服务，总体水平步入世界前列。

党中央、国务院始终把教育放在优先发展的位置，根据中国国情不断推动义务教育向前迈进。党的十九大召开以后，办公平而有质量的教育成为教育人的一致共识，也为全国义务教育发展指明了方向，描绘了蓝图。

新吴区教育局长张英说：“作为经济发达的苏南地区，无锡教育应该积极响应国家号召，奋勇走在全国前列。新吴区是无锡对外开放的窗口，改革开放的前沿，新吴教育必须义不容辞地以创建全国义务教育优质均衡发展区为目标，利用3—5年的时间，一步一个脚印，改革创新、攻坚克难，奋力开创新吴教育新局面。”

（一）启航：创建谋划全面启动（2017—2020年）

2007年，高新区首批高水平通过江苏省区域教育现代化评估验收，被省政府授予“江苏省教育现代化建设先进区”称号。从2008年起，连续三次在省对区级政府教育工作督导评估中达到优秀等级，“十二五”以来，被省政府授予“学前教育改革发展示范区”称号，率先成为

“全国义务教育基本均衡发展示范区”“省义务教育优质均衡发展示范区”“市义务教育高位均衡发展示范区”的大满贯区域之一。2017年，教育部《县域义务教育优质均衡发展督导评估办法》正式出台，新吴教育瞄准首批创建“全国义务教育优质均衡发展区”的目标，聚焦“提升质量”和“促进公平”，全面启动全国义务教育优质均衡发展区创建工作。

为加速推进新吴区义务教育优质均衡发展，全力办好每一所学校，切实提升人民群众的教育获得感和幸福感，根据全国义务教育优质均衡发展县(市、区)创建要求，全区坚持高位引领，做好顶层设计。成立以区委书记、区长为“双组长”的教育改革工作领导小组，建立区委统一领导、党政齐抓共管、部门街道各司其职的教育领导机制，科学编制新吴区“十三五”“十四五”教育事业发展规划，研究制定《新吴区义务教育大校额、超班额消除方案》《关于调整学校设置的方案》《关于深化推进新吴区优质教育发展共同体教育集群化办学的实施意见》《新吴区优质教育发展共同体教育集群化办学工作规程》《关于成立新吴区优质教育发展共同体“至新”教育集群的方案》等系列文件，创新性实施“一校两区”“区管校聘”“至新教育”等策略，稳步推进义务教育优质均衡发展的进程，使义务教育优质均衡发展理念得到全面贯彻。

(二) 扬帆:对标对表全力主创(2021—2022年)

新吴区下辖硕放、旺庄、江溪、梅村、鸿山和新安6个街道，2019年之前，区内义务教育学校由属地街道进行管理，在原有区街两级共同管理的体制中，区域推进义务教育优质均衡发展存在合力困境、信任危机，必须不断平衡各方利益。随着城市化进程的加快、二孩政策的放开，全区教育资源分布不均与总量不足的现象愈发明显，群众对“叫得响”“社会认可度高”的优质学校的需求日益增强，部分区域学校仍存在临聘教师数量较多，音体美、心理健康、信息技术等薄弱学科教师捉襟见肘等现象，在校家社协同育人方面仍存在职责定位不够清晰、协同机制不够健全、条件保障不够到位等问题，区域内中小学的课堂教学方式和教研模式还比较守旧，与现有的新课标要求存在一定距离。

基于此，新吴区委区政府瞄准创建“全国义务教育优质均衡发展区”目标，明确创建工作的基本任务并列出攻坚清单：不断完善义务教育优质均衡发展体制机制，全面落实义务教育“以区为主”的管理体制；科学编制教育事业发展“十三五”“十四五”规划，先后出台两轮“无锡市新吴区基础教育设施提升三年行动计划”；深化“区管校聘”管理体制改革，实施新教师“3＋2”特培计划、青年教师学历提升计划、骨干教师素养提升计划、特级教师“一对一”跟踪培养计划等；推进实施省基础教育前瞻性重大实验项目“区域课程教学变革的新吴实践”，不断提高课堂教学质量；高标准落实“双减”和“五项管理”工作，深化校外培训整治，健全区街联合检查工作机制，“动态清零”义务教育阶段学科类校外培训机构；努力办好与新吴区发展地位相匹配、与人民群众需求相契合、与高质量发展要求相适应的现代化教育，推动全区义务教育优质均衡发展工作迈上新台阶。

2021 年 12 月，新吴区申报义务教育优质均衡先行创建县（市、区）。为确保创建工作有的放矢，区党政主要领导深入教育一线调研，研究解决教育工作中的重难点问题，科学指导创建工作。在区级层面定期召开优质均衡创建工作推进会，持续开展多轮次的回访问诊，推进创建工作高效开展。区教育局组建创建工作专项督导组，深入全区中小学，对教学与辅助用房、教学仪器设备、图书资料、课程落实、教师队伍建设等进行了全面检查，针对发现的问题立行立改。2022 年 4 月，教育部公布义务教育优质均衡先行创建县（市、区、旗）名单，新吴区作为全国首批、全省五个之一、无锡唯一，成功入选全国义务教育优质均衡先行创建区。改革愈深，顽瘴痼疾愈突出，更要以创新为斧，开出新路。坚实的足迹见证了新吴教育人聚焦人民群众对优质教育的期盼，着力补短板、强弱项，增学位、强队伍，提质量、强特色，全力创建国家义务教育优质均衡区，成为全区上下的共同目标。

（三）破浪：重点攻坚全面达标（2023年）

2023年，教育部督导局对申报全国义务教育优质均衡市（县、区）的地区，在通过国家级教育质量监测、资格审核和社会认可度调查以后，组织专家组进行实地核查。实地核查是对全区创建工作的一次全面检阅，也是创建最重要的一个环节。新吴区全区上下高度重视，常态化建立健全五大工作机制，全面做好各项工作。建立协同推进工作机制，成立区创建工作领导小组，由分管副区长孙磊任组长，区教育局主要领导任副组长，全区各相关职能部门为成员单位，统筹协调推进创建工作；建立责任包干工作机制，区教育局领导按街道划分责任包干区域，指导区域内义务教育学校对标对表完成创建任务；建立定期会商工作机制，在区级层面定期召开区、校工作推进会，通报重点工作完成进度，共商破解难题的具体方案；建立结果反馈工作机制，形成“联合督导—精准反馈—跟踪督办—全面整改—有效提升”的工作闭环，有效解决创建工作中遇到的难题；建立挂牌督导工作机制，全区责任督学坚持“一月一督导，一校一报告，一次一反馈”的工作模式，确保校校达标、项项达标。

2023年10月，新吴区接受义务教育优质均衡发展国家评估认定的实地核查。实地考察专家组进驻，开展为期两天的实地核查工作。专家组坚持重硬件更重软件、重指标更重人民满意度、重数量更重质量的评估认定原则，严格按照实地核查相关程序，通过听取汇报、交流询问、查阅台账等方式，实地核查了公办中小学、九年一贯制学校、民办学校、特殊教育学校等8所不同类型的义务教育学校，随机访谈了近百名校长、教师、学生家长。在实地核查反馈会上，专家组一致认为新吴区高水平达到县域义务教育优质均衡发展国家评估认定标准。

此前，对照义务教育优质均衡发展督导评估 32 项指标，根据教育事业报表测算，资源配置 7 项指标、政府保障 15 项指标、教育教学质量 9 项指标，新吴区自评全部达标。2020 年，新吴区参加省教育厅组织的中小学生学业质量分析测试，中小学优良率分别为 93.2%和 97.8%，均高于省平均水平，中小学校际差异率全省领先。社会认可度评估指标达标，区域内学生、家长、教师、社会机构对区域内学校进行满意度测评，满意度皆高于 90%，社会与学生家长对区域义务教育优质均衡发展总体认可度较高。

在实地评估反馈会上，专家组组长陈东生颇有感慨地说道："几天来，我们小组成员乘车穿梭在大美无锡，太蠡二湖银镜般的水面映照着城市发展的日新月异，让我们感觉到城市奋发开拓的气息……有志者事竟成，破釜沉舟，百二秦关终属楚，让我们看到这片沃土上的人民敢于奋斗，敢于创新的决心。让我们感触最深的是，在走向学校的时候，看到鳞次栉比的高楼大厦，我不禁想起杜甫的那首诗，安得广厦千万间，大庇天下寒士俱欢颜。重要的是在建设广厦千万间的时候，新吴区委区政府并没有吝啬那些金贵的土地，而是投入巨资，建了一座座水平很高的学校，这不但体现区委区政府对教育的偏爱，更为城市文明留下了血脉，此功莫大焉。"

省教科院院长陆岳新说道："新吴区在义务教育优质均衡方面做了很多努力，取得了很好的成效。新吴区是高新技术产业开发区，是新建城区后发先至、后来居上的一个典型，教育基础条件虽然不是太好，但教育发展跟高新区建设一样很快，在义务教育优质均衡发展过程中，硬件软件一起抓，公平和质量并驾齐驱，新吴教育是品牌，其经验和路径都值得总结。"

迈入义务教育优质均衡发展新阶段，教育事业锁定"高质量发展"目标，着重落实立德树人根本任务，坚持以育人为本，全面推进五育并举，强化教师队伍建设，提升教育教学质量，切实减轻学生过重课业负担，促进学生德智体美劳全面发展和健康成长。这意味着，新吴教育人必须以更大的力度顺势前行，在进一步巩固全国义务教育优质均衡发展各项创建指标的同时，以改革者的姿态朝着全国义务教育优质均衡发展区的目标前进。

在5年的创建历程中，新吴区紧紧围绕资源配置、政府保障和教育质量等重点工作攻坚克难，推动义务教育优质均衡发展，全力以赴补齐资源不足的短板，全面加强教师队伍建设，不断提升教育教学质量。

二、画好一张蓝图，加大投入，补足教育资源短板

无锡高新区作为一个国家级高新技术产业开发区，招商引资、产业发展始终走在全省全市的前列，先后形成了“日资板块”“韩资高地”“欧美组团”，但社会事业尤其是教育事业的发展相对滞后，教育资源配置严重不足。随着经济社会快速发展，产业人口不断涌入，城市化进程日趋加速，多孩政策全面实施，异地高考政策落地，全区常住人口快速增加，从“六普”期间的56万增加到“七普”期间的72万多，教育资源供需矛盾日趋严峻，人民群众“有学上”和“上好学”的期盼更加迫切。区委区政府和区教育局审时度势，坚持目标导向、结果导向，紧紧围绕全区发展定位，切实把教育事业发展摆在突出位置，通过加大财政投入，快速推进布局调整和学校改造工程，持续优化教育资源配置，有效缩小校际差距，全面提升区域教育现代化建设保障水平，着力补齐教育资源紧缺短板。

为让每一名学生都能“有学上”“上好学”，区委区政府始终坚持“高标准规划、高标准设计、高标准配置”的原则，持续优化区域教育资源布局，不断改善学校的办学条件，并立足教育资源布局现状，结合全

区未来 5 年人口预测及开发建设强度分析，研究出台以常住人口为基数的义务教育学位配置标准和教育用地保障措施。完善制度设计，会同资规、住建等部门科学编制《无锡高新区（新吴区）基础教育“十三五”布局调整规划》《无锡市新吴区基础教育设施提升三年行动计划（2018—2020）》《新吴区“十四五”教育资源布局规划》《新吴区基础教育资源布局三年计划（2022—2024）》等，明确教育资源扩容目标。在学校建设过程中，为保障学校建设项目稳步推进、按时落地，召集建设经验丰富的校（园）长成立学校建设专家队伍，为学校设计方案出谋划策。积极探索学生上学路径和校园周边交通环境治理改造路径，对学校设计方案进行优化完善，全面实施校园地下停车智慧接送系统改造计划，缓解学校周边交通压力，保障学生上下学的交通安全。义务教育资源布局建设做到“三个统一”，即建设投入统一由区、街道财政支持保障，建设标准统一参照省现代化办学标准，建设体制统一由区一级扎口，由专业单位实施代建。区教育局从项目立项到竣工验收全程参与、监督配合、协同推进。学校建设“两支队伍”，定期召开推进协调会，及时讨论解决推进过程中遇到的问题，既减少变更、节约成本，又保证建设的实用性和科学性。紧盯“三个关键”，始终牢牢把握好学校建设项目前期、施工以及竣工验收三个关键阶段，强化全过程参与、全过程监督和全过程保障，确保学校建设项目成为人民满意的合格工程、放心工程。严格按照现代化学校建设标准，在全市率先实现空调安装和学校护眼灯改造全覆盖。率先推进校园地下停车智慧接送系统建设，10 所学校成功改造，未来所有新建改扩建学校将全面增设该系统，以缓解校园周边的交通压力。率先实现所有学校生均及辅助用房面积、生均运动场馆面积、网络多媒体教室等 100％达成省教育现代化建设监测、义务教育学校标准化监测和全国义务教育优质均衡发展区创建标准，真正实现所有学校精品定位、文化构建、优质打造，成为老百姓家门口的现代化校园。

自2015年年底建区以来，新吴区累计投入40余亿元，新建改扩建中小学30所，增加学位4万余个，有效缓解了老百姓上学难、入学难的矛盾。在学校布局调整、资源建设过程中，新吴区始终坚持建立健全教育设施空间规划，结合常住人口分布，均衡布局基础教育设施，保证各片区居住用地与教育资源供给的均衡性。坚持适度发展原则，靠前谋划教育用地供给，科学评估各功能版块人口流入和增长趋势，兼顾中小学服务半径，确保规划落实。保障教育设施建设用地需求，将学校建设项目列入民生建设计划，由发改委、教育局、住建局、公建中心、各街道等多部门协同谋划、统筹安排，优先将学校建设项目纳入政府年度投资计划，全方位摸排属地街道新增学校用地计划与需求，在预支空间规模指标落地上图方案中优先保证教育设施项目上图。坚持协同联动，齐心共抓学校建设。加强部门联动，形成全区上下共同支持教育、关心教育的良好氛围，建立学校建设项目联席会议制度，联合财政、住建、资规等部门和各街道定期召开专题学校建设项目推进会议，逐个项目确定地块选址、时间节点和责任分工，确保学校建设项目按时序推进落地，在教育高质量发展的赛道上跑出新吴速度。

三、打破制度藩篱，改革创新，激发教师队伍活力

新吴区建区前，由于行政区划不断调整，义务教育“以区为主”的管理体制尚未理顺，区域内各板块、街道对学校发展的定位不同，学校发展的基础不同，学校间存在教师年龄、学科、性别、骨干教师数量等资源配置不均衡的现象。由于受到编制、岗位、待遇以及学校自身教师队伍建设等因素的影响，校际优质教师资源配置不均衡。受到地理位置、交通条件、经济发展等因素的影响，偏远地区的教师流动性大，师资队伍稳定性差，各校教师队伍持续稳定发展的状况也不均衡。这些问题成为制约新吴区教师队伍建设的瓶颈，也影响到全区教育教学

质量的整体提升，严重制约着全区义务教育优质均衡发展。全区上下直面问题，以刀刃向内的勇气，打破固有的制度藩篱，推动人事制度全面改革。

为破解师资队伍建设发展难题，经区委区政府常务会议研究决定，2019年出台了《新吴区“区管校聘”工作实施办法》，在全市率先确定了“三步骤、三阶段”的“3＋3”改革模式。区教育局通过“区管”，依法履行对中小学教师的公开招聘、职务评聘、培养培训、调配交流和考核等管理职能。学校通过“校聘”依法与教师签订聘用合同，负责教师的安排和日常管理。在全区教师编制管理、人员调配、经费使用等方面做到统一调配、统一管理。这一改革对于统筹区内义务教育教师资源，推进教师无壁垒交流轮岗，化解教师资源均衡配置矛盾起到了积极作用。在总结第一轮“区管校聘”工作经验的基础上，2022年出台了《新吴区深化“区管校聘”管理体制改革实施办法》，以全面深化教师队伍管理体制机制改革为核心，加强区内学校教师编制、职称岗位和绩效工资的统筹管理，建立由相关部门核定，由教育部门统筹管理、总体分配，由学校具体执行的工作机制。通过改革，进一步完善各项制度，进一步优化教师资源配置，提升人事管理效能，激发教师队伍的活力。自开展“区管校聘”管理制度改革以来，“不看资历看能力”“能者上庸者下”，新吴区打破教育系统多年来论资排辈的传统，给有能力、有拼劲的年轻人提供了更广阔的发展平台。为更好地将“区管校聘”管理制度改革走“深”走“实”，区教育局又相继出台了《新吴区教育系统推进领导干部能上能下实施办法》《新吴区中小学（幼儿园）校（园）长任期制实施办法》《关于进一步加强新吴区教育系统年轻干部选拔培养工作的意见》《新吴区教育“卓越人才”培养方案》《关于完善教师收入分配激励机制的方案》《“飞凤人才计划”教育高层次人才引育实施办法》，确保改革“红利”惠及教育本身。通过“区管校聘”改革，新吴区有效实施了编岗分离，全区义务教育学校教师交流比例逐年提高，骨干教师占比逐年增加，教师队伍的数量、区域配置、年龄结构等得到了优化，师资队伍配置不公平、不均衡等突出矛盾得到了有效缓解。

随着“区管校聘”管理体制改革向纵深推进，以及一系列配套政策的落地实施，区域内教育教学资源得到均衡配置，这进一步激发了教师队伍的活力，有效推动全区义务教育优质均衡发展，有力助推教育高质量发展，全区教育呈现出快速发展的勃勃生机，为教育跨越式发展奠定了坚实的基础。在义务教育“以区为主”管理体制全面落实到位的基础上，新吴区打破了不同街道学校管理的校际壁垒，分批次、分阶段稳步实施教师全员竞聘上岗，逐步实现教师由“学校人”向“系统人”的身份转变，全区教师真正做到了区级统一核编、统一招聘、统一调配、统一待遇、统一培养、统一考核，实现各类人才在不同学校之间、在各种岗位之间合理使用、科学流动，优化了教师队伍结构，激发了教师的内生动力，调动了教师的工作积极性。

四、坚守教育至新，循序渐进，不断提高教育质量

无锡高新区建区 30 多年来，行政区划不断调整，由最初的 5 平方千米发展到现在的 220 平方千米，教育资源也经历了一个从无到有、由少到多的发展历程。在建区以前，由于区域开发与城市化建设进程不同步，义务教育“以区为主”管理体制尚未建立，义务教育学校之间存在同一区域中心校与分校、分部、村小，重点校与普通校之间发展不平衡的现象，不同区域之间还存在区域整体发展水平不平衡的现象，新建学校与老牌学校之间发展也不平衡。从义务教育整体发展情况来看，区域整体发展水平不高，学校之间发展差异较大，区域教育质量整体水平不高。教育发展水平与经济发展程度不匹配，教育对经济社会发展的贡献度不大，人民群众对教育的满意度不高，成为新吴教育人必须面对的现实。

为切实解决教育发展“不平衡不充分”的问题，面对教育资源迅速扩张和教育质量亟待提升的双重压力，新吴区充分认识到改革和发展是解决问题的唯一出路。为促进区域教育优质均衡发展，切实办好人民满意的教育，区教育局提出了“优质教育发展共同体建设”的工作思路，并持之以恒进行探索实践。2018年，与区域内外高校、公民办学校等拥有优质资源的单位合作建构委托管理、管理输出、联合办学三种合作办学模式，推进新学校高起点建设。各共同体学校实施文化相容、管理互容、课程兼容的“三容”管理模式和教改共研、资源共享、发展共进的“三共”策略，打造“教育共同体”，实现共同体内各校办学理念、育人文化、课程师资、质量特色协同发展。2019年，为进一步推动共同体学校紧密合作、深度交流，又提出实施“党建协同发展”“教师优质发展”“学校高质发展”三大工程，通过建立“学校治理共同体”“课程建设共同体”“教研合作共同体”“教师发展共同体”“数字化资源互联共同体”，共享办学理念、共创优质课程、共研教学改革、共育师资队伍、共建数字资源，打造优质学校群。通过多年的不懈努力和积极探索，区域教育整体发展水平不断提升，教育质量持续攀高，中小学学业质量监测、学生中考水平稳居全市第一方阵，人民群众对教育的满意度和教育对经济发展的贡献度不断提高。在教育高质量发展的道路上，新吴区始终坚持理念引领，加强顶层设计。根据“打好引进牌，擦亮本土牌，培植新品牌”的集团化办学思路，构建“名校带弱校、老校带新校”的一体化发展格局，按照“建一所，优一所”的原则打造区域品牌学校，不断扩大优质资源的覆盖面。创建“基地校、集团校、联盟校”三种模式，实现了集团化办学跨区域、跨类别的全学段、全学校、全覆盖，强化“教学共研、课程共建、师资共育、项目共创、质量共进”发展路径，充分发挥基地校的辐射引领作用、集团校的互助式发展效能、联盟校的文化共建资源共享成效，促进区域办学水平整体提升。

五、坚持多措并举，激发活力，学校发展呈现新样态

新吴区自成立以来，对教育的重视程度、学校建设速度、队伍扩充力度、经费保障强度、区级统筹广度前所未有，教育国际化、教学信息化、办学集团化、管理集约化工作在全市领先。全区义务教育优质教育资源供给大幅提高，区域教育现代化水平突飞猛进，公共教育服务均等化能力不断提升，教育优质均衡保障程度在全省领先。“新吴速度”与“新吴质量”相辅相成，义务教育全面呈现办学规模、发展速度、教育质量、办学效益、安全稳定相统一的新格局、新样态。

（一）布局合理，设施齐全，办学条件呈现新面貌

自建区以来，新吴区在义务教育学校标准化建设过程中不断加大财政保障力度，合理规划教育优质资源布局，在薄弱关键处着手，从重点问题入手，补齐短板，纵向提质，统筹兼顾，横向扩容，教育资源供给呈现全面优质、高位均衡的发展态势。在学校标准化建设全面达标的基础上，学校空调安装、护眼灯改造、智能化地下接送系统建立、家长等候区幸福空间改造等在全市领先，一流的办学条件为教育高质量发展奠定了坚实的基础，全区中小学办学条件发生了翻天覆地的变化，呈现出欣欣向荣的全新面貌。

（二）改革创新集团办学模式，品质发展增加新动力

新吴教育坚持聚焦人民群众对优质教育的新期盼，坚持“打好引进牌、擦亮本土牌、培植新品牌”的工作理念，持续深化合作办学，嫁接优质教育资源，赋能教育高质量发展，建强新吴教育“六大核心圈”，新优质学校占比在全市领先。老百姓家门口的好学校不断增加，优质普惠的公办学校，特色鲜明的民办学校、国际学校一应俱全，基本满足了

“老新区人、新新区人、洋新区人”就近接受各类优质教育的需求。

(三) 专业引领内涵提质，办学水平跃上新高度

新吴区邀请国内近30名教育领域权威专家，组建区教育高质量发展专家咨询委员会，强化教育发展顶层设计。连续三年将“基础教育质量提升工程”纳入区为民办实事项目，投入专项资金，系统开展基础教育“5+N”高品质创享行动。强化教研支撑，构建“区、集群、校、学科”四级大教研体系，全学校、全学科、全学段推进实施省基础教育前瞻性重大实验项目“区域课程教学变革的新吴实践”。

(四) 以德为先，全面育人，素质教育展现新气象

新吴区全面加强中小学思政课一体化建设，深化体艺“211”工程，高标准落实“双减”和“五项管理”工作，在课后服务全覆盖的基础上，累计组建非文化课类学生社团近2000个，全区35所学校被评为国家级、省级体育艺术类特色学校。积极推进阳光体育活动，促进青少年身心健康发展，学生体质健康水平保持全市领先。全区中小学以“全面+特长”为培育目标，根据每个学生的特长，有针对性地加强培训，每人掌握两项运动技能或传统体育项目，有效提高学生的身体素质。加强高规格艺术管理团队建设，开发综合性艺术教育体系，拓展菜单式艺术特色课程，滋养了一批又一批小小艺术爱好者。构建富有区域特色的劳动教育体系，增设劳动教育必修课，提升新吴学子的劳动素养。

(五) 面向未来数字赋能，教智融合打造新模式

全区建成区教育大数据中心，采用“平台+教育+服务”模式，建成集学生综合素质评价、教师发展评价、学校办学水平评估、社会办学监管等功能为一体的综合应用系统。提高信息技术与教育教学深度

融合的水平，完善教师备课、课堂教学、作业布置、知识复习、教学评价等系统，加强“全学校、全学科、全学段”的单元教学课例资源库建设。打造5G未来智慧教室、数字化学科教室等学习空间，每所学校都有智慧教室、录播教室等，全区公办中小学100%创建为市级“智慧校园”，建成省级智慧校园30所，其中鸿山实验小学和新吴实验小学高标准建成省智慧校园示范校。2023年5月，在省教育厅会同省委网信办、省工业和信息化厅开展的江苏省智慧教育样板区培育区域遴选工作中，新吴区被认定为江苏省智慧教育样板区培育区域，基本形成覆盖全区、布局合理、功能完备的“智慧教育”生态服务体系，探索建立了面向未来教育的数字赋能教智融合发展新模式。2024年4月上线的至德·三源云学院助力新吴区全面强化协同育人能力，构建校家社协同的智慧教育生态。

推进义务教育优质均衡发展是实现教育公平，办好人民满意教育的重要途径。伴随开发、建设的进程，新吴区全区上下通过调整教育布局、改善办学条件、合理配置优质资源、规范教育行为、打造特色品牌等各种措施，高标准落实立德树人根本任务，全面推进中小学校更好更快地发展，全区教育正朝着“全市教育高质量发展第一区”“全省一流教育强区”的目标阔步迈进。

健全完善各类优质教育服务体系

重新回望无锡高新区(新吴区)的发展历程,从1992年扬帆起航,经历32年的砥砺奋进、勇毅前行,这座魅力新城勇立潮头,成为无锡市重要的经济增长极、对外开放窗口、科技创新基地和转型发展引擎。

新吴区坚持系统规划,统筹推进育人方式、办学模式、管理体制、保障机制改革,把促进教育公平融入深化教育领域综合改革的各个方面、各个环节,把构建优质均衡的基本公共教育服务体系作为实现共同富裕的一项重大民生工程。新吴区教育局坚持以人民为中心发展教育,义务教育以公益普惠和优质均衡为基本方向,不断完善高中教育、特殊教育、国际教育、民办教育、职业教育、社区教育等公共教育服务体系。

一、高中教育:市区共建凸显质量品牌优势

普通高中教育是国民教育体系的重要组成部分,在人才培养中起着承上启下的关键作用。"十三五"以来,新吴区积极探索市区共建初高中一体化协同发展新机制,深化与辖区内非区管高中的交流协作,加强在学科建设、教研、课程、培训等方面的双向衔接,致力于打造以江苏省梅村高级中学、无锡市第三高级中学为主体的初高中衔接示范

校，实现资源共享和人才培养体系贯通，深化区域内初中教育与高中教育的融合发展。

（一）传承“至德”精神，擦亮百年名校金字招牌

“烟翠三秋色，波涛万古痕。”位于太湖之滨的“江南第一村”无锡梅村古称“梅里”，是商末周初的吴国国都，是吴文化的发祥地。创办于1913年的江苏省梅村高级中学根植于这片历史悠久、底蕴深厚的吴地文明沃土。100多年来，学校始终坚持“为了师生的生态发展”的教育理念，奉“至德”精神为圭臬，根植于吴地文化，孕育了“敏毅诚朴”的办学精神，生成了誉满江南的“至贤文化”，是江苏省首批办得好的重点中学、江苏省首批四星级高中、可向全国高等院校推荐免试保送生的重点中学、国家级示范高中，被南京大学等著名高校誉为“共和国优秀人才的摇篮”。

江苏省梅村高级中学秉承一代代文人志士守护根脉、传承文化的初心与使命，致力于为学生提供更好的成长生态，打造融吴地文化、时代特色、学校传统为一体的文化校园，让每一名走进梅村高级中学的学生都能够全面而有个性地成长和发展，全面提升人才培养水平。梅村高级中学的广大教师以实干兴校，务实创新，把“建设智慧学校，创新至贤教育”写到了学校优质特色发展规划之中，并赋予“至贤文化”时代精神和深刻内涵，持续推动学校高质量发展。近几年，学校获得省、市级师德标兵、优秀班主任、先进教育工作者等荣誉称号的教师达百人次，超百名学生在国际、国内各类科技竞赛中获奖，上千名学生在市级以上各类比赛中获奖。学校先后获得“江苏省教育工作先进集体”“无锡市高质量发展先进集体”等荣誉称号。

百年学府，根深叶茂。2023年9月，投资总额达7.7亿元、占地面积约为10万平方米的江苏省梅村高级中学空港分校正式启用。作为江苏省梅村高级中学教育集团的重要组成部分，学校与梅村高级中学

本部一样实行集团化办学，共享优质师资，共同培养具有“尚德、包容、崇文、创新、灵动”品格的博学弘毅青年。空港分校的启用是市区共建优质高中的一项重要举措，为进一步扩大优质普通高中资源，更好地服务新吴学子就近接受优质高中教育提供了更多的机会和选择，得到了新吴百姓的普遍赞誉。开办两年来，空港分校已经成为老百姓眼中的高品质高中。2024 年，梅村高级中学与新吴区合作建设新吴区梅村初级中学，进一步探索初高中衔接课程建设的新路径。

（二）支持多样发展，打造高中教育优质品牌

《无锡高新区（新吴区）教育事业发展“十四五”规划》明确提出“支持普通高中多样化特色化发展”，希望市区两级教育主管部门能够支持辖区内高中多样特色发展，努力满足人民群众对公平而有质量教育的需求。

无锡市第三高级中学也是吴文化孕育下的百年老校，学校创建于 1920 年，其前身为无锡历史上第一所由中国人创办并管理的完全中学——无锡中学校（私立无锡中学），由近代著名教育家高阳先生“毁家兴学，造福乡梓”，变卖全部家产筹资兴办，并由著名国学大师唐文治先生“义不受薪”出任首任校长。学校于 2001 年 5 月建成省重点中学，2006 年 7 月晋升为省四星级高中。学校秉承创校先贤的优良办学传统，经过多年的建设，已成为区域内有一定影响力的学校。百年来，学校为国家和民族培养了 7 万多名学生，分布于我国政治、经济、教育、科学、文化、思想、军事各领域，为国家进步和家乡建设作出了重要贡献。2017 年，新吴区积极探索市区共建初高中一体化协同发展新机制，采用“合作办学、委托管理、共同发展”的协作模式，与无锡市第三高级中学合作共建无锡市新吴实验中学。新吴实验中学优质品牌的打造，切实缓解了区域内教育资源供需矛盾，辐射并带动了区域内学校教育的整体发展，成为初高中教育一体化融合发展的成功案例。

除此之外，2023 年，新吴区还支持全市高品质高中建设，助力全市进一步扩大优质高中覆盖面，不断满足人民群众进入优质普通高中的新期盼。目前，江苏省天一中学分校正在规划筹建中，新校建成后，新吴区高中教育品牌优势将日益凸显。吴文化优秀的至德精神、创新精神、公益精神从古流传至今，并不断发扬光大。新吴区以培养担当民族复兴大任的时代新人为己任，市区共建，不断扩大高中优质教育资源，推动高品质高中建设，持续提升育人质量，为无锡加快建设现代化教育强市作出重大贡献。

二、特殊教育：让每个特需学生向阳而生

特殊教育是秉承大爱、挚爱和真爱的教育，是推进教育公平、实现教育现代化的重要途径，是坚持以人为本理念、弘扬人道主义精神、实现社会公平的关键举措，是保障和改善民生、构建社会主义和谐社会的首要任务。新吴区认真贯彻国家、省、市关于特殊教育质量提升的相关精神，把适宜融合作为特殊教育内涵发展的重要目标，加快健全特殊教育体系，不断完善特殊教育保障机制，促进特殊教育高质量发展，让每个特需学生向阳而生、全面健康适宜地发展。

（一）推进学段衔接，完善特殊教育办学体系

《江苏省"十四五"特殊教育发展提升行动计划》提出要"加快健全特殊教育体系，全面提升特殊教育质量，切实保障有特殊需要的儿童青少年平等接受教育的权利"。新吴区于 2019 年创办特殊教育学校，设计规模为十五年制(学前——职业高中)。目前已开设学前、小学和初中三个学部。自创办以来，新吴区特殊教育学校积极构建以人为本的特殊教育体系，取得显著成效，学前残疾儿童服务能力得到较快发展，残疾学生义务教育普及水平明显提高，残疾儿童少年随班就读工

作逐步得到落实。

特殊教育学前班自2021年9月开设以来，在实践中探索出学前教育“三步走”的发展推进模式，即通过打造“教康并重”的课程体系，开展“缤纷绚丽”的活动，营造“融合有爱”的教育环境，为学前残疾儿童提供适宜的保育、教育、康复与干预服务。新吴区特殊教育学校还积极探索开展职业教育的方向与路径：面向特需青少年，开发“七色花”职业社团课程；与辖区内的海力士、强茂等公司结对，为特需青少年提供到企业参加实践的机会。新吴区还推进特殊教育向高中阶段延伸，进一步完善特殊教育办学体系。

在建设好特殊教育学校的同时，新吴区还支持普通幼儿园、中小学接收残疾儿童，鼓励他们就近入学，或优先选择有融合教育资源中心的学校入学。全区义务教育阶段残疾儿童少年入学率达到100%。

（二）坚持多措并举，推进特殊教育融合发展

《江苏省“十四五”特殊教育发展提升行动计划》要求“坚持尊重差异、多元融合、促进公平，探索适应特需儿童和普通儿童共同成长的融合教育模式”。新吴区通过政策引导，统筹区域规划，重视专业引航，稳步推进区域融合教育提质增效，着力推动特殊教育事业高质量发展。

切实加强区域特殊教育阵地建设，2020年，新吴区教育局“区域融合教育资源中心建设”项目被列入江苏省特殊教育发展工程建设项目。目前，新吴区已建成市级融合教育资源中心38个，区级融合教育资源中心10个，每个街道确保建成至少1个学前、小学和初中各学段融合教育资源中心。中心统筹规划，建设规范合理、设备齐全、互补性强的资源教室，满足区域内随班就读各类特需学生的教育需求，并逐步建成特需学生发展支持中心。

（三）坚持以创促优，推进特殊教育优质发展

在融合教育资源中心的基础上，新吴区实现了从“有”到“优”的转变，成功创建了一批融合教育示范校。2023 年，新吴区春星小学“融合＋适合：让每一颗星星都闪光”融合教育内涵建设项目成功入选江苏省特殊教育发展项目，学校获评“江苏省融合教育示范校”。此外，新吴区有 4 所学校获评市级“高质量融合教育示范校”，有 5 所学校获评市级“融合教育示范校”，有 1 所学校获评区级“融合教育示范校”。新吴区充分发挥区特殊教育骨干学校的指导作用，统筹区域融合教育工作，明确普通学校融合教育实践的主体职责，扩大融合教育示范校的影响力，加强街道各融合教育资源中心之间的交流，实现资源统筹共享。

“十四五”以来，特殊教育已进入内涵式发展新阶段，加快健全特殊教育体系，全面提高特殊教育质量，不断完善特殊教育保障机制，是新吴区特殊教育补齐短板的关键举措，也是实现更加公平、更有质量教育的重要内容。区教育局聚焦“扩优提质”，以高质量满足特需学生多元教育需求为重点，深耕细作、求实求效，努力构建区域特殊教育优质融合发展新格局，让每一名特需孩子都拥有人生出彩的机会，书写新吴发展新篇章。

三、国际教育：一张闪亮的名片

深厚的文化底蕴滋养了新吴区崇文重教的优良传统，产业的发展和城市的国际化又为新吴教育注入了全新元素。在 30 多年的发展中，新吴区形成了基础教育、中等职业教育、高等教育、成人和社区教育相衔接，中外教育齐发展的现代国民教育体系，是全市教育体系最完整、教育资源最丰富、教育国际化程度最高的区域。新吴区现有国

际学校 3 所，外籍学生 1000 余人。新吴区这个外资高地、开放前沿，正不断展示着国际教育发展的旺盛活力和广阔前景。

(一) 凸显区域特点，创建教育国际化先导区

什么是教育国际化，如何实现教育国际化？对于新吴区来说，这是一个全新的课题，没有任何现成的经验可借鉴。在充分调查研究的基础上，新吴区出台了《关于推进教育国际化先导区建设若干重点工作的决定》，该决定鲜明地提出，作为一个国家级的高新技术产业开发区，要努力创建成为教育国际化先导区。在实践探索过程中，紧密结合区域特点，把国际教育生活社区建设作为推进教育国际化的重要抓手。从 2006 年开始，决定在商务商贸中心的核心区域建设占地 1000 亩的国际教育生活社区。经过两年多的努力，无锡韩国人学校、无锡伊顿国际学校陆续投入运营，加上原有的新区国际学校、爱儿星早教园，一个立足无锡、服务和辐射长三角经济圈的高品位国际教育社区已初具雏形。4 所国际学校沿同一条道路一字排开，成为全国少见的国际教育集群。加上周边 IC 留学生公寓以及全区 9 所涉外教育定点学校，新吴区的教育国际化能力和品位得到进一步提升。国际教育生活社区的成功建设，不仅提高了新吴教育的服务能力，成为新吴区教育国际化的亮点与窗口，也进一步完善了城市区域的服务功能，改善了招商引资环境。

(二) 契合多元需求，创新教育国际化多样态

为营造一流的招商引资环境，新吴区高度重视境外学生的入学工作，在探索与实践中创新发展思路，通过多种途径培植涉外教育学校，不断满足外籍人士子女接受多元文化教育的需要。目前，境外学生入学主要有三种途径：一是到本地公办学校与中国学生混合编班，接受纯中国式的教育；二是到各类国际学校，与多国学生一起接受以英语

作为母语、国际认可的通用课程教育；三是到外籍人士子女学校，接受与该国国内同步的国民教育。境外学生可以根据实际需要选择不同学校接受教育。

2006 年 9 月，经教育部批准，由高新区管委会投资兴建的江苏省首家专门接收韩国学生的无锡韩国人学校正式立项。2008 年 2 月，无锡韩国人学校又拿到韩国政府的正式批文，成为韩国政府认可的在中国成功举办的第八所境外学校，是华东地区继上海韩国人学校之后的第二所韩籍人士子女学校。目前，学校从幼儿园到高中有 15 个年级，招收 500 名左右韩国籍适龄儿童。学校的成功开办和顺利运营，为无锡及周边地区的适龄韩国学生提供了与韩国国内同步的国民教育，学生回国后能够很快适应韩国教育。通过中韩双方的共同努力，学校已成为全国范围内硬件设施一流、教育质量上乘的具有鲜明办学特色的外籍人士子女学校。

无锡伊顿国际学校于 2008 年春学期开始招生。学校为在锡欧美人士子女提供就读机会，是能提供 IB 文凭教育的纯国际学校。该校拥有一流的现代化教育设施和先进的办学理念，是继无锡韩国人学校成功开办后的又一所外籍人士子女学校。

站在全面深化改革、扩大开放的历史新起点，为实施外资企业研发机构全覆盖战略，营造良好的招商服务环境，加快形成国际教育品牌，巩固和提升国际教育资源的集聚优势，全力打造一所与国际高端教育无缝接轨，为外籍人士子女提供就近接受高品质教育服务的国际学校，2018 年，由新吴区政府投资 3.5 亿元建设而成的无锡波士顿外籍人士子女学校正式投入运营。作为无锡地区唯一一所从幼儿园到高中课程都获得 IB 国际文凭组织正式授权的国际学校，该校实行 18 个月至 18 周岁（从幼儿园至高中阶段）一贯制办学，从校园设计到工程施工，从课程系统设计到师资人员配置，全面遵循一流国际学校的标准，致力于通过扎实的教育，培养出受全球大学认可并优先录取的精英型人才。

无锡波士顿外籍人士子女学校的教职员工来自近 20 个不同国家,该校学生主要来自包括北美洲、南美洲、欧洲、亚洲、非洲、大洋洲的近 20 个国家。兼容多元文化的学习环境为教育国际化提供了良好的办学生态。凭借先进教育理念和国际教育资源,学校致力于培养学生的学术素养、开创性和批判性思维,以及对多元文化的理解与尊重。学校是美国西部院校联盟(WASC)的认证会员学校,经美国大学理事会授权开设了大学先修(AP)课程。此外,该校也是 MAP、PSAT、SAT 的授权考点。这套一流的高中课程将确保毕业生能够以足够的知识和技能适应大学的学习生活。

(三) 提升服务效能,打造教育国际化新高地

截至 2023 年 9 月,新吴区共有 18 所学校接收了来自 18 个国家和地区的境外学生千余名,境外学生在本地公办中小学、幼儿园就读也较为普遍。

经过多年努力,新吴区各类涉外教育机构无论是在硬件建设和软件管理方面,还是在学校教育教学质量等方面,都上了一个新台阶,为推进教育国际化创造了良好条件。区内先后有梅村高级中学、新吴区第一实验学校、新苑小学、维德双语幼儿园等 9 所中小学、幼儿园被无锡市政府确定为无锡市外籍人士及港澳台人士子女入学定点学校。为促进本土学校教育国际化水平,新吴区投入了教育国际化专项资金,引进外籍教师到区内中小学专职任教,不断深化双语教学、国际理解教育,并积极开展教育国际交流,进一步提高教育对外开放水平,有效提高了区域英语教学质量和学生跨文化交际能力。区内学校大力开展双语教育实验,在学校环境营造、课程设置、教材选用、课题研究、教育评价等方面进行积极尝试、大胆突破。目前,全区共有试点学校 14 所,实验学校 8 所。涉外教育定点学校的建设和学校双语教育实验

同步推进，为国际化教育工作营造了良好的氛围，奠定了坚实的基础。

新吴教育的国际交流与合作方兴未艾，国内合作频繁，国际交流活跃。无锡韩国人学校与旺庄实验小学、春星小学、善德幼儿园实现教学互动、教师互派，加强了国际教育与本土教育的沟通。无锡波士顿外籍人士子女学校与新吴区第一实验学校、上海世外教育附属无锡新安中学三校联合，以“构建高效英语课堂，展现英语特色魅力”为主题，开展教学研讨活动，进一步加强了国际交流与合作，提高了各方的教育教学水平。与此同时，新吴区先后选派教师100余人次赴新加坡、英国、澳大利亚、日本等国接受短期培训与学习。选送了近400名学生利用暑期分别赴新加坡和韩国开展暑期修学游活动，帮助学生丰富知识、拓宽视野。推进包括新区实验小学(现梅村实验小学)在内的5所学校与国外著名办学机构或学校建立友好合作关系，开展以语言合作培训、管理工作交流、学生修学旅行和文化体育交流为重点的合作交流活动。区内部分学校还利用“双语教育”实验的契机，选用国外优秀教材，进行课堂教学试点，取得了较大突破。目前，新吴区中外学校、教师和学生相互交流、合作共赢、互动发展的良好局面已基本形成。

新吴区国际化的氛围日趋浓厚，多种形式的涉外教育机构在解决境外学生入学需求方面正在发挥积极的作用。作为国家级高新技术产业开发区，新吴区的配套教育环境日益优化，教育对经济的服务功能不断增强，已成为全市外籍学生集中、国际交流频繁、教育理念现代的国际教育新高地。

四、民办教育：从规范有序走向优质发展

民办教育是教育事业的重要组成部分，促进民办教育持续健康发展事关教育现代化建设。在政策指引下，新吴区民办学校规范有序发

展，成为这片土地上多元发展的教育力量之一。

(一) 加强政策扶持，促进民办教育优质发展

无锡新区首家民办幼儿园兴办于 2002 年 12 月，新吴区成立前，共有民办幼儿园 13 家。在 2016 年《中华人民共和国民办教育促进法》和《国务院关于鼓励社会力量兴办教育促进民办教育健康发展的若干意见》等法律和文件出台后，新吴区按照“积极鼓励、大力支持、正确引导、依法管理”的方针，积极推进民办教育事业健康有序发展。目前，全区有民办幼儿园 22 所、民办中小学校 2 所。

为了促进民办教育发展，先后制定出台了《新吴区促进民办教育发展实施细则（试行）》《新吴区民办教育奖补资金使用管理办法（试行）》《新吴区民办教育贡献奖励办法》《关于明确普惠性民办幼儿园办园成本差额补足工作的通知》等文件，加大对民办教育的政策扶持，不断提高民办学校的办学质量，促进民办学校优质发展。

为了面向区域提供更多的优质教育选择，新吴区先后推动无锡市高新区金桥外国语学校和无锡市新吴区幸福外国语小学两所优质学校在区内落地办学。依据无锡市普惠性民办幼儿园认定管理办法，明确了新吴区普惠性民办幼儿园的办学标准，引导更多的民办园提供普惠性服务，高质量完成小区配套幼儿园的治理工作。目前，区内所有小区配套幼儿园均为公办园或普惠性民办园。

(二) 化解矛盾，促进民办教育有序发展

民办教育在满足老百姓对优质教育的需求方面发挥了积极作用。根据中共中央办公厅、国务院办公厅《关于规范民办义务教育发展的意见》精神，新吴区依据“严格控制增量，逐步消化存量”的总体部署，全面加强民办中小学党的领导和党建工作，重点在推进党的组织全覆盖上持续发力，推动义务教育结构优化和布局调整，全区民办义务教

育在校生规模占比严格控制在5%以内。做到民办学校年检考核和规范办学考核工作全覆盖，强化对年检和规范办学考核结果的运用，年检结果向社会公示，将办学考核结果作为民办教育奖补资金发放的重要依据，支持和规范民办教育发展。

（三）落实“双减”政策，加强校外培训机构治理

在校外培训机构治理中，新吴区按照“双减”工作要求，遵循“校外治理、校内保障、疏堵结合、标本兼治”的总体思路，学科类培训机构压减率达100%，扭转了教育功利化倾向，不断缓解教育内卷化程度，引导家长正视自身的教育动机，进一步形成正确的教育观念。

五、职业教育：开创“区校一体”的新吴模式

职业教育高质量发展是教育高质量发展体系中的重要一环，与政治、经济、文化等息息相关。新吴区主动适应经济社会发展需要，采取职业教育和职业培训并重的举措，促进职业教育与普通高中横向融通，推进不同层次职业教育纵向贯通，加快建设服务全民终身学习的现代职业教育体系。

（一）服务区域发展，构建现代职业教育体系

多年来，新吴区坚持产教融合发展战略，区域内现有高等职业院校1所、公办五年制高职学校2所，中等职业学校1所，技工学校3所。其中，无锡科技职业学院为省示范性高职院校、江苏省中国特色高水平高职学校，无锡机电高等职业技术学校为省中职“领航学校”，无锡卫生高等职业技术学校为省现代化示范职业学校。新吴区初步构建了以普通技工学校、三年制中职校、五年制高职校为主要类型的现代职教体系，形成区内职业教育多种类型协同发展的良好局面。

为更好地满足高新技术产业与新兴产业发展对高素质技术技能人才的需求，2003 年，区里创办了无锡科技职业学院，这是江苏省第一所“由开发区办、办在开发区”的高职院校。20 多年来，从区级层面不断创新职业教育发展模式，构建了以无锡科技职业学院为培育主体的“科院＋”职业教育新体系。新吴区依托无锡科技职业学院创新职业教育发展路径，探索开发区职业教育发展新模式：聚焦高水平，服务学生成长成才；聚焦高质量，服务产业转型升级，打造出“区校一体”的职业教育发展“新吴模式”；聚焦人才链疏通融合路径，形成“一纵一横”、多边互动的新吴区职业教育发展模式。

（二）创新育人体系，打造地校协同治理平台

为促进职业教育更好地融入区域经济社会发展，2020 年 4 月，新吴区与无锡科技职业学院共同组建学校理事会，构建“地校协同”一体化育人组织。区主要领导担任理事长，学校主要领导任副理事长，政行企校相关单位负责同志担任理事会成员。学校每年向理事会汇报工作，寻求支持，将学校发展列入区整体规划和年度计划。理事会完善了“理事会—合作专委会—项目联管会”三级组织机构，深入实施“规划决策—统筹协调—组织实施”三级运行模式，形成了政行企校多元主体协同治理平台，为深化校地合作、产教融合、校企合作提供了有效的组织保障。在理事会领导下，依托学校成立发展咨询委员会、校地合作委员会、校企合作委员会和校区（园区）工作委员会。由区分管人才工作的领导牵头校地合作委员会，分管产业的领导牵头校企合作委员会，强化“区定专业、企定规格”的专业动态调整机制。依托新吴区“产业链相对完整清晰、高层次人才高度集聚”的区位优势，率先建设了移动互联应用技术等 6 个新技术专业，有效增强了区职业教育人才培养的适应性。探索以科技项目和平台为抓手，构建“创新在学校、创业在园区”的人才共享机制，促进校企高层次人才双向流动。聚集

特色产业园区，支持院校企业共建特色产业学院，促进专业群建设与产业链发展有机衔接，在高质量服务区产业高质量发展的实践中，探索出一条“校因区建、区因校兴、区校一体”的融合发展之路，形成了具有新吴特色的职业教育发展模式、育人体系和服务格局。

（三）纵通本科中职，打通职教人才培养体系

针对区域经济发展与产业转型升级过程中对不同层次人才的需求，新吴区创新职业教育办学模式，纵向打通职业教育人才培养体系，贯通本科与中职，形成人才供给梯度，持续优化服务学生成长成才的内循环机制，不断增强职业教育的适应性。

新吴区与无锡科技职业学院共建紧缺人才实训学院，依托无锡科技职业学院，联合龙头企业，连接区域外教育链，开展“本科后”紧缺人才培训，突破新吴区职业院校人才供给规模的自我局限。通过“3＋3”形式招收无锡籍学生，为全区培养“永久型”技术技能人才。面向全国100多所本科院校，招收近万名本科生，对区域内集成电路等产业亟须的、通过双向选择前来就业的相关专业毕业生开展为期6个月的岗前教育，重点培养他们的“双创”能力与一线实践能力。与本科高校合作开展“3＋2”“4＋0”以及七年一贯制人才培养，实现专业设置与产业需求对接、课程内容与职业标准对接、教学过程与生产过程对接，打破以知识点为串联方式的碎片化课程体系，为高素质技术技能人才培养探索出一条有效途径，满足众多企业对本科生“上手快”的需求，为产业高端与高端产业提供有力的高技术高技能人才支撑。依托中高职衔接项目，实施分段培养，提高学生对高职教育的适应能力，重点提升学生今后发展所需要具备的职业素养与职业能力。

新吴区坚持把无锡科技职业学院服务外包集团、职教集团以及四大专业建设整合起来，从而打通本科、大专、中专教育，实现上下贯通，形成完整的职业教育体系。这既是区域职业教育“立足高新区、融入

高新区、服务高新区”初心与使命的体现，也是“区校一体”办学新吴模式的具体体现。

六、社区教育：品牌赋能谱新篇

新吴区贯彻服务发展理念，以“普惠共享、居民满意、特色鲜明”为目标，服务区域发展外循环，推动社区教育均衡化、特色化、品牌化、全域化发展，构建了横贯园区街道、覆盖全域全民的终身教育服务网络，尽力满足区域经济社会发展教育培训需求和社会成员多样化、个性化学习需求。

（一）加强组织引领，筑牢多元共治教育体系

完善的管理体系是社区教育发展举旗定向的路标。2007 年 5 月，在区级层面成立了社区教育管理协调委员会。2010 年 5 月，改设社区教育委员会。同年 11 月，在无锡科技职业学院挂牌成立“新区社区学院”，依托无锡科技职业学院的平台及师资，开拓多元学习平台，形成了以社区学院为龙头，以 6 大街道板块中心校为支撑，以 100 多个社区居民学校为着力点的网格化社区教育新格局。目前，全区共有省级社区学院 1 所、省级街道社区教育中心 6 个、省级标准化居民学校 71 所、全国社区教育示范街道 3 个、全国学习型社区教育示范街道 2 个。社区学院和街道社区教育中心、社区居民学校相辅相成，形成了功能齐全、优质高效、具有特色的社区教育三级网络架构体系。

自 2010 年成功创建“江苏省社区教育实验区”以来，全区围绕“多元共治”的主题，加强政府统筹，形成全域化社区教育资源覆盖，构建了完善的社区教育制度，展现出终身学习型城区面貌。“十二五”以来，创建工作保持“三级跳”，先后创建成“全国第五批社区教育实验区”“江苏省社区教育示范区”，连续 3 年获评“全国全民终身学习活动

周成功组织单位”，连续6年被评为省社会教育宣传工作先进集体，社区教育已经成为新吴教育的又一品牌。

政府主导、学校牵头、社区共治、全民参与所形成的强大教育合力，筑牢了多元共治的社区教育工作体系，搭建了资源丰富的终身教育社会服务平台。全区通过线上、线下相结合的方式，开展多形式、多维度的社区教育，营造了“时时可学、处处能学、人人皆学”的良好氛围。

（二）保障服务供给，探索全民终身学习模式

高新区高度重视社区教育工作，从2012年起，每年按照标准安排专项经费，并将各街道社区教育经费列入年度考核指标。2019年，社区教育总经费投入近2000万元，在社区学院建成一个总面积为3000多平方米，集成果展示、交流、学习、体验功能为一体的新吴区社区教育展示体验中心，为推动开展社区教育提供了良好的平台。近几年，高新区持续加大对社区教育的投入，为推动社区教育提供有力的经费保障。

为扎实推进社区教育工作，高新区社区教育在人才培养、科学研究、服务社会、文化传承等方面进行了一系列创新实践。开展“层次化”师资培训，举办十三期社区教育管理干部培训班，约培训1000人次，建成了一支专业化、知识化、年轻化、规范化的社区教育队伍。推进“政府＋学校”双主体社会教育治理体系建设，科学构建开放式、多元化的社会教育新型服务体系，面向区域内居民和社会组织开展社会教育和各类教育服务，完善全民终身教育体系，助推学习型社会建设。高新区立足“普惠共享”的教育理念，通过整合教育资源，扩展宣传渠道，搭建广覆盖、多层次、高品质的全民学习服务网络，为区域内居民的终身学习提供了有力支撑。

（三）赋能品牌效应，深化特色课程教育内涵

新吴区在开展社区教育过程中，树立“大教育”理念，不断探索“举社区教育旗、走终身教育路、建学习型社会”的特色之路，全面推进人人皆学、时时能学、处处可学的学习型社会建设，特色项目彰显“品牌化”，社区教育内涵发展不断提升。打造出“全民终身学习活动周”“送教进社区”“名师工作室”等系列社区教育特色品牌，开发“吴地乡音”“吴地知味”“吴地名人”“吴地至臻”“吴地听风”“吴地什锦”“吴地民俗”等具有吴文化特色的社区教育乡土课程100余门。

新吴区围绕社区教育发展目标，利用和拓展各类教育资源，积极构建全民终身教育体系。为进一步弘扬吴地文化，推进吴地非遗文化技能的传承，发扬工匠精神，服务区域学习型社会建设，自2020年以来，开设“名师工作室”非遗项目公益课程，邀请无锡市紫砂陶刻“技术能手”胡阿中、江苏省高级工艺美术师周永清、无锡市民间文艺家协会会员陈晓、无锡市乡村振兴技艺师王耀辉4位大师，分别开设紫砂陶艺、惠山泥人、留青竹刻和传统锔瓷4个非遗技能公益培训班。通过非遗传承大师手把手、面对面的教学，传授无锡非遗技艺，让更多社区居民切实领略非遗文化的魅力。公益课程的开设让广大市民进一步深入了解和掌握非遗技艺，增强了文化自信。新吴区还加大了对非物质文化遗产的传播普及力度，促进“非遗”的“活态”传承。以公益课程形式申报的“匠心传承，守正创新”公益培训项目获评省、市级社区教育特色品牌建设项目。

新吴区社区教育从历史文化中汲取养分，于守正创新中凝结智慧，面向广大社区居民，形成创新发展、布局合理的特色社区教育品牌，提升区域内居民的人文素养，扛起新吴教育惠民的使命与担当，力促全域居民共建共享无锡现代文明和美好生活。面向未来，新吴区将以创建全国社区教育示范区为目标，着力构建学习型社会长效机制，

进一步完善工作机制和组织架构,加强社区教育的内涵建设,提升社区教育工作者的综合素养,大力开展为民、惠民社区教育工程,开创省内一流、全国有影响力的社区教育新局面。

教育资源分布和教育公共服务水平是由多重因素决定的。建立优质均衡的公共教育服务体系,需要久久为功,不可能一蹴而就、一劳永逸。奋进新征程,高新区(新吴区)将以党的二十大精神为指引,牢记为党育人、为国育才的使命,继续奋斗,坚持优先保障教育、坚持政府主责、坚持补齐短板、坚持改革创新,持续深化综合改革,破解体制机制障碍,优化教育资源配置方式,完善公共教育服务体系,奋力推动教育高质量发展,更好地满足人民群众对教育的美好期盼。

未来的新吴教育：奋力打造全省全国一流教育强区

经过多年不懈的努力，新吴区逐步走出了一条属于自己的教育发展道路，优质普惠的学前教育、优质均衡的义务教育、市区共建的高中教育、面向世界的国际教育、个性融合的特殊教育、合作共赢的职业教育，共同构建了全面、优质、协调的公共教育服务体系，满足了区域内人民群众多样化、个性化的教育需求，高质量的教育体系已初步形成。面向未来，新吴教育还有很长的路要走，还有更多的峰要攀。未来的教育充满希望与挑战。

一、"公平优质"的教育格局将更加成熟

教育是创造美好生活的根本途径。习近平总书记曾指出要"努力让每个孩子都能享有公平而有质量的教育"。这是教育事业优先发展的着力点，也是坚持以人民为中心，实现"幼有所育、学有所教"的必然要求。教育事业必须坚持以人民为中心发展教育，把全体人民的利益放在首位，切实解决好教育公平、质量和服务民生问题，办好人民满意的教育。未来的新吴教育将在发展经济的基础上把教育作为民生大事来抓，把促进教育公平融入深化教育领域综合改革的各方面各环

节，把高质量发展作为教育的生命线，着力提高教育均衡化水平，在新格局中补短板、强长板，显著改善师生配比、经费投入、班级学额、教学设备等教育质量保障条件，进一步优化课程体系、教育教学评价体系等。持续提高教育开放度、国际参与度、教育信息化水平，力争使学生全面发展、优质资源供给、体系结构优化、教育服务贡献等教育现代化发展指标在全国、全省保持领先，加快建成在全省全国具有影响力的教育中心，坚定不移地促进教育发展成果更多更公平惠及广大人民群众。

二、“现代多元”的教育体系将更加健全

习近平总书记多次对教育工作作出指示，强调要发展具有中国特色、世界水平的现代教育。当前，新一轮科技革命和产业革命正在孕育兴起，重大科技创新正在引领社会变革，互联网、人工智能等新技术的发展正在不断重塑教育形态，知识获取方式和传授方式、教和学的关系正在发生深刻变革。人民群众对教育的需求更为多样，对更高质量、更加公平、更具个性的教育需求也更为迫切。因此，新吴教育将继续以“高质量”为统领，加大优质教育资源供给，完善区域教育公共服务体系，在巩固学前教育普及普惠、义务教育优质均衡、高中教育优质特色、特殊教育个性融合、国际教育特色开放、职业教育合作共赢的基础上，推进建设更高水平的优质均衡教育体系，促进各级各类教育纵向衔接、横向沟通，构筑促进人多向度发展和多通道成才的立交桥，使教育与区域经济社会发展联系更为紧密，与现代产业结构深度融合。进一步调整教育布局、层次、类型结构，服务经济发展，以教育公平促进社会公平。

三、“因材施教”的教学理想将更加彰显

“因材施教”是指根据不同学生的不同发展水平与发展需要，施以差别化、个性化的教育教学，体现的是差异性公平。因材施教旨在最大限度发掘学生的潜力，实现学生发展的最大化，是保证教育高质量发展的有效途径之一。中共中央、国务院2019年印发的《中国教育现代化2035》也提出要“更加注重因材施教”。“因材施教”，古已有之，今犹适用。未来新吴区将进一步创新人才培养方式，坚持面向人人、有教无类，使教育选择更多样、成长道路更宽广。新吴区将以促进学生全面发展为中心任务，推行启发式、探究式、参与式、合作式等教学方式以及走班制、选课制等教学组织形式，培养学生的创新精神与实践能力。对基础较薄弱的学生应采取“成才先成人”的培养策略，发现其特长和闪光点，努力为所有学生提供适合自己的教育，达到“各尽其才”的理想教育追求。逐步建立面向全体又关注个体的评价体系，通过深化招生考试制度改革，构建科学合理的学生评价体系，更加关注学生成长成才全过程，促进学生个性化发展。

四、“立德树人”的根本任务将更加凸显

“培养什么人”的问题历来都是教育首先要回答的问题，教育的本质是培养人，要建设更高水平的人才培养体系，就要转变“知识传授”为“塑造品格”。新吴区将更加旗帜鲜明地以立德树人为根本任务，把立德树人融入思想道德教育、文化知识教育、社会实践教育各个环节，在坚定理想信念、厚植爱国主义情怀、加强品德修养、增长知识见识、培养奋斗精神、增强综合素质上下功夫，树立健康第一的教育理念，全面加强和改进学校的美育教育，在学生中弘扬劳动精神。进一步丰富

和创新课程形式，围绕立德树人目标设计学科体系、教学体系、教材体系以及覆盖全学段的质量标准和人才培养标准，合理设定各学段立德树人的具体目标，制订可理解、可操作、可评估的实施策略，使其依次递进、有序过渡。创新发展素质教育的有效途径，深化育人模式改革和课程教学改革，使学生具备适应终身发展和社会发展需要的必备品格和关键能力。更加关心学生的身心健康，引导学生珍视生命、热爱生活、自尊自信、理性平和、乐观向上。重视家庭教育和社会教育，以学校教育为主阵地，以家庭教育为辅助，以社会教育为延伸，着力构建学校、家庭、社会三结合的教育体系，形成育人合力。通过系列育人活动，培养学生百折不挠、坚韧不拔的意志品质，让学生的思想道德品质、科学文化素养和身心健康素质协调发展，培养可以担当民族复兴大任的一代新人。

五、“专业创新”的师资队伍将更加强劲

高素质教师是高质量教育发展的中坚力量。党的十八大以来，习近平总书记就加强教师队伍建设问题作出系列重要指示，强调教师是教育工作的中坚力量，广大教师要做“四有”好老师、“四个引路人”，实现“四个相统一”，师资队伍建设始终是教育事业发展的基础性工程。新吴区将始终把提高教师思想政治素质和职业道德水平摆在首要位置，把社会主义核心价值观培养贯穿于教书育人的全过程，突出全员全方位全过程师德养成，推动教师成为先进思想文化的传播者、党执政的坚定支持者、学生健康成长的指导者。坚持以高素质教师人才培养为引领，以高水平教师教育体系建设为支撑，以提升教师思想政治素质、师德师风和教育教学能力为重点，加强教师队伍建设，完善实施高素质教师人才培育计划、名师名校长引航计划等，努力培养造就基础教育领域的教育家、大先生。继续推动师资均衡优质配置，引导教

师良性有序流动。提高教师的社会地位，完善教师待遇保障制度，加大对优秀教师的表彰力度，努力提高教师的政治地位、社会地位、职业地位。

六、“智慧教育”变革的影响将更加深远

随着互联网、5G、大数据、云计算、人工智能以及物联网等信息技术的快速发展，教育数字化趋势越来越明显，智慧教育已成为推进教育现代化的重要手段之一。新吴区将利用数字化、网络化、智能化技术手段来变革教育、教学系统，更加深入地推进智能化校园建设，综合运用互联网、物联网、大数据和人工智能技术，统筹建设智能化教学、管理和服务平台，实现数据伴随式收集、信息自动化分析、资源最优化配置。用好数字化手段带来的机遇，更加深入地探索新型教学方式，通过信息化手段构建并创新有效的智慧教学模式，实现个性化、智能化和体验式学习环境，实现优质教学资源的合理配置，多层次培养并提高学习者信息化应用能力和解决问题的能力。利用信息技术研究开发优质教学资源，以教学资源库、备课工具包等为载体，为各级各类教师备课和开展教研提供支撑。利用信息技术开发一批在线教育课程，促进主动式、协作式、研究型、自主型学习，形成开放、高效的新型教学模式。利用虚拟现实和增强现实技术，创设智能学习空间，推行场景式、体验式、沉浸式学习。开发智能教学助理，协助完成部分教学环节的工作，对教学过程进行分析评价，真正让未来的课堂“改天换地”。

七、“科学民主”的治理体系将更加健全

党的二十大报告指出，“加快建设高质量教育体系，发展素质教

育，促进教育公平”“健全共建共治共享的社会治理制度……建设人人有责、人人尽责、人人享有的社会治理共同体”。随着当前教育综合改革不断深化，在教育高质量发展的重要阶段，进一步建立健全教育治理体系，构建并优化高质量教育治理模式，是教育现代化建设的必由之路。新吴区将始终坚持党的领导，坚持正确的办学方向，着力加强教育系统的政治建设、思想建设、组织建设、作风建设、纪律建设。牢牢掌握教育领域意识形态工作领导权，培养一代又一代拥护中国共产党领导、拥护社会主义制度、立志为中国奋斗终生的有用人才。进一步健全教育督导机制，提高教育督导的权威性和实效性。提高学校自主管理能力，完善学校治理结构，继续加强学校章程建设。推动社会参与教育治理常态化，建立健全社会参与学校管理和教育评价监管机制，推进社会依法参与和监督教育发展，形成全社会共同参与的教育治理新格局。

“积力之所举，则无不胜也；众智之所为，则无不成也。”锚定建成全国一流教育强区的目标，新吴教育人将以挺膺担当、奋发有为的姿态，汇聚起万众一心团结奋斗的磅礴力量，构建具有中国特色、世界水平、与中国式现代化相匹配的高质量教育体系，为中华民族伟大复兴作出无愧于时代的贡献！

后　记

本人从 2016 年 5 月开始任无锡高新区（新吴区）教育局局长，从事区域教育管理工作 8 年多来，带领全区教育系统大力发扬“创新、务实、奋进、开放”的高新区精神，让高品质的教育在这片热土上落地生根、开花结果，新吴教育从“洼地”变成“高地”，为新吴区实现经济社会高质量同步发展奠定了坚实基础。

星霜荏苒，居诸不息。回顾工作历程，我曾担任乡（镇）企业团支书，乡（镇）街道组织干事、宣传统战委员、副主任、副书记，高新区党政办副主任、组织部副部长等职，积累了丰富的基层工作经验，多岗位锻炼的经历让我具备了为新吴教育全面改革发展贡献智慧和力量的能力。

新吴教育的跨越式发展，得益于区委区政府领导坚持教育优先发展的战略决策，得益于机关部门和各街道对教育事业的同向发力，也得益于人大、政协以及社会各界的建言献策和关心支持，离不开国家和省市教育主管部门的方向引领和实践指导，也离不开新吴教育人的全心投入和奋力拼搏。

教育局作为区政府履行教育职责的主要职能部门，在纷繁复杂、千头万绪的工作推进过程中，用“盯劲”和“韧劲”面对一个个的困难和问题，用“钻劲”和“干劲”为争当示范不断注入强大动能，“勇于创新、敢为人先”是新吴教育不变的精神气质和成长的核心力量。

学校是办学主体，在政府人、财、物等资源保障到位的前提下，充分发挥自主办学积极性、释放办学活力是关键，广大教职员工心往一处想，劲往一处使，抓内涵促发展、抓课改提质量，让区域教育更多彩，让学校更精彩，让教师更光彩，让孩子更出彩。

本人有幸与新吴教育系统全体教职员工一道，经历了新吴教育“系统改革·起步”→“资源优化·筑基”→“人才引育·破题”→“国培计划·强师”→“合作办学·扩优”→“教育集群化·共进”→“智慧教育·赋能”→“前瞻性项目·引领”→“内涵提质·攻坚”→“国家级创建·攀高”→“高质量运行·致远”等几个标志性阶段。新吴教育，从外延式发展到内涵式发展，从规模扩张到质量提升，从实干起步到创新腾飞，凝聚着新吴教育人的辛勤与汗水，彰显了新吴教育人不畏难、敢争先的过硬作风！2024 年，新吴区首批创建成全国学前教育普及普惠区和全国义务教育优质均衡发展区，成为全市乃至全省展现教育高质量发展的重要窗口。

谨以此书总结新吴教育多年来的实践历程，也寄寓我们对未来教育的美好憧憬。我们希望通过此书，讲好新吴教育发展故事，让更多读者、更多教育界同仁及社会各界了解新吴教育，为各地建设高质量教育体系提供鲜活的案例与样本。我们希望这本书能够成为一本区域教育改革发展的工具书、教育行政实践的推广书和领导管理的参考书，同时也是一本可以流传的历史年鉴、资料书。希望能抛砖引玉，给大家带来一些启发，引发大家思考。

在此，我要特别感谢朱卫国、成尚荣、樊平军、杨九俊、陆志平、马斌、彭钢、唐家俊、陆岳新、吴永军、杜晓利、钱阳辉、王晓刚、陈明选等专家领导对新吴教育发展的大力支持，感谢编委会全体成员，以及对书稿提出指导建议的马健生、谢凡、赵宪宇、丁兰华、李贞琤、钱万万等专家学者，感谢江苏凤凰教育出版社的鼎力支持和编辑的辛勤劳动。

面向新时代，新吴教育还将继续凝心聚力、创新发展，让我们共同期待新吴教育办成人民满意的教育，为区域经济社会发展作出更大贡献！